# 여러분은 어떤 궁금증이 있나요?

평소에 좋아하거나 신기했던 현상을 찾아보세요.
호기심을 푸는 데서 과학이 시작된답니다.
궁금한 이야기를 찾아 읽는 동안 중요한
과학 개념이 머리에 쏙쏙 들어올 거예요.

대포알과 총알을 동시에 떨어트리면?
➡ 99쪽

따끈따끈 손난로에서 무슨 일이 일어날까요? ➡ 22쪽

북극제비갈매기는 어떻게 방향을 찾아요? ➡ 58쪽

깊은 바다 밑에 누가 살까요?
➡ 134쪽

내가 어떻게 크는지 궁금해?

나비는 어떻게 생겨났을까요?
➡ 44쪽

햇빛은 어떤 색일까요? ➡ 110쪽

커다란 대륙이 움직였다고요?
➡ 66쪽

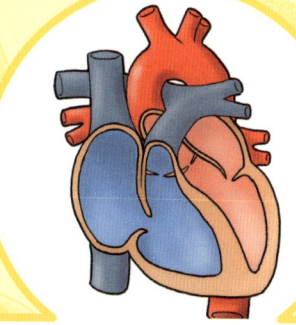
두근두근 심장을 처음 들여다본 사람은?
➡ 94쪽

납을 금으로 바꿀 수 있을까요?
➡ 93쪽

떠나자, 화성으로!

지구에서 살 수 없다면 어디로 가야 할까요? ➡ 178쪽

DNA의 정체는 무엇일까요? ➡ 85쪽

# 초등학생을 위한 개념 과학 150

# 초등학생을 위한 개념 과학 150

정윤선 지음 | 정주현 감수 | 김제도 그림

과학 과목이 좋아지는 탐구활동 교과서

바이킹

이 책을 읽는 여러분께

# 과학의 눈으로 세상을 보는 순간, 마법처럼 신기한 일이 일어나요!

축구 선수가 프리킥을 하려고 서 있어요. 공 쪽으로 달려간 축구 선수는 오른발로 축구공을 감아 찹니다. 자, 이제 공은 어떻게 될까요?

공이 골대 속으로 들어갈지, 골키퍼가 막아 낼지 예측할 수는 없지만, 우리 모두가 확실히 아는 것이 하나 있어요. 축구공이 포물선을 그리며 바닥으로 떨어지리란 사실이지요. 신기하게도 축구공이 우주로 날아갈 거라고 추측하는 사람은 없어요. 높이 찬 공이 땅으로 떨어지는 것은 우리에게 너무나 자연스럽고, 익숙하고, 당연한 자연의 이치이기 때문이지요.

그런데 약 350여 년 전 영국의 한 마을에서 뉴턴은 나무에서 떨어지는 사과를 보고 조금 다른 생각을 했어요. 대부분 사과가 떨어지는 모습을 당연히 여기고 지나치는데, 뉴턴은 왜 사과가 떨어지는지 의문을 가졌습니다. 이 의문을 푸는 과정에서 만유인력의 법칙을 밝혀냈어요. 익숙했던 자연 현상이 과학으로 설명되는 순간이었지요.

자연의 이치가 과학으로 설명되는 순간, 마법처럼 신비한 일이 일어납니다. 과학자들은 던졌을 때 포물선을 그리며 떨어지는 사과의 모습을 보고 기발한 생각을 떠올렸어요. 매우 큰 힘으로 사과를 던지면 그만큼 사과가 큰 포물선을 그릴 거라는 발상을 한 거죠. 더 나아가 아주 세게 던지면 사과가 지구를 한 바퀴 돌 수 있을 거라 상상했어요. 먼 훗날 사람들은 이 원리를 이용해 우주에 인공위성을 띄울 수 있었어요.

과학의 힘은 대단합니다. 과학으로 전기를 만들고, 인공위성을 우주로 띄우고, 인공지능 로봇을 만들어 내요. 똑같은 생물을 복제하고, 작은 원자를 이용해 큰 에너지를 만들 수도 있지요. 물론 이 엄청난 일들이 하루아침에 이뤄지지는 않았어요. 때로는 우스꽝

스럽고, 눈물겨운 연구 결과가 쌓여 과학이라는 놀라운 세계의 디딤돌이 된 것이죠. 사물의 이치와 우주의 비밀을 밝혀내기까지 과학자들은 끊임없이 노력을 기울였어요. 그 과정을 알면 교과서 속 개념이 더 재미있게 느껴질 거예요.

《초등학생을 위한 개념 과학 150》에는 물리, 화학, 생물학, 지구과학 이야기를 모두 담았어요. 과학자들이 어떤 실험과 발견을 했는지 알아보고, 우리 주변에서 볼 수 있는 신기한 현상에 어떤 원리가 숨어 있는지 알아보세요. 또 평소에 알고 싶었던 궁금증을 하나둘 해결해 보세요. 가을에는 왜 나뭇잎 색이 붉게 변하는지, 영화 속 투명망토를 만들 수 있는지 호기심을 푸는 데서 과학이 시작된답니다. 평소에 궁금했던 이야기를 읽으면서 중요한 개념을 익힐 수 있습니다.

초등 교과 과정에서 배워야 할 과학 개념을 놓치지 않고 모두 담으려고 노력했습니다. 학교에서 과학 과목을 공부할 때 큰 도움을 줄 겁니다. 매일 한두 가지 이야기를 읽고 해당 주제를 궁리해 보세요. 부모님, 선생님과 함께 책을 읽고 탐구활동과 실험을 직접 해 보는 것도 좋아요.

다가올 미래는 과학에서 시작합니다. 이 책으로 미래의 주인이 될 여러분이 과학과 더욱 친해질 수 있기를 바랍니다.

정윤선

## 차례

이 책을 읽는 여러분께 4

이 책을 활용하는 법 10

## 1장 신기한 현상

1. 나폴레옹은 정말 키가 작았을까요? 14
2. 조개껍데기가 언덕 위에 묻힌 이유는? 15
3. 최초의 안경은 어떻게 만들어졌을까요? 16
4. 샛별과 개밥바라기로 불리는 행성은? 17
5. 로열섬에 늑대를 풀어 놓으면? 18
6. 안개 때문에 목숨을 잃었어요? 19
7. 새로 지은 다리가 왜 무너졌을까요? 20
8. 태양계 행성 중에 가장 빠른 행성은? 21
9. 따끈따끈 손난로에서 무슨 일이 일어날까요? 22

**실험 돋보기** 손난로를 직접 만들어 봐요! 23

10. 뜨거운 화산 지대는 어떻게 탐사할까요? 24
11. 물은 어떤 모습으로 지구를 돌까요? 25
12. 냄새를 맡으면 기억이 떠오른다고요? 26
13. 꽃은 어떻게 씨앗을 만들까요? 27
14. 신나는 롤러코스터는 어떻게 움직일까요? 28
15. 위성을 끌어당겨 고리로 만든 토성 29
16. 거울은 언제부터 사용했을까요? 30
17. 지역마다 받는 태양열의 양이 달라요 31
18. 소의 배 속에 자석을 넣는다고요? 32

**실험 돋보기** 바늘로 자석을 만들어요 33

19. 물 위의 꽃가루는 살아서 움직일까요? 34
20. 위성이 63개이고, 가장 큰 행성은? 35
21. 알에서 태어나는 동물은 어떻게 자랄까요? 36
22. 쌍꺼풀이 없는 것이 빙하기 때문이라고요? 37
23. 배추를 소금에 절이면 왜 부드러워질까요? 38
24. 처음으로 전기를 만든 패러데이 39
25. 태양은 어떻게 빛날 수 있을까요? 40
26. 지구 표면은 누가 만들고 다듬을까요? 41
27. 오르락내리락하는 온도를 어떻게 재요? 42

**실험 돋보기** 요구르트 병으로 온도계를 만들어요 43

28. 나비는 어떻게 생겨났을까요? 44
29. 달이 태양을 잡아먹는다고요? 45
30. 태풍은 얼마나 위험할까요? 46
31. 바람에도 종류가 있다고요? 47
32. 씨앗은 어디까지 갈 수 있을까요? 48
33. 태풍과 허리케인은 한 방향으로만 돈대요 49
34. 옥수수 뿌리는 수염을 닮았대요 50
35. 지구의 주인이 물고기였던 시대 51
36. 구름에 처음으로 이름을 붙인 사람은? 52

**실험 돋보기** 구름을 만들어 볼까요? 53

37. 별도 태어나고, 늙고, 죽는다고요? 54

| 38 | 왜 새벽에는 뿌연 안개가 낄까요? 55
| 39 | 흰머리수리가 사라진 이유는? 56
| 40 | 종을 치면 침을 흘리는 개 57
| 41 | 북극제비갈매기는 어떻게 방향을 찾아요? 58
| 42 | 다양한 개미 종류는 자연에게 큰 자랑거리! 59
| 43 | 돌고래는 초음파로 대화한대요 60

**실험 돋보기** 실 전화기로 합창을 해 봐요 61

| 44 | 썰물이 바닷물을 가른다고요? 62
| 45 | 아름다운 대리석은 어떻게 만들어질까요? 63
| 46 | 지구와 사과가 서로 끌어당겨요? 64
| 47 | 우주는 처음에 어떤 모습이었을까요? 65
| 48 | 커다란 대륙이 움직였다고요? 66
| 49 | 식물은 물을 어떻게 빨아들일까요? 67
| 50 | 보글보글 라면은 어떻게 익을까요? 68

**실험 돋보기** 스티로폼 보온병 만들기 69

| 51 | 지구에서 가장 오래된 생명체는? 70

## 2장 놀라운 발견

| 52 | 도마뱀붙이처럼 벽에 착 달라붙는 로봇 72
| 53 | 얼음을 끓이면 온도가 올라갈까요? 73
| 54 | 127도의 뜨거운 방에 머무를 수 있을까요? 74
| 55 | 호박을 닦다가 발견한 전기 현상 75
| 56 | 공기가 우리를 누르고 있다고요? 76
| 57 | 손끝으로 글자를 읽을 수 있어요 77
| 58 | 퀴비에가 매머드 뼈로 알아낸 것은? 78
| 59 | 49년 동안 묻혀 있던 분자 이야기 79
| 60 | 몸에 직접 전류를 흘린 위험한 실험은? 80

**실험 돋보기** 정전기를 모으는 라이덴 병 만들기 81

| 61 | 퀴리 부인이 연구했던 방사성 물질은 무엇? 82
| 62 | 플라스틱이 코끼리를 구했대요! 83
| 63 | 천연두에 걸리지 않으려면? 84
| 64 | DNA의 정체는 무엇일까요? 85
| 65 | 단단한 뼈를 통째로 삼켜 알아낸 것은? 86
| 66 | 공기의 부피가 커졌다 작아졌다 하는 이유는? 87
| 67 | 아름다운 눈 결정은 누가 발견했을까요? 88
| 68 | 번개 치는 날만 기다린 발명가 89
| 69 | 우리 눈은 어떻게 볼 수 있을까요? 90

**실험 돋보기** 잔상 효과를 체험해요 91

| 70 | 코르크 조각에서 발견한 것은? 92
| 71 | 납을 금으로 바꿀 수 있을까요? 93
| 72 | 두근두근 심장을 처음 들여다본 사람은? 94

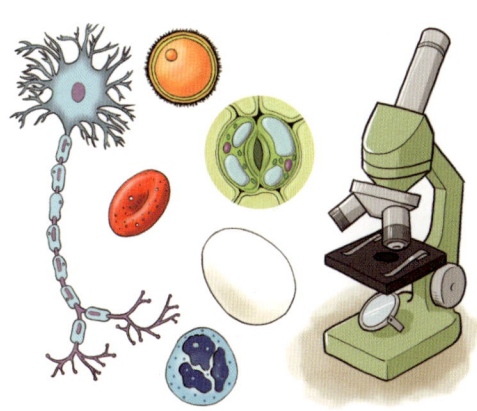

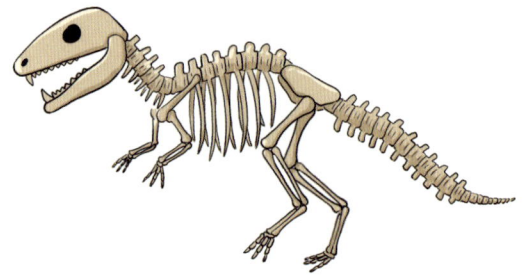

| 73 | 핀치새의 부리는 왜 섬마다 다를까요? 95
| 74 | 원자 폭탄은 어떻게 만들어졌을까요? 96
| 75 | 지구가 공전한다는 것을 어떻게 알았을까요? 97
| 76 | 철을 다루는 자가 세계를 얻는다! 98
| 77 | 대포알과 총알을 동시에 떨어트리면? 99
| 78 | 열기구는 어떻게 하늘로 올라갈까요? 100

**실험 돋보기** 빨대 속 공기는 어떻게 될까요? 101

| 79 | 해로운 공기를 직접 마시며 알아낸 것은? 102
| 80 | 번개가 칠 때 개구리가 왜 움찔할까요? 103
| 81 | 천왕성과 해왕성을 어떻게 발견했을까요? 104
| 82 | 다르게 생긴 엄마와 아빠가 결혼하면? 105
| 83 | 아버지와 아들이 함께 그린 날씨 지도 106
| 84 | 생물에게 꼭 필요한 기체는? 107
| 85 | 소 췌장에서 발견한 당뇨병 치료 방법 108
| 86 | 화성과 목성 사이에서 소행성을 찾아라! 109
| 87 | 햇빛은 어떤 색일까요? 110
| 88 | 지진이 얼마나 강한지 어떻게 나타낼까요? 111
| 89 | 혀 속에 전지를 넣어 알아낸 것은? 112

**실험 돋보기** 레몬으로 전지를 만들어요 113

| 90 | 맛의 종류는 모두 몇 가지일까요? 114
| 91 | 물질을 쪼개고 쪼개면? 115
| 92 | 흑연과 다이아몬드가 같은 성분? 116
| 93 | 핵무기에 쓰인 아인슈타인의 법칙은? 117
| 94 | 우리 우주는 풍선처럼 커지고 있어요 118
| 95 | 목욕을 하다가 발견한 사실은? 119
| 96 | 원소 줄 세우기를 어떻게 했을까요? 120
| 97 | 공중에 떠서 달리는 자기부상열차의 비밀 121
| 98 | 고깃국이 100년 넘게 상하지 않았대요! 122
| 99 | 메리 애닝이 발견한 거대 도마뱀은? 123
| 100 | 나침반 바늘이 움직이는 이유는? 124

**실험 돋보기** 전류와 자석으로 못 팽이 만들기 125

| 101 | 굴러 내려온 공은 어디까지 올라갈까요? 126

# 3장 호기심 탐구

| 102 | 미끌미끌 비누는 어떻게 만들까요? 128
| 103 | 공룡의 후손을 찾아라! 129
| 104 | 우주의 비밀을 망원경으로 밝혀내요! 130
| 105 | 수원 화성을 짓는 데 도움이 된 거중기 131
| 106 | 식물의 콧구멍은 어디에 있을까요? 132
| 107 | 식초를 뿌렸더니 바위가 갈라졌어요! 133
| 108 | 깊은 바다 밑에 누가 살까요? 134
| 109 | 고구려 고분 벽화에 별자리 그림이 있대요! 135
| 110 | 컬링 스톤은 얼마나 미끄러져 갈까요? 136
| 111 | 지구의 나이를 알아내는 방법 137
| 112 | 악기가 소리를 내는 법 138

**실험 돋보기** 빨대로 팬파이프를 만들어요 139

| 113 | 물질을 이루는 가장 작은 입자는? 140
| 114 | 동굴에서 131일 동안 혼자 견딜 수 있을까요? 141

| 115 | 유전자 재조합 옥수수를 먹어도 돼요? 142
| 116 | 석유는 언제 만들어졌을까요? 143
| 117 | 세상에서 가장 빠른 공을 어떻게 쳐요? 144
| 118 | 지구 둘레를 어떻게 잴 수 있을까요? 145
| 119 | 사람은 달에 언제 처음 갔을까요? 146
| 120 | 세상에서 가장 짠 바다는? 147
| 121 | 생물에도 족보가 있어요? 148
| 122 | 치타와 톰슨가젤 중 누가 더 빠를까요? 149
| 123 | 소금은 어떻게 얻어요? 150

**실험 돋보기** 소금물로 소금 결정을 만들어요 151

| 124 | 오줌으로 손도 씻고 칼도 만든대요! 152
| 125 | 영화 속 투명 망토를 만들 수 있을까요? 153
| 126 | 인류의 조상은 언제 처음으로 나타났나요? 154
| 127 | 식물의 나이가 몇인지 알아볼 수 있나요? 155
| 128 | 배불리 먹은 후에 몸속에서 무슨 일이? 156
| 129 | 밤하늘에서 가장 밝은 별은? 157
| 130 | 화석을 만들 수 있는 암석은? 158
| 131 | 번지점프를 하면 왜 튕겨 오를까요? 159

| 132 | 추운 날에도 체온이 잘 변하지 않는 이유는? 160
| 133 | 곤충에게도 귀가 있나요? 161
| 134 | 이산화탄소는 생물에게 이로울까요? 162

**실험 돋보기** 직접 만드는 이산화탄소 소화기 163

| 135 | 땅 위에서 우주까지 하늘의 구조는? 164
| 136 | 세계 과학자들이 힘을 합쳐 측정한 것은? 165
| 137 | 줄기만 보고도 어떤 식물인지 맞혀요 166
| 138 | 쌍둥이는 똑같이 늙을까요? 167
| 139 | 생활 속에서 건강을 위협하는 위험한 기체 168
| 140 | 헤라클레스의 힘이 작용하면 어떻게 돼요? 169
| 141 | 모든 것을 빨아들이는 검은 구멍 블랙홀 170
| 142 | 우주에서 가장 가볍고 위험한 기체는? 171
| 143 | 로켓은 어떻게 우주에서 날까요? 172
| 144 | 소의 방귀 때문에 지구가 뜨거워져요? 173
| 145 | 식물도 동물처럼 호흡할까요? 174

**실험 돋보기** 광합성으로 영양분을 만들어요 175

| 146 | 빛의 속도를 처음으로 측정한 과학자는? 176
| 147 | 암석은 물과 불 중 어디에서 생길까요? 177
| 148 | 지구에서 살 수 없다면 어디로 가야 할까요? 178
| 149 | 꽃잎으로 산과 염기를 구별해요 179
| 150 | 등뼈가 없고 신기하게 생긴 동물 180

찾아보기 181

# 이 책을 활용하는 법

**분야별 아이콘**
초등학교 과학 교육 과정의 영역인 '힘과 운동', '전기와 자기', '열과 에너지', '물질의 구조', '파동', '대기와 해양', '우주' 등을 골고루 다루었습니다.

**핵심 개념 정리**
교육 과정과 연계했을 때 알아 두면 좋을 개념을 정리했습니다. 본문을 읽고 나서 한 번 더 정리하면 개념을 확실히 익혔는지 확인할 수 있어요.

**교과 연계**
주제마다 초등 과학 교육 과정의 단원명을 연계하여 추가 학습을 할 수 있도록 도왔어요. 중고등 교육 과정에 나오는 주제는 '심화'로 분류했습니다.

**잠깐 과학실**
어린이들이 과학자가 된 것처럼 조사해 보거나, 실험할 수 있어요. 본문 내용을 깊이 있게 다루어 탐구할 거리도 제공합니다.

**핵심 용어 표시**
본문에서 다루는 개념어는 '찾아보기'에서도 쉽게 찾아볼 수 있어요.

**매일매일 신기한 과학 이야기**
물리, 화학, 생물학, 지구과학 이야기를 통틀어 초등 교육 과정에서 중요하게 다루는 개념을 다루는 한편, 아이들이 과학과 친해질 수 있도록 흥미로운 이야기와 실험을 함께 수록했습니다.

**지식 현미경**
주제와 관련해 추가로 알아 두면 좋을 상식을 소개했습니다. 친구와 선생님에게 지식을 뽐낼 수 있어요.

**실험 돋보기**
주제와 관련된 실험을 골라 준비물부터 실험 방법, 결과, 원리를 깊이 있게 다루었습니다.

## 분야별 아이콘

### 물질
우리 주변의 물건은 무엇으로 이루어져 있을까요? 물질의 구조와 성질, 상태 변화를 다룹니다.

### 힘과 운동
물체 사이에 작용하는 여러 힘과 운동 법칙, 에너지를 다룹니다.

### 전기와 자기
전자 기기를 쓸 때 필요한 전기는 어떻게 만들어지는지, 자석이 띠는 자기장은 무엇인지 알아봅니다.

### 생물
동물과 식물의 한살이와 유전, 진화를 알아봅니다. 생물이 어떻게 이루어져 있는지, 생태계에서 서로 어떤 관계로 이어져 있는지 알 수 있어요.

### 대기와 해양
대기와 바닷물이 어떤 특징을 갖고 있는지, 어떤 변화를 일으키는지 생각해 볼까요? 날씨 변화와 바닷물의 순환이 어떻게 일어나는지 알 수 있습니다.

### 파동과 에너지
소리와 빛을 비롯한 파동, 열과 온도의 개념을 소개하고, 에너지 전환은 어떻게 이루어지는지 생활의 예를 들어 알려 줍니다.

### 지구
우리가 살고 있는 지구는 예전에 어떤 모습이었을지, 지구 내부는 어떻게 생겼는지 알아봅니다. 지층과 암석, 화석 등으로 많은 사실을 알아낼 수 있어요.

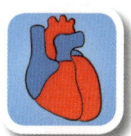
### 인체
우리 몸의 각 기관이 어떤 역할을 하는지 소개합니다. 소화, 호흡, 체온, 심장 등 인체의 비밀을 알아내기 위해 위험을 무릅썼던 과학자들의 이야기가 흥미진진하답니다.

### 우주
태양계와 별, 우리 우주는 어떻게 생겨났을까요? 지금까지 밝혀진 신기한 우주 이야기로 반짝반짝 빛나는 별자리가 친근하게 다가와요.

### 일러두기

- 주제마다 연계한 단원명은 2015 개정 교육 과정을 적용했습니다. 3~4학년은 2018년에 처음 적용되는 단원을, 5~6학년은 2019년에 처음 적용되는 단원을 연계했습니다.
- 생물의 명칭은 우리나라 이름이 없는 경우 통용하는 이름으로 적었습니다.
  예) 초롱아귀: 학명은 'Himantolophus groenlandicus'로 국명이 따로 없어 통용하는 이름인 '초롱아귀'로 썼습니다.
- 개별 원소의 명칭은 개정된 과학 교과서를 참고하여, 변경된 원소 이름을 썼습니다. 변경된 원소 이름은 2016년 대한화학회가 화합물 명명법을 개정한 데 따른 것입니다.
  예) 메탄 → 메테인    칼륨 → 포타슘    수산화나트륨 → 수산화소듐
     나트륨 → 소듐    게르마늄 → 저마늄    요오드-요오드화 칼륨 용액 → 아이오딘-아이오딘화 포타슘 용액

# 1장 신기한 현상

바닷가에 가서 소라 껍데기를 주워 귀에 대어 보세요. 파도 치는 소리가 들리지요? 미국에서는 세운 지 얼마 되지 않은 다리가 갑자기 우르르 무너진 적이 있어요. 놀랍게도 다리가 무너진 이유는 소라 껍데기에서 파도 소리가 들리는 원리와 같았답니다. 이 둘에는 어떤 비밀이 숨어 있을까요?

쏴아아~

# 나폴레옹은 정말 키가 작았을까요?

- **측정** 도구를 사용하여 탐구 대상의 길이, 무게, 시간, 온도 등을 재는 것.
- 여러 번 반복하여 측정해야 정확한 결과를 얻는다.

교과서 3학년 1학기 1단원, 과학자는 어떻게 탐구할까요? 심화 　핵심 용어 측정, 단위, 국제단위계

## 프랑스와 영국의 인치가 달랐어요

프랑스 황제였던 나폴레옹은 키가 작은 영웅으로 알려져 있어요. 그런데 나폴레옹의 키가 정말 작았을까요?

옛날 유럽에서는 길이를 재는 단위로 인치를 사용했어요. 현재 1인치는 약 2.54cm로 정해졌지만, 예전에는 성인 남자의 엄지손가락 너비를 기준으로 했어요. 하지만 사람마다 엄지손가락의 너비가 다르기 때문에 문제가 생겼어요. 1인치의 길이가 나라별로도 달랐거든요. 프랑스의 1인치는 영국의 1인치보다 길었어요. 그래서 나폴레옹의 키가 영국에서는 약 157cm로 잘못 알려졌답니다. 실제 키는 당시 프랑스 남성의 평균 키보다 큰 약 170cm였는데 말이지요. 이렇게 200년 넘게 키가 작다고 알려진 사실을 나폴레옹이 알면, 참 속상하겠지요?

## 일정한 기준이 필요해요!

과학을 연구할 때는 측정을 정확히 해야 해요. 그리고 측정한 값을 나타낼 단위가 필요합니다. 단위로 연구 결과를 정확히 나타내야 생활에 이용할 수 있답니다. 그래서 현대에는 세계 여러 나라에서 통일된 국제규격의 단위를 사용합니다. 이것을 **국제단위계(SI단위계)** 라고 해요. 국제단위계에는 7가지 기본 단위가 있습니다.

### ● 국제단위계

| 물리량 | 단위 | 물리량 | 단위 |
|---|---|---|---|
| 길이 | m(미터) | 온도 | K(켈빈) |
| 질량 | kg(킬로그램) | 물질량 | mol(몰) |
| 시간 | s(초) | 광도(밝기) | cd(칸델라) |
| 전류 | A(암페어) | | |

단위를 통일해 쓰는 것이 중요해!

### 크거나 작은 수를 나타내려면? 　잠깐 과학실

측정을 했는데 너무 큰 수나 너무 작은 수가 나오면 불편합니다. 그래서 과학자들은 0을 많이 쓰지 않아도 되도록 단위 앞에 기호를 사용합니다. 예를 들어 머리카락의 굵기를 나타낼 때 1,000,000분의 1m 대신 1μm(마이크로미터)로 나타내면 편리해요.

| 기호 | 나타내는 수 | 기호 | 나타내는 수 |
|---|---|---|---|
| da(데카) | 10 | d(데시) | $\frac{1}{10}$ |
| h(헥토) | 100 | c(센티) | $\frac{1}{100}$ |
| k(킬로) | 1,000 | m(밀리) | $\frac{1}{1000}$ |
| M(메가) | 1,000,000 | μ(마이크로) | $\frac{1}{1000000}$ |
| G(기가) | 1,000,000,000 | n(나노) | $\frac{1}{1000000000}$ |

국제단위계의 기본 단위 중 길이 단위 1m는 빛이 진공에서 $\frac{1}{299792458}$ 초 동안 진행한 길이입니다. 처음에 북극에서 적도까지 거리의 1,000만 분의 1이라 정했던 것을 기술이 발달하면서 더 정확하게 정의했어요.

# 조개껍데기가 언덕 위에 묻힌 이유는?

- **지층** 자갈, 모래, 진흙 등이 쌓여 이루어진 층.
- **화석** 옛날에 살았던 생물의 몸체와 생물이 생활한 흔적이 남아 있는 것.

교과서 4학년 1학기 2단원, 지층과 화석  **핵심 용어** 지층, 화석

## 조개껍데기의 비밀을 찾아낸 스테노

바티칸 언덕에는 조개껍데기가 많이 묻혀 있어요. 17세기 덴마크 출신 과학자였던 스테노는 어떻게 육지 한가운데에 조개껍데기가 있는지 궁금했어요. 아주 옛날에는 바티칸 언덕이 조개가 살던 바다였고, 그 조개가 묻혀 지층이 된 다음에 땅이 바닷물 위로 솟아올랐다고 추측했지요.

사람들은 스테노의 생각을 터무니없다 생각했어요. 땅이 솟아오르는 것보다 조개가 산을 오르는 게 더 쉬울 거라 여겼습니다. 하지만 스테노는 여러 지역을 탐사하면서 땅이 수평면과 일정한 각도를 이루며 겹겹이 쌓인 것을 보았어요. 이를 바탕으로 지층을 다룬 이론을 완성해 나갔답니다.

## 지층이 쌓이는 순서

절벽을 보면 암석이 겹겹이 여러 층을 이루며 쌓인 것을 볼 수 있어요. 이것이 바로 **지층**입니다. 퇴적물이 오랜 시간에 걸쳐 쌓인 다음 높은 압력을 받으면 단단한 지층이 돼요. 그렇기 때문에 가장 아래에 쌓인 지층이 가장 오래된 지층이랍니다.

지층은 땅에서 힘을 받지 않으면 수평면과 평행한 선이 보여요. 하지만 땅속에서 받는 힘이 세면 지층이 휘거나 끊어지기도 하고 심하면 뒤집어져요. 지층에서 화석을 발견하면 지층이 만들어진 시대나 환경을 알 수 있답니다.

● 지층이 만들어지는 과정

① 흙이나 모래 등이 흐르는 물에 딸려 와 가라앉아요.
② 먼저 쌓인 층 위에 계속해서 새로운 퇴적물이 쌓여요.
③ 지층이 단단해져요.

### 구불구불 휘는 지층을 만들어요  [잠깐 과학실]

4가지 색깔의 고무찰흙을 준비해 층층이 쌓습니다. 고무찰흙을 양옆에서 밀어 처음 모습과 달리 어떻게 변하는지 살펴보세요. 고무찰흙이 쌓인 순서는 변하지 않고 그대로 휘는 것을 볼 수 있어요. 이처럼 지층 모양이 변해도 맨 아래 지층이 가장 오래되었다는 것을 알 수 있어요.

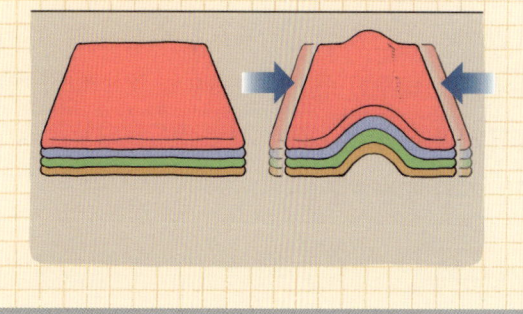

 지층 중 가장 아래에 있는 지층은 모두 오래된 것이라고 할 수 있을까요? 아니에요. 큰 지각 변동을 받아 솟아오르거나, 끊어지고 뒤집어진 지층은 화석과 암석 등 여러 가지를 비교해 봐야 만들어진 시기를 정확히 알 수 있어요.

# 최초의 안경은 어떻게 만들어졌을까요?

• 근시경은 멀리 있는 물체가 선명하게 보이지 않을 때 사용하고, 원시경은 가까이 있는 물체가 선명하게 보이지 않을 때 사용한다.

교과서 6학년 1학기 5단원, 빛과 렌즈  핵심 용어 볼록렌즈, 오목렌즈

## 안경을 처음으로 발명한 사람은?

4,000여 년 전 이집트 상인들이 사막을 지날 때였어요. 밤이 되자 날이 추워지고 상인들은 모닥불을 피웠습니다. 그런데 모닥불을 피운 모래밭에서 끈끈한 액체가 흐르는 것을 보았어요. 모래 속 성분이 뜨거운 모닥불에 녹아 유리가 된 거예요. 사람들은 유리를 장신구나 창문을 만드는 데 사용했어요. 나중에는 유리를 깎아 렌즈를 만들었습니다. 렌즈는 빛을 굴절시켜 사람들이 사물을 잘 볼 수 있도록 도와주었어요. 유럽에서는 1268년 영국 철학자인 로저 베이컨이 렌즈를 사용해 글자를 본 것이 안경의 시작이라 주장합니다.

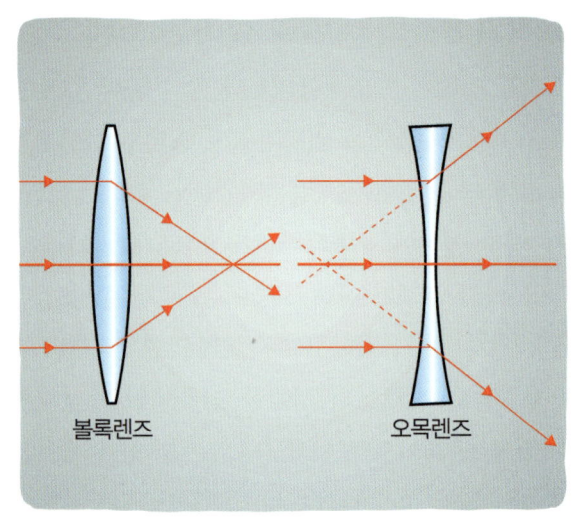

볼록렌즈   오목렌즈

## 사물이 크거나 작게 보이는 렌즈

렌즈는 빛이 굴절하는 성질을 이용했습니다. 빛은 렌즈에 따라 한곳에 모이거나 퍼져요. 볼록렌즈는 가운데 부분이 볼록하고 오목렌즈는 가운데 부분이 오목합니다. 볼록렌즈에 빛을 비추면 빛이 굴절하며 렌즈의 두꺼운 쪽으로 꺾입니다. 그래서 빛이 한쪽으로 모이고, 사물이 크게 보여요. 작은 글씨가 잘 보이지 않는 사람에게 필요합니다. 반면 오목렌즈에 빛을 비추면 렌즈의 두꺼운 쪽으로 빛이 꺾이면서 퍼져요. 상이 작지만 선명하게 보여서, 근시가 있는 사람에게 도움을 줍니다.

### 안경이 널리 퍼진 까닭은? 잠깐 과학실

안경의 역사에서 중요한 역할을 했던 사건이 있어요. 구텐베르크가 금속활자를 발명한 일이지요. 이 일이 있은 후 책을 많이 찍었어요. 이때 많은 사람들이 책을 읽으면서 이전에는 시력이 나빠도 상관없었던 사람들도 책을 읽기 위해 안경을 썼습니다.

중국은 유럽보다 먼저 확대경을 사용하고 있었다고 주장해요. 고대 로마에도 네로 황제가 검투사들의 경기를 보다가 피곤해진 눈을 보호하기 위해 안경을 썼다는 기록이 있습니다. 이탈리아에도 안경 발명자의 것으로 보이는 묘비가 있고요. 결국 누가 가장 먼저 안경을 발명했는지는 아직도 확실하지 않아요.

# 샛별과 개밥바라기로 불리는 행성은?

- **천체** 우주에 있는 별, 행성, 위성, 소행성, 혜성 등을 통틀어 말함.
- **태양계** 태양의 영향이 미치는 공간과 그 공간의 구성원을 통틀어 말함.

교과서 5학년 1학기 3단원, 태양계와 별  **핵심 용어** 크레이터

## 금성의 이름은 몇 개?

금성은 이름이 참 많은 행성입니다. 서양에서는 사랑과 미의 여신 이름을 본떠 '비너스'라고 불러요. 우리나라에서는 금성이 새벽하늘에 보일 때 '샛별'이라고 불렀어요. '새벽의 별', '새로 난 별'이란 뜻이지요. 또 별이 밝아서 '명성', '계명성'으로도 불렀어요. 반면에 해가 진 뒤 금성이 서쪽 하늘에서 보일 때는 '개밥바라기', '어둠별' 등으로 불렀어요. 바라기는 작은 그릇을 뜻하는데 개밥바라기는 개의 밥그릇을 의미하지요. 이렇게 금성의 이름이 많은 까닭은 사람들의 생활과 관련되어 있기 때문입니다. 새벽부터 일하러 나가거나 해 질 녘에 돌아올 때 늘 금성을 보았으니까요. 옛날 고된 백성의 삶을 함께한 별이지요.

## 새벽과 저녁에 볼 수 있는 금성

금성은 태양에서 두 번째로 가까운 행성입니다. 태양 가까이에서 공전하여 새벽과 저녁에만 관측할 수 있어요. 지구에서 볼 때 태양과 달 다음으로 세 번째로 밝지요. 금성은 이산화탄소, 일산화탄소, 수증기로 이루어진 두꺼운 대기층을 가지고 있어요. 기압이 90기압이나 된답니다. 이 때문에 온실효과가 일어나 표면 온도가 약 465℃에 이르러요. 표면에는 움푹 파인 지형을 뜻하는 **크레이터**가 있고, 바다는 없어요. 그 밖의 지형은 지구와 비슷해요.

### 금성의 자전 방향은?  〈잠깐 과학실〉

금성은 자전 방향이 태양계의 다른 행성들과 반대예요. 동쪽에서 서쪽으로, 시계 방향으로 자전하지요. 금성에서는 태양이 서쪽에서 떠올라요.

금성은 대기가 짙고, 표면 온도가 높아서 탐사가 쉽지 않았어요. 1989년 발사한 미국의 마젤란호가 몇 차례 금성 주변을 돌며 금성 표면의 99%를 지도로 그렸어요. 마젤란호가 탐사한 분화구에는 주로 역사적 인물의 이름을 붙였는데 우리나라의 '신사임당'과 '황진이' 이름이 붙은 분화구도 있답니다.

# 로열섬에 늑대를 풀어 놓으면?

• **생태계** 어떤 장소에 사는 생물이 다른 생물 및 비생물적 환경 요인과 상호작용하는 것.

교과서 5학년 2학기 2단원, 생물과 환경  핵심 용어 생태계, 먹이 사슬, 먹이 그물

## 황폐해진 로열섬에 늑대가 들어왔어요

미국 슈피리어호에 있는 로열섬에는 풀이 무성했어요. 어느 날 이곳에 사슴 한 무리가 정착했지요. 사슴들은 신선한 풀을 먹으며 잘 살았어요. 그런데 늘어난 사슴들이 풀을 어찌나 먹어댔는지 풀이 부족해지고 황폐해졌답니다. 그러던 어느 해 겨울이 오고 호수가 얼어붙으면서 로열섬으로 늑대가 들어왔어요. 늑대는 사슴을 잡아먹기 시작했어요. 이제 사슴은 더 늘어나지 않았어요. 풀도 다시 자라고 로열섬의 생태계는 균형을 이루었답니다.

## 생태계가 균형을 이루려면?

생물이 살아가는 세계가 생태계입니다. 생태계에서 생물이 서로 먹고 먹히는 일을 **먹이 사슬**이라 하며, 먹이 사슬이 그물처럼 얽혀 있는 것을 **먹이 그물**이라 합니다. 생태계에서 생물의 수는 위로 갈수록 점점 적어져서 피라미드 모양이 돼요. 이렇게 생물의 수를 나타낸 것이 **생태 피라미드**입니다. 이런 상태일 때, 생태계는 균형을 이루었다고 하지요. 이들 중 어느 생물이 갑자기 확 늘어나면, 바로 아래 단계 생물이 급격히 줄어들어 생태계는 균형을 잃습니다. 로열섬에 사슴이 늘어나 황폐해진 것처럼요.

● 생물이 먹고 먹히는 생태계

### 독도의 생태 피라미드 만들기  잠깐 과학실

책과 인터넷으로 독도에 사는 생물을 조사합니다. 조사한 결과를 토대로 생산자, 1차 소비자, 2차 소비자, 최종 소비자를 찾고 생태 피라미드와 먹이 그물을 만들어 보세요.

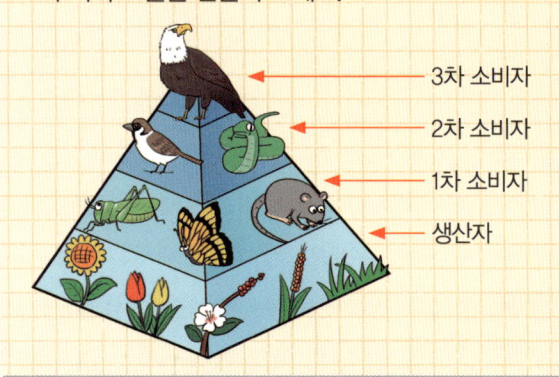

생태 피라미드에서 맨 아래 단계를 이루며, 필요한 양분을 스스로 만드는 식물과 같은 생물은 '생산자', 생산자인 식물을 먹이로 하는 초식 동물은 '1차 소비자', 1차 소비자를 먹이로 하는 육식 동물은 '2차 소비자'라고 해요. 전 단계의 소비자를 잡아먹고, 맨 위 단계를 이루는 육식 동물은 '최종 소비자'입니다. 위 단계로 올라갈수록 생물 수는 적어져요.

# 안개 때문에 목숨을 잃었어요?

• **스모그** 연기(smoke)와 안개(fog)를 합친 말로, 오염된 공기와 안개가 모인 것.

교과서 5학년 2학기 3단원, 날씨와 우리 생활 심화  **핵심 용어** 스모그

## 사람들의 목숨을 위협한 것은 안개?

1952년 12월, 영국 런던의 기온이 갑자기 내려갔어요. 짙은 안개가 땅을 뒤덮어 낮이 밤처럼 어두웠지요. 이 불길한 안개는 일주일 동안 계속되었어요. 그 뒤 호흡 장애를 호소하는 사람들이 늘더니 약 12,000명이 목숨을 잃었답니다.

1953년 영국은 대책을 세우기 위해 비버위원회를 설립했어요. 대기 오염을 조사해 보니 불길한 안개의 원인은 바로 화석 연료였습니다. 당시 영국은 산업화와 인구 증가로 가정이나 공장에서 석탄을 많이 썼거든요. 석탄 연기 속 오염 물질이 안개와 합쳐져 공기 중에 그대로 쌓인 거예요. 특히 독성 물질인 이산화황은 황산 안개로 변해 사람들의 목숨을 위협했습니다. 결국 영국은 1956년 대기 오염 청정법을 만들어 다시는 이런 일이 일어나지 않도록 강하게 규제했어요.

## 연기와 안개가 만나면 스모그가 돼요

런던 시민을 위협한 것은 '스모그'(smog)입니다. 연기(smoke)와 안개(fog)를 합친 말로, 이름처럼 오염된 공기가 안개와 함께 섞여 있지요. 자동차 배기가스, 석탄을 태울 때 나오는 이산화황과 일산화탄소가 햇빛과 만나 스모그를 만듭니다. 스모그는 바람이 불지 않거나 위쪽에 더운 공기가 있어서 공기가 잘 섞이지 않을 때 잘 일어나요.

### 스모그를 없애려면?  **잠깐 과학실**

스모그를 예방하려면 공기 중으로 오염 물질을 내뿜는 것을 멈추어야 해요. 스모그가 생겼을 때는 바깥 활동을 자제하고, 마스크를 씁니다. 외출 후 돌아와서 손을 깨끗이 씻고 양치질을 잘 하는 것이 좋아요.

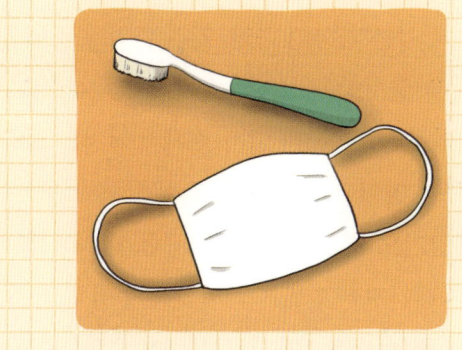

스모그에는 런던형 스모그와 스코틀랜드형 스모그가 있어요. '런던형 스모그'는 1952년 런던의 스모그처럼 석탄을 태운 후에 나온 오염 물질이 원인입니다. 검고 겨울철에 많이 일어납니다. '스코틀랜드형 스모그'는 자동차 배기가스 때문에 생기고, '광화학 스모그'라고도 해요. 황갈색이며 여름철에 주로 생긴답니다.

# 새로 지은 다리가 왜 무너졌을까요?

- **공명 현상** 물체마다 가진 고유의 진동이 서로 맞아서 함께 진동하는 것.
- **공명 현상의 예시** 소리굽쇠, 전자레인지, 소라 껍데기.

교과서 3학년 2학기 5단원, 소리의 성질 심화  핵심 용어 공명 현상, 진동

## 모든 물체는 고유의 흔들림이 있어요

1940년 7월, 미국 워싱턴주 타코마해협에 다리가 놓였어요. 4개월쯤 지나서, 한 교수가 다리 상태를 점검하기 위해 다리를 촬영하러 갔어요. 그런데 갑자기 다리가 가운데부터 흔들리기 시작했습니다. 그러더니 곧 철 구조물이 휘어지며 무너졌어요.

다리는 왜 무너졌을까요? 그날 바람은 별로 세지 않았어요. 다리가 무너진 이유는 진동 때문이었습니다. 모든 물체는 자기 고유의 흔들림(진동)이 있어요. 다리를 이루는 철근도, 식탁 위에 놓인 유리컵도요. 그런데 물체 고유의 진동과 같은 진동으로 흔들면 진동의 크기가 몇 배로 커집니다. 다리는 커진 진동을 견디지 못해 무너진 것이었어요.

## 함께 진동하는 공명 현상

물체마다 가진 고유의 진동이 서로 맞아서 함께 진동하는 것을 **공명 현상**이라 합니다. 주변에서 공명 현상을 이용한 예를 찾아볼까요? 악기를 연주할 때 소리굽쇠를 가까이 하면, 악기 소리가 소리굽쇠의 진동과 일치할 때 소리굽쇠가 공명해 저절로 진동합니다. 악기를 만들 때는 소리가 커지도록 공명 현상이 잘 일어나게 합니다. 음식을 데울 때 쓰는 전자레인지도 공명 현상을 이용한 전자기기랍니다. 전자레인지가 만드는 전파의 진동이 음식에 들어 있는 물 분자를 진동시켜서 음식을 데우지요.

### 우리 주변의 공명 현상을 찾아봐요

잠깐 과학실

바닷가에 가서 소라 껍데기를 귀에 대어 보세요. 집에서 빈 병을 귀에 대어 보아도 좋아요. 파도치는 소리가 들리나요? 그렇다면 공명 현상이 일어난 것이랍니다.

친구가 그네를 탈 때 언제 밀어 주면 더 높이 올라갈까요? 그네가 끝까지 간 후 방향을 바꾸어 내려가기 전, 제자리에 잠시 멈추었을 때입니다. 이때 그네를 밀면 그네의 고유 진동과 같은 진동으로 밀 수 있어서 그네가 더 높이 올라갑니다. 바로 공명의 원리와 같지요.

# 태양계 행성 중에 가장 빠른 행성은?

• 수성은 태양에서 가장 가까운 거리에 있고 태양계 행성들 중 공전 속도가 가장 빠르다.

교과서 5학년 1학기 3단원, 태양계와 별  핵심 용어 크레이터

## 태양과 가까워서 관측하기 어려운 수성

수성은 지구에서 가장 관측하기 어려워요. 지구에서 멀기 때문이 아닙니다. 오히려 수성이 태양에 너무 가까이 있기 때문이죠. 태양에서 가장 가까운 행성이 수성입니다. 태양의 밝은 빛에 가려 수성은 잘 보이지 않아요. 수성이 태양 앞에 오는 새벽에 잠깐, 태양 뒤에 오는 초저녁에 잠깐 관측할 수 있어요. 또한 수성은 태양계 행성들 중에 가장 빠르답니다. 공전 속도가 1초에 약 48km나 돼요.

수성은 이렇게 가장 빠르고, 관측하기 어렵고, 태양 곁을 멀리 떠나지 않습니다. 그래서 미국 천문학자 칼 세이건은 수성을 '신들의 심부름꾼'이라 불렀어요. 수성의 영문 이름 '머큐리'(Mercury)도 그리스·로마 신화에서 '소식을 전하는 전령'인 헤르메스의 다른 이름이지요.

## 눈과 비가 내리지 않아요

수성은 태양에서 첫 번째로 가까운 행성입니다. 태양에 가까이 있다는 것은 태양열을 가까이에서 받는다는 뜻이에요. 그래서 수성은 낮에 427℃까지 올라간답니다. 또 수성에는 대기가 거의 없어요. 수성은 중력이 작고 온도가 아주 높아서 공기를 붙들지 못합니다. 그래서 태양을 등지는 밤이 되면 한밤중 온도가 -173℃까지 떨어진답니다. 대기가 거의 없기 때문에 바람이 많이 불지 않고, 비나 눈과 같은 기상 현상도 일어나지 않아요.

### 수성 탐사가 어려운 이유는?  잠깐 과학실

수성은 태양과 가까워요. 그래서 수성을 탐사하려면 태양의 중력을 이겨내고 수성 궤도에 들어가는 것이 중요합니다. 이 어려운 수성 탐사는 1974년 매리너 10호가 처음 시작했어요. 2004년 메신저호가 두 번째 태양 탐사선이 되었어요. 세 번째 탐사는 2018년 발사할 베피콜롬보가 맡을 예정이에요.

매리너 10호

수성 표면은 온통 크레이터로 덮여 있어요. 행성 표면에 운석이 떨어져 생긴 자국을 **크레이터**라고 합니다. 수성에는 기상 현상이 일어나지 않아서 크레이터가 그대로 남아 있지요.

# 따끈따끈 손난로에서 무슨 일이 일어날까요?

• **발열 반응** 어떤 물질과 물질이 만났을 때 다른 물질로 변하면서 열을 내보내는 반응.

교과서 5학년 1학기 2단원, 온도와 열 심화  핵심 용어 발열 반응, 흡열 반응

## 손난로는 어떻게 따뜻한 열을 낼까요?

추운 겨울날, 손이 꽁꽁 얼지 않도록 쓰는 손난로와 핫 팩은 외출 필수품입니다. 어떻게 포장을 벗기기만 해도, 몇 번 주무르거나 똑딱 누르기만 해도 따뜻해질까요?

손난로에는 대표적으로 부직포 안에 가루가 든 일회용 '고체형 손난로'와 금속 조각을 꺾어서 쓰는 '액체형 손난로'가 있어요. 고체형 손난로에는 철가루, 탄소 가루, 염화소듐(염화나트륨. 소금) 등이 들어 있어요. 붙이는 핫 팩과 같지요. 이것을 흔들거나 주무르면 철가루가 공기 속 산소와 만나 산화철이 되면서 열이 나요. 산화철로 변한 철가루는 다시 사용할 수 없어 일회용으로 쓰입니다.

액체형 손난로에는 아세트산소듐(아세트산나트륨)이 매우 많이 녹아 있어요. 안에 든 금속 조각을 꺾으면, 그 충격으로 액체 상태였던 아세트산소듐이 굳으면서 가지고 있던 열을 내보내 손난로가 따뜻해집니다. 액체형 손난로는 물에 넣고 끓이면 다시 액체로 변하기 때문에 여러 번 사용할 수 있어요.

## 발열 반응은 촛불이 탈 때도 생겨요

어떤 물질과 물질이 만났을 때 다른 물질로 변하면서 열을 내보내는 반응을 **발열 반응**이라고 합니다. 발열 반응이 일어나면 온도가 올라가지요. 고체형 손난로처럼 철이 산소를 만나 산화철이 될 때(산화 반응), 액체형 손난로처럼 액체였던 아세트산소듐이 고체가 될 때 열이 나지요. 그리고 기체가 액체가 될 때, 산과 염기가 만나 중성이 될 때(중화 반응), 촛불처럼 물질이 산소와 만나 빛과 열을 내며 탈 때(연소 반응)도 열이 생겨요.

 발열 반응과 반대로 어떤 물질이 다른 물질과 반응하거나 상태가 변할 때 열을 흡수하는 반응을 **흡열 반응**이라고 해요. 흡열 반응이 일어날 때는 주위의 열을 흡수해서 주변 온도가 낮아져요.

**실험 돋보기**

## 손난로를 직접 만들어 봐요!

**준비물**
아세트산소듐 100g
물 12mL
지퍼백
스포이트
다리미(또는 고데기)
클립(또는 똑딱이 금속)
냄비
물
가스레인지

### 이렇게 해 봐요

1. 아세트산소듐(아세트산나트륨)을 지퍼백에 넣습니다.
2. 준비한 물을 스포이트를 써서 지퍼백에 넣은 다음 잘 휘젓습니다.
3. 클립을 지퍼백에 넣고 다리미로 열을 가해 비닐 입구를 밀봉합니다.
4. 밀봉한 지퍼백을 물이 담긴 냄비에 넣습니다. 지퍼백에 담은 아세트산소듐이 녹아 투명해질 때까지 끓여요.
5. 다 녹으면 꺼내서 식힙니다. 식은 후 클립을 여러 번 꺾어 충격을 줍니다.

### 어떻게 될까요?

손난로의 클립을 꺾듯이 충격을 주면 손난로 속 액체가 빠른 속도로 하얗게 굳으며 따뜻해집니다.

### 왜 그럴까요?

과다하게 녹아 있는 아세트산소듐은 매우 불안정합니다. 그래서 작은 충격에도 쉽게 고체로 변해요. 클립을 꺾듯이 구부리기만 해도 그 충격으로 액체 상태인 아세트산소듐은 고체로 변하며 열을 냅니다.

아세트산소듐

**주의!** 아세트산소듐이 눈에 들어가거나 마시면 위험하기 때문에 꼭 어른과 함께 실험해야 해요. 장갑과 보호 안경을 끼면 더욱 안전해요.

# 뜨거운 화산 지대는 어떻게 탐사할까요?

- **화산** 땅속에 있는 마그마가 분출하여 만들어진 산.
- 화산이 폭발하면 용암과 화산재가 함께 분출한다.

교과서 4학년 2학기 4단원, 화산과 지진  핵심 용어 화산, 마그마

## 화산 탐사 로봇 단테

1993년 미국 알래스카의 스푸르화산을 탐사하던 화산학자 8명이 목숨을 잃었어요. 화산에서 나오는 뜨거운 화산 가스 때문이었습니다. 이후 미국 항공 우주국(NASA)과 카네기 멜런 대학은 화산 지역을 안전하게 탐사하기 위해 로봇 단테를 개발했어요. 높은 열을 견딜 수 있게 제작해 화산 지역에 있는 돌을 가져오게 했어요.

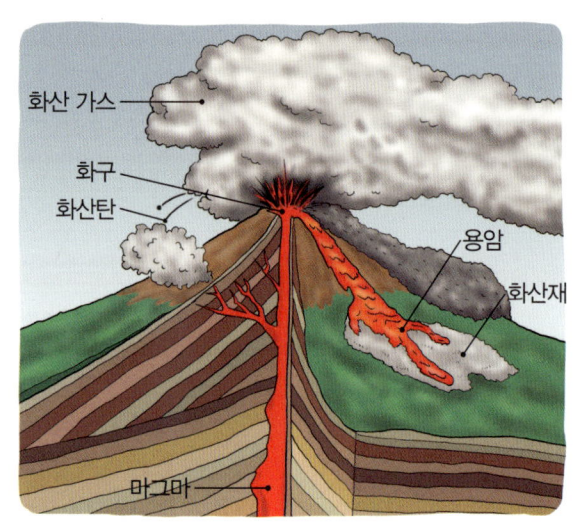

## 화산은 어떻게 폭발해요?

땅속 깊은 곳에 녹아 있는 마그마는 주변 암석보다 가볍습니다. 그래서 위로 올라오려 합니다. 마그마가 모이면 약한 땅을 뚫고 분출해 화산 폭발이 일어나요. 이때 가장 먼저 화산 가스가 폭발하고, 시뻘건 마그마가 분출되어 흐릅니다. 이것이 용암이에요. 보통 용암의 온도는 900~1,200℃ 정도로 아주 높습니다. 그리고 화산이 폭발할 때에는 화산재도 함께 분출돼요.

화산은 지진과 마찬가지로 판과 판의 경계에서 많이 발생합니다. 계속해서 활동하고 있는 화산을 **활화산**이라 해요. 활동하지 않는 화산을 **사화산**, 화산 활동을 쉬고 있지만 폭발할 가능성이 있는 화산을 **휴화산**이라고 합니다.

### 화산 분출 실험   잠깐 과학실

빈 페트병과 붉은 색소, 물, 탄산수소소듐(탄산수소나트륨)을 준비하세요. 빈 병에 붉은 색소와 물, 탄산수소소듐을 넣고, 빈 병 주변을 찰흙으로 덮어 화산처럼 꾸밉니다. 단, 병 입구는 덮지 않아요. 그런 후 병에 식초를 부어 보세요. 이산화탄소가 생기면서 붉은 색소와 만나 부글부글 용암이 분출하는 것처럼 보여요.

처음 제작한 화산 탐사 로봇 단테 1호는 남극의 에러버스화산을 탐사하다가 화산의 분화구 아래로 떨어졌어요. 지금은 비디오카메라를 장착한 단테 2호가 화산 주변에서 암석을 채취하고 온도를 측정하는 일을 하고 있어요. 단테 2호도 1994년 알래스카의 스푸르화산 탐사 도중 문제가 생겨 돌아오지 못할 뻔했지만, 헬기로 구조해 왔답니다.

# 물은 어떤 모습으로 지구를 돌까요?

- **증발** 물 표면에서 물이 수증기로 변하는 것.
- **응결** 온도가 낮아져 공기 속에 있는 수증기 일부가 물방울로 변하는 것.

교과서 4학년 2학기 5단원, 물의 여행  **핵심 용어** 증발, 응결

## 물은 생명에게 아주 소중해요

지구에 사는 생명에게 물은 꼭 필요해요. 물속에서 지구의 생명이 시작되었고, 바닷속에서 다양한 생명이 진화해 왔어요. 생물의 몸도 물로 이루어져 있습니다. 우리 사람은 몸의 약 70%가 물로 이루어져 있고, 다른 동식물도 크게 다르지 않습니다. 살아가는 데도, 농사를 짓는 데도 물이 꼭 필요하지요. 이 때문에 아주 오래전 사람들은 강 주변에서 새로운 문명을 꽃피우고 인류 문화를 발전시켰어요. 인류 4대 문명도 황하강, 티그리스-유프라테스강, 나일강, 인더스강 유역에서 시작되었지요.

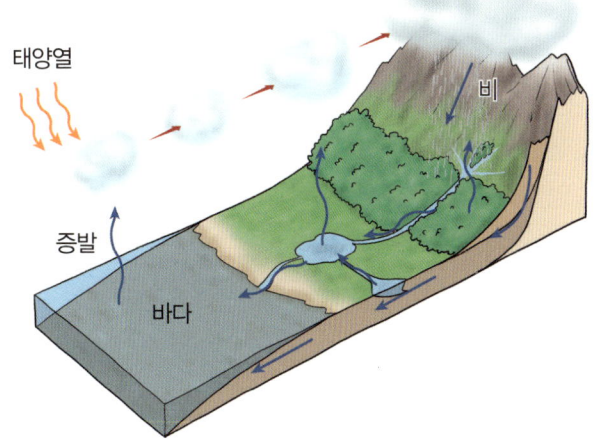

## 모습을 바꾸며 지구를 순환하는 물

생명에게 소중한 물은 모습을 바꾸어 가며 지구를 순환해요. 바닷물은 태양열을 받아 수증기가 되어 하늘로 올라가요. 이렇게 물 표면에서 물이 수증기로 변하는 것을 **증발**이라고 해요. 하늘에 올라간 수증기는 낮은 온도에서 다시 아주 작은 물방울로 변해(응결) 구름이 돼요. 구름은 높은 산을 오르며 점점 커지다가 무거워지면 비가 되어 내립니다. 내린 비는 강과 호수를 만나 다시 바다로 흐르지요. 하지만 오늘날 지구 온난화로 물의 순환이 잘 일어나지 않아서 어떤 지역은 물이 너무 부족하고, 어떤 지역은 홍수가 일어나요.

### 물 부족을 예방하려면?  잠깐 과학실

꼭 필요한 물이 지구 온난화 때문에 점점 부족해지고 있어요. 물 부족을 예방하려면 여러분이 어떻게 해야 할까요? 또한 지구 온난화를 막기 위해서 무엇을 할 수 있는지 조사해 보세요.

지구 표면의 71%를 차지하는 것은 물입니다. 지구 표면에 있는 물의 양은 약 13억 6천만km³예요. 이 물의 약 97%가 바닷물이고 약 2%가 빙하와 얼음이랍니다. 사람이 쓸 수 있는 물은 호수와 강을 이루는 물, 지하수 그리고 대기 중의 수증기로, 모두 합쳐도 지구 표면의 물 중 1%에 못 미칩니다.

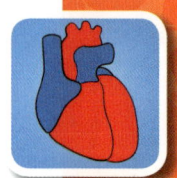

# 냄새를 맡으면 기억이 떠오른다고요?

- 우리의 콧속 점막에 있는 후각 세포는 냄새를 맡는 기능을 한다.
- **후각 섬모** 콧구멍 천장의 점막을 이루는 후각 세포에 박힌 작은 털.

교과서 6학년 2학기 4단원, 우리 몸의 구조와 기능  **핵심 용어** 프루스트 현상, 후각 섬모

## 과자 냄새로 작품을 써 낸 프루스트

프랑스 작가 마르셀 프루스트는 어느 겨울날 마들렌 과자를 먹다가 냄새를 맡고 어릴 적 마들렌 과자와 얽힌 기억이 떠올랐어요. 이 기억을 바탕으로 《잃어버린 시간을 찾아서》라는 유명한 소설을 썼습니다.

사람은 어떤 냄새를 맡으면 냄새와 관련한 기억과 감정이 떠올라요. 대뇌에서 냄새를 느끼는 부분이 기억과 감정을 담당하는 곳에 있기 때문이지요. 이렇게 냄새로 어떤 기억을 떠올리는 현상을 프루스트의 이름을 따서 '프루스트 현상'이라고 해요.

## 후각 세포가 대뇌에 신호를 보내요

냄새를 느끼는 감각 기관은 코입니다. 콧구멍의 천장은 끈끈한 막으로 덮여 있어요. 이 점막을 이루는 후각 세포에는 아주 작은 털인 후각 섬모가 촘촘히 박혀 있습니다.

냄새를 일으키는 것은 화학 물질이에요. 공기 속에서 날아다니던 화학 물질이 콧속으로 들어와 털처럼 생긴 후각 섬모에 달라붙습니다. 그러면 후각 세포가 흥분하고 신경을 통해 대뇌로 신호를 보냅니다. 친구의 방귀 냄새가 들어오면 대뇌가 어서 손으로 코를 막으라고 신호를 보내지요. 여러 냄새가 섞여도 각각의 섬모가 다른 정보를 보내기 때문에 냄새를 구별할 수 있어요.

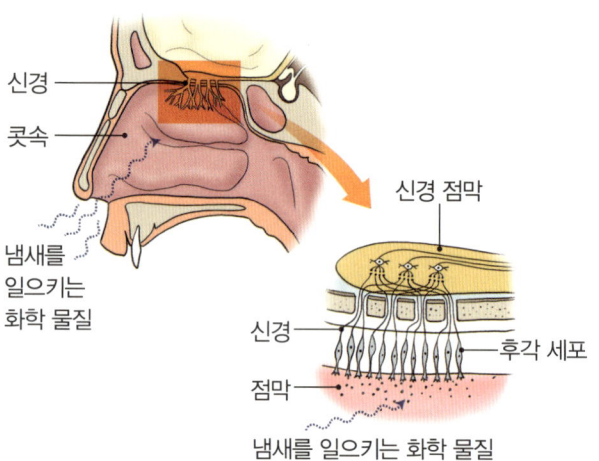

● 후각 기관의 구조

### 후각을 이용하는 예는?  〈잠깐 과학실〉

공항에서는 사람보다 후각이 훨씬 뛰어난 개를 이용해요. 냄새만으로 마약이나 폭발물을 탐지하지요. 개는 사람보다 후각 세포가 40배나 많답니다. 이 밖에 후각을 이용하는 예에는 무엇이 있을까요?

 후각과 관련한 기억은 오래가요. 이를 이용해 상품이 더 잘 기억되도록 상품에 향기를 뿌리기도 합니다. 하지만 가장 먼저 지치는 감각도 후각입니다. 어느 정도 시간이 지나면 맡았던 냄새를 느끼지 못해요.

# 꽃은 어떻게 씨앗을 만들까요?

- **배** 꽃가루와 밑씨가 만나면 씨앗이 된다.
- **배** 싹이 터져 나오는 곳으로 나중에 식물이 되는 부분.
- **배젖** 새싹이 먹고 자랄 양분.

교과서 4학년 1학기 3단원. 식물의 한살이  **핵심 용어** 배, 배젖, 암술, 수술

## 색과 향기로 곤충을 유혹해요

꽃은 왜 아름다울까요? 봄에 피는 진달래와 개나리, 여름에 피는 무궁화, 가을에 피는 코스모스 등 우리 주변에는 다양한 꽃이 알록달록 예쁜 모습을 뽐내요. 장미와 프리지아처럼 좋은 향기를 내기도 하고, 아카시아처럼 달콤한 꿀을 갖고 있기도 하지요. 이처럼 꽃들은 좋은 향기와 꿀, 아름다운 색으로 나비와 벌 같은 곤충을 유혹합니다. 이렇게 꽃이 나비와 벌을 유혹하는 데에는 다 이유가 있어요. 바로 꽃가루를 옮기기 위해서지요. 나비와 벌은 꽃가루를 이 꽃, 저 꽃 옮겨 튼실한 열매를 맺고 씨앗을 남길 수 있도록 해 주어요.

## 꽃은 씨앗을 만들어 내요

꽃은 씨앗을 만들어 내기 위해 핍니다. 꽃마다 꽃잎의 개수와 모양은 다르지만, 모두 꽃 가운데에 있는 암술과 수술이 씨앗을 만드는 데 참여합니다. 수술머리에는 꽃가루가 있어요. 나비나 벌, 바람 등이 꽃가루를 암술머리로 옮겨요. 암술머리로 옮겨진 꽃가루는 암술을 뚫고 긴 대를 씨방까지 내려보냅니다. 이곳에서 꽃가루와 밑씨가 만나 씨앗이 되지요. 꽃이 지고 씨앗이 널리 퍼지면, 씨앗에서 싹이 트고 식물의 한살이가 다시 시작됩니다.

### 씨앗을 관찰해 봐요  [잠깐 과학실]

강낭콩을 세로로 반으로 잘라 관찰해 보세요. 강낭콩에서 싹이 터져 나오려는 부분(눈)이 '배'이고, 우리가 먹는 콩 부분이 '새싹이 먹고 자랄 양분'(배젖)이랍니다.

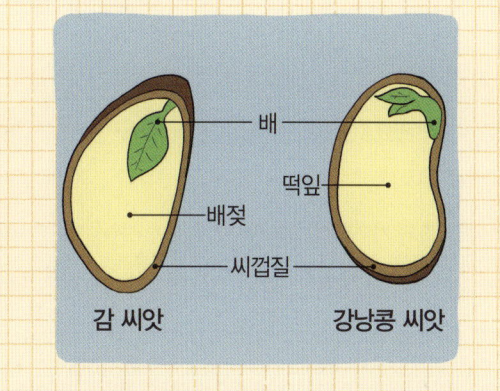

감 씨앗 / 강낭콩 씨앗

인도네시아 수마트라섬에서 자라는 타이탄 아룸은 7년에 한 번, 약 이틀 동안 꽃을 피워요. 꽃은 2.5m까지 자랄 만큼 크고, 모양이 괴상하답니다. 더 놀라운 것은 꽃이 피어 있는 동안 해충을 피하기 위해 시체 썩는 악취를 낸다는 사실이지요. 이 꽃은 전 세계에 약 100여 그루밖에 되지 않아요.

# 신나는 롤러코스터는 어떻게 움직일까요?

• **에너지** 높은 위치에 있는 물체가 갖는 위치에너지, 빠른 속도로 움직이는 물체가 갖는 운동에너지처럼 일을 할 수 있는 능력.

**교과서** 6학년 2학기 5단원, 에너지와 생활 심화　**핵심 용어** 에너지, 위치에너지, 운동에너지

## 롤러코스터는 어떻게 시작되었을까요?

소리 지르지 않고 롤러코스터를 탈 수 있나요? 천천히 올라간 롤러코스터가 아래로 곤두박질칠 때는 아찔한 기분에 비명을 지를 수밖에 없지요. 롤러코스터는 1600년대에 만들어진 러시아 아이스 슬라이드에서 시작되었어요. 얼음 미끄럼틀에 가까웠지요. 그 뒤 현대식 롤러코스터가 파리에 세워졌고, 1865년 미국에서 탄광에 쓰이던 열차를 본떠 만든 롤러코스터가 놀이기구로 이용되었어요. 그 밖에 대표적인 롤러코스터에는 미국의 '식스플레그스 그레이트 아메리카'에 설치된 '골리앗'이 있어요. 85°로 수직에 가까운 경사면을 시속 116km로 떨어진다니 정말 아찔하겠지요?

## 롤러코스터에 숨은 과학 원리

롤러코스터는 어떻게 레일 언덕을 넘을 수 있을까요? 처음에는 전기 같은 동력을 사용해서 레일을 올라가요. 높이 올라간 롤러코스터는 위치에너지를 가집니다. 내려오면서 위치에너지가 운동에너지로 바뀌어요. 그 운동에너지가 다음 언덕을 넘을 수 있게 하지요.

　어떤 물체가 일을 할 수 있는 능력이 바로 **에너지**입니다. 에너지는 소리나 빛, 열, 전기, 운동 등 여러 가지 형태로 바뀔 수 있어요. 롤러코스터가 움직일 때 위치에너지가 운동에너지로 바뀌는 **에너지 전환**이 일어나 짜릿한 롤러코스터를 탈 수 있어요.

### 물레방아는 어떻게 움직일까요? 　잠깐 과학실

물레방아도 롤러코스터처럼 에너지 전환을 이용해 움직여요. 물레방아 위쪽에 물이 담기면 내려오면서 속도가 가속되고, 다시 위로 올라가며 돌아가지요. 물레방아 꼭대기의 위치에너지가 아래로 내려오며 운동에너지로 바뀌고 다시 올라가 위치에너지를 갖는 거예요. 이렇게 에너지가 바뀌며 움직이는 것은 또 무엇이 있는지 알아보세요.

 우리나라에 처음 생긴 롤러코스터는 1973년 서울 어린이대공원에 들어선 청룡열차예요. 우리나라 대표 롤러코스터로 많은 사람들의 사랑을 받았지만 2012년 운행을 중단했어요.

# 위성을 끌어당겨 고리로 만든 토성

- 토성은 태양계 행성 중 목성 다음으로 크다.
- **위성** 행성의 인력에 끌려 행성 주위를 도는 천체.

교과서 5학년 1학기 3단원, 태양계와 별  핵심 용어 위성

## 아름다운 고리를 가진 토성

태양계에서 가장 아름다운 고리를 가진 행성이 있어요. 태양에서 6번째로 가까운 행성인 토성이에요. 1610년 갈릴레이가 처음 관측했습니다. 망원경의 성능이 좋지 않아 확실한 모양을 몰랐다가, 갈릴레이가 죽은 뒤 약 50년이 지나서야 고리를 발견했어요. 크게 7개로 구분하는 넓고 아름다운 고리이지요. 토성의 고리는 넓은 레코드판처럼 보이지만 가까이 보면 만 개가 넘는 고리로 이루어져 있어요.

## 고리는 어떻게 만들어졌을까요?

토성에 아름다운 고리가 생긴 것은 토성의 위성과 관련이 있어요. 토성 주변을 돌던 위성이 있었는데, 토성과 위성은 만유인력에 의해 점점 가까워졌습니다. 둘이 너무 가까워진 게 문제였어요. 보통 행성처럼 우주에 있는 물체는 스스로 갖는 만유인력으로 자기 모양을 유지해요. 그런데 커다란 토성이 작은 위성과 너무 가까워지면서 토성의 끌어당기는 힘이 매우 세졌어요. 결국 위성은 자신의 중력을 유지하지 못하고 그만 부서져 버렸습니다. 부서진 위성은 토성 곁을 떠나지 못하고 토성의 인력에 붙잡혀서 고리가 되고 말았어요. 토성뿐 아니라 목성, 천왕성, 해왕성 모두 위성과 너무 가까워져서 고리가 생겼답니다.

### 잠깐 과학실

**토성을 물에 넣으면 어떻게 될까요?**

토성을 물에 넣으면 어떻게 될지 상상해 보세요. 신기하게도 토성은 물에 뜰 수 있답니다. 토성이 태양계에서 두 번째로 큰 행성이지만 밀도는 태양계에서 가장 낮아요. 물보다도 밀도가 낮기 때문에 만약 토성을 물에 넣을 수만 있다면 물에 동동 뜰 거예요.

토성은 태양계 행성 중에서 목성 다음으로 커요. 지름이 지구의 약 9.5배이고, 질량은 약 95배입니다. 초당 약 9.7km의 속도로 공전해서 태양 주변을 한 바퀴 도는 데 약 29.42년이나 걸린답니다. 토성은 위성이 수십 개예요. 그리고 지구처럼 자전축이 기울어진 채 공전해서 계절의 변화가 있답니다.

# 거울은 언제부터 사용했을까요?

• 빛이 물체 표면에서 되돌아 나오는 반사 현상 덕분에 우리는 물체를 볼 수 있다.

교과서 4학년 2학기 3단원, 그림자와 거울   핵심 용어 빛의 반사, 평면거울, 볼록거울

## 예전에는 돌을 다듬어 거울로 썼대요!

아주 오래전, 사람들은 자기 모습을 물에 비춰 보았어요. 그러다가 돌을 다듬어 거울로 사용했지요. 이집트 피라미드에서는 기원전 3000년경에 만들어진 청동 거울이 발견되었어요. 물론 청동 거울은 갈아서 만들었기 때문에 흐릿했어요. 12세기, 과학이 발전하면서 유리 제조 기술도 발달했어요. 유리판의 한쪽 면에 얇은 합금을 붙여 빛이 반사되도록 만들었습니다. 하지만 만드는 과정이 쉽지는 않아서, 처음에는 돈 많은 귀족들의 사치품으로 사용되었지요. 지금처럼 많은 사람들이 거울을 사용한 것은 19세기가 되어서였어요. 거울 뒷면을 은으로 도금하는 새로운 기법으로 거울을 많이 만들어 냈지요. 지금은 유리에 은 대신 더 구하기 쉬운 알루미늄을 도금해 사용합니다.

반사된 빛만 눈에 보여!

## 빛의 반사로 물체를 볼 수 있어요

**반사**는 빛이 물체 표면에서 되돌아 나오는 것이에요. 사람이 물체를 볼 수 있는 것도 빛의 반사 덕분이지요. 전등이나 햇빛 같은 광원에서 나온 빛은 물체 표면에서 반사되어 우리 눈으로 들어와요. 그래서 사람은 물체를 볼 수 있어요. 초록색 물체는 물체 표면에서 초록빛만 반사하고, 다른 빛은 모두 흡수해요. 그 초록빛만 눈에 들어오기 때문에 물체가 초록색으로 보여요.

### 여러 가지 거울을 찾아봐요   [잠깐 과학실]

거울에는 평면거울과 오목거울, 볼록거울이 있습니다. 모두 주변에서 쉽게 찾을 수 있어요. 흔히 쓰는 손거울은 '평면거울'이에요. 좌우가 바뀌고, 얼굴에서 멀리 둘수록 떨어져 보입니다. 자동차 백미러에 쓰이는 '볼록거울'은 물체가 작게 보이는 대신 더 넓게 볼 수 있어요. 치과용 거울이나 반사망원경에 쓰는 '오목거울'은 가까이 있는 물체가 더 커 보이고, 멀리서 보면 작게 거꾸로 보여요.

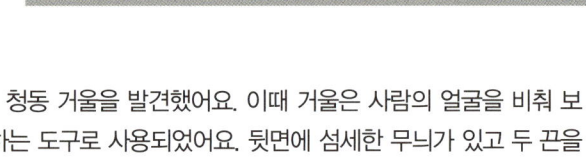

우리나라에서도 기원전 6세기경 고조선에서 만들어진 청동 거울을 발견했어요. 이때 거울은 사람의 얼굴을 비춰 보는 것뿐 아니라 하늘에 제사를 지내는 제사장을 상징하는 도구로 사용되었어요. 뒷면에 섬세한 무늬가 있고 두 끈을 꿰는 꼭지를 달아 '다뉴경'이라 불렀답니다.

# 지역마다 받는 태양열의 양이 달라요

- 지구 남북쪽 사이 한가운데에 있는 적도와 주변 지역은 태양열을 많이 받아 뜨겁다.
- **극지방** 북극과 남극 주변 지역.

교과서 6학년 2학기 2단원, 계절의 변화 심화  **핵심 용어** 적도지방, 극지방

## 적도에 사는 여우와 북극에 사는 여우

더운 지역과 추운 지역에 사는 여우는 생김새가 달라요. 아프리카 사막여우는 귀가 얼굴의 두 배나 될 정도로 크고, 털이 가늘고 빽빽해요. 하지만 북극여우는 귀가 아주 작고 털이 굉장히 굵답니다.

아프리카 지역은 태양빛이 머리 위로 내리쬐어요. 태양에너지를 많이 받아 무더운 날씨가 계속되지요. 사막여우는 이 무더운 날씨를 견디기 위해 귀가 커졌어요. 귀가 크면 몸속의 열이 귀 속의 혈관을 통해 밖으로 나가거든요. 반면에 북극은 태양빛이 낮게 들어와요. 태양에너지를 많이 받지 못해 춥지요. 북극에 사는 북극여우는 체온을 빼앗기지 않는 게 가장 중요합니다. 그래서 열을 내보내기 쉬운 귀가 작아지고 털은 굵어졌어요.

## 대기와 해류가 열을 옮겨요

지구는 해마다 비슷한 온도를 유지해요. 적도지방에는 항상 열에너지가 남고 극지방에는 열에너지가 부족한데도 말이지요. 그대로 두면 적도지방은 매일매일 더 뜨거워지고, 극지방은 더 차가워질 거예요. 하지만 다행히도 적도지방은 무덥지만 매일매일 더 뜨거워지지는 않아요. 극지방도 매일매일 더 추워지지 않지요. 대기와 해류가 적도지방의 남는 열에너지를 극지방으로 옮기기 때문이지요.

● **해류의 순환**

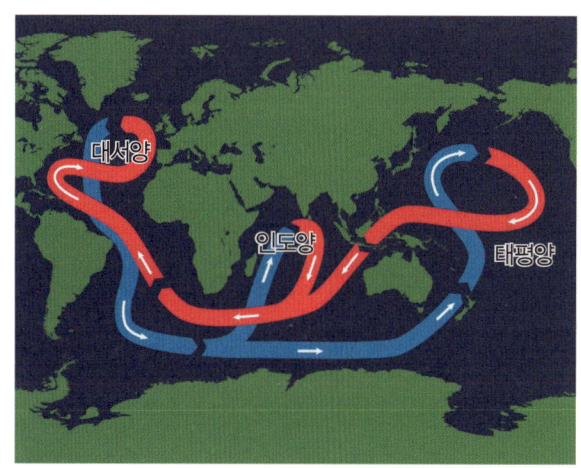

■ 표면의 따뜻한 바닷물(표층수)  ■ 깊은 곳의 찬 바닷물(심층수)

### 적도지방이 왜 뜨거운지 실험해요  *잠깐 과학실*

흙에 손전등을 30분 동안 수직으로 비추고 비스듬하게도 비추어 보세요. 적도지방이 왜 뜨거운지 알 수 있습니다.

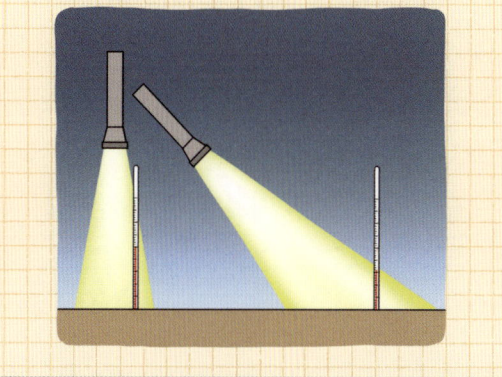

여우는 1m가 채 되지 않는 몸길이에 몸무게 5~10kg 정도 되는 개과 동물이에요. 뾰족하게 솟은 두 귀와 뾰족한 주둥이, 늘씬한 다리와 풍성한 꼬리를 가졌지요. 중위도지방인 우리나라에 사는 여우는 붉은 여우 종류로 귀가 중간 크기이고, 털이 중간 길이예요.

# 소의 배 속에 자석을 넣는다고요?

- 자석이 철을 끌어당기는 힘은 거리가 가까울수록 더 커진다.
- **자석의 이용 예시** 냉장고, 목장.

교과서 3학년 1학기 4단원, 자석의 이용  핵심 용어 자화

## 자석의 다양한 쓰임새를 알아봐요

냉장고 문을 살짝 열었다가 닫아 보세요. 문이 몸체와 가까워지면 저절로 꽉 닫힙니다. 여기에는 어떤 비밀이 있을까요? 냉장고 문 안쪽 가장자리에는 고무자석이 있어요. 냉장고가 차가운 바람을 잃지 않도록 만든 것이지요.

자석은 목장에서도 아주 중요한 역할을 합니다. 소가 풀을 먹을 때 쇳조각을 함께 삼키면 소의 장기를 다치게 할 수 있어요. 소의 위에 자석을 넣어 주면 쇳조각을 붙잡아 두어 소의 장기를 보호할 수 있어요. 소의 위는 4개로 이루어져 있습니다. 두 번째 위에 자석을 넣어 두면, 소가 삼키는 쇳조각을 거의 제거할 수 있어요.

보통 막대자석의 한쪽은 빨간색, 다른 한쪽은 파란색으로 되어 있어요. 빨간색 쪽은 N극, 파란색 쪽은 S극이지요. 이렇게 하나의 자석에는 N극과 S극, 서로 다른 극이 있어요. 2개의 자석을 같은 극(N극과 N극, 혹은 S극과 S극)끼리 가까이 가져가면 서로 밀어내는 힘이 작용해요. 반대로 2개의 자석을 다른 극(N극과 S극)끼리 가까이 가져가면 서로 잡아당기는 힘이 작용합니다. 자석 사이에 작용하는 힘도 거리가 가까울수록 더 커집니다.

그런데 막대자석을 반으로 자르면 N극 1개와 S극 1개로 나눌 수 있을까요? 아니에요. 자석은 여러 번 잘라도 N극과 S극을 가진 자석이 된답니다.

## 자석의 힘

철에는 자석의 성질을 띤 아주 작은 입자들이 있지요. 평소에 이 입자들은 흩어져서 힘이 작용하지 않지만 자석을 만나는 순간 서로 끌어당기는 힘이 생겨 자석에 붙어요. 하지만 모든 금속이 자석에 끌리는 것은 아니에요. 알루미늄이나 구리와 같은 금속은 자석에 잘 붙지 않아요. 그리고 자석이 철을 끌어당기는 힘은 거리가 가까울수록 더 커집니다.

자석의 힘은 자석과 자석 사이에서도 작용해요.

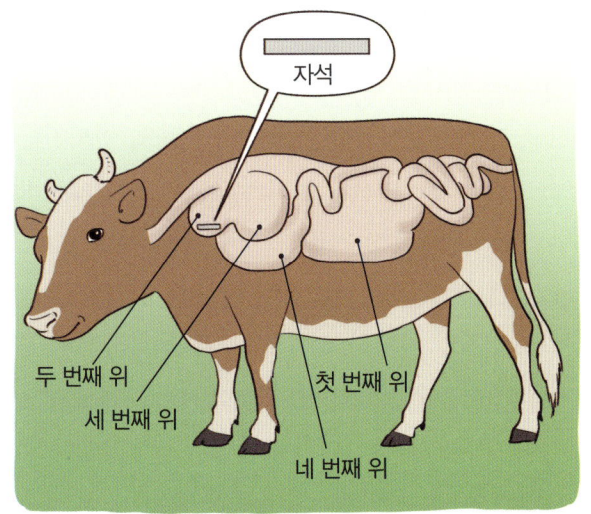

옛날 그리스에 마그네시아섬이 있었어요. 쇠붙이를 싣고 근처를 지나던 배들이 마그네시아섬으로 끌려가곤 했지요. 이 현상을 조사한 결과 마그네시아섬이 철을 끌어당기는 돌로 이루어졌다는 사실을 알아냈어요. 그 뒤로 섬의 이름을 본떠 이 섬에서 나오는 돌을 '마그넷'(magnet, 자석)이라 불렀다는 이야기가 있어요.

### 실험 돋보기

## 바늘로 자석을 만들어요

**준비물**
바늘
핀(또는 클립)
막대자석

**이렇게 해 봐요**
1. 바늘에 핀이 붙는지 살펴봅니다.
2. 바늘을 막대자석으로 여러 차례 문지른 후 바늘에 핀을 붙여 봅니다.

**어떻게 될까요?**
처음에는 바늘에 핀이 붙지 않았지만, 바늘을 막대자석으로 문지른 후에는 바늘에 핀이 붙습니다.

**왜 그럴까요?**
철과 같은 금속을 자석으로 문지르면 철도 일시적으로 자석의 힘을 띱니다. 이런 현상을 자화라고 합니다.

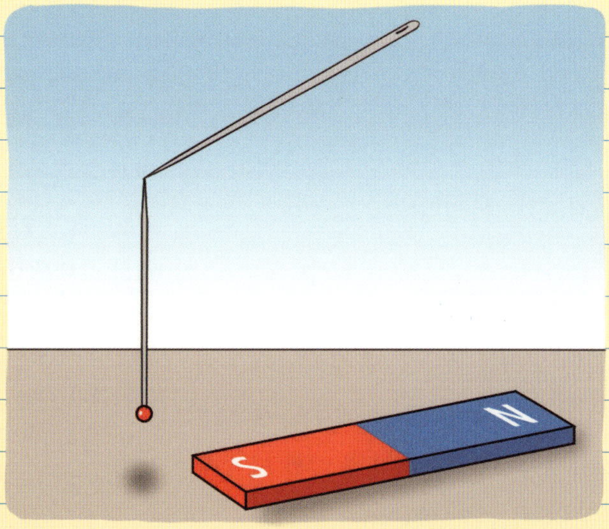

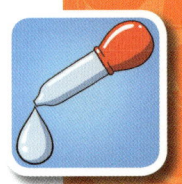

# 물 위의 꽃가루는 살아서 움직일까요?

- 물질을 이루는 분자나 원자는 에너지를 가져서 스스로 움직인다.
- **브라운 운동** 공기 중이나 물속에서 분자가 불규칙하게 움직이는 운동.

**교과서** 3학년 2학기 4단원, 물질의 상태 심화  **핵심 용어** 브라운 운동, 분자 운동, 절대온도

## 꽃가루와 먼지의 움직임을 관찰해요

창문 틈으로 들어오는 햇살에 둥둥 떠다니는 먼지를 본 적 있나요? 공기 중에서 먼지가 이리저리 움직이듯, 작은 입자가 물 위에서 떠다니는 모습을 관찰한 과학자가 있었어요. 브라운은 꽃가루가 물 위에 그냥 떠 있다고 생각했어요. 하지만 현미경으로 살펴보니 예상과 달리 꽃가루가 물 위에서 움직이고 있었습니다. 크게는 아니지만 분명히 살아 있는 것처럼 이리저리 빠르게 움직였어요. 먼지 입자도 마찬가지였습니다.

하지만 70년 동안 꽃가루의 움직임을 '브라운 운동'이라고만 할 뿐, 왜 꽃가루가 살아 있는 것처럼 움직이는지는 알 수 없었어요. 그 이유는 아인슈타인이 밝혀냈습니다. 꽃가루는 살아 있어서 움직이는 게 아니었어요. 주변 물과 공기를 이루는 작은 알갱이인 **분자**가 움직이기 때문이었어요.

## 분자는 어떻게 움직일까요?

물질을 이루는 분자나 원자는 스스로 움직입니다. 분자도 에너지를 가져서 그 에너지로 움직여요. 물질을 이루는 분자의 운동은 물질의 상태에 따라 달라요. 고체일 때는 분자가 가진 에너지가 작아서 제자리에서 부르르 떨거나 빙그르르 도는 회전만 할 수 있어요. 액체일 때는 조금 더 움직여 흐를 수 있을 정도로 움직입니다. 기체일 때는 더 활발히 이리저리 날아다닐 수 있어요. 이렇게 물이나 공기의 분자가 움직이기 때문에 꽃가루나 먼지같이 큰 입자들도 이리저리 밀려 움직여요.

### 분자 운동을 확인해요  _잠깐 과학실_

스포이트와 잉크, 유리컵 2개를 준비하세요. 유리컵 각각에 찬물과 더운물을 담고, 두 컵에 스포이트로 잉크를 떨어뜨린 후 잉크가 어떻게 될지 관찰해 보세요. 잉크는 물속을 자유롭게 퍼져 나가다가 물에 고루 섞입니다. 잉크 입자가 끊임없이 움직이는 물 분자에 부딪혀서 움직인다는 사실을 보여 주지요.

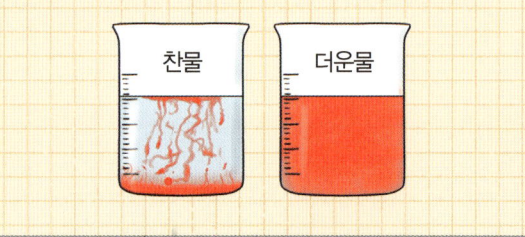

물질이 분자 운동을 하지 못할 때가 있습니다. 바로 모든 분자 운동이 멈추는 절대온도 0K(영 켈빈)에서랍니다. 섭씨 온도로 나타내면 −273℃입니다. 이 온도에서는 모든 것들이 멈춰요. 분자들까지도 말이지요.

# 위성이 63개이고, 가장 큰 행성은?

- 목성은 태양계 행성 중 가장 크며, 중력도 행성 중에서 가장 크다.
- **대적점** 목성의 대기에서 보이는 소용돌이.

교과서 5학년 1학기 3단원, 태양계와 별  **핵심 용어** 대적점, 위성

## 거인 행성 목성

목성의 크기는 지구의 약 1,300배입니다. 질량은 지구의 약 318배나 되지요. 태양계 모든 행성의 질량을 합한 것의 $\frac{2}{3}$배나 된다니 얼마나 큰지 상상조차 못할 정도예요. 태양계 행성 중에서 가장 크답니다. 이렇게 거인처럼 큰 목성이 자전하는 데는 9시간 55분 30초밖에 걸리지 않습니다. 하루가 10시간도 채 되지 않는다니 신기하지요.

목성은 몸집이 큰 만큼 중력도 행성 중에서 가장 큽니다. 이 때문에 목성을 따르는 위성은 수십 개나 된답니다. 제일 가벼운 수소조차 강력한 중력 때문에 도망가지 못하고 목성의 대기를 구성하지요. 목성의 대기는 주로 수소와 헬륨으로, 지구 대기 밀도의 $\frac{1}{4}$밖에 되지 않아요. 신기한 점은 목성 내부에 있는 수소가 금속 형태로 존재한다는 것입니다.

## 목성이 거느리는 갈릴레이 위성

목성에도 고리가 있습니다. 얇고 밀도가 낮고 희미하기 때문에 관측이 어려웠지만, 보이저 2호가 발견했어요. 암석과 먼지로 이루어져 있습니다.

목성은 수십 개나 되는 위성이 있지만, 가장 밝고 큰 위성 4개는 갈릴레이가 발견했어요. 그래서 '갈릴레이 위성'이라고 불렸습니다. 훗날 독일 천문학자 시몬 마리우스는 목성의 위성에 유로파, 이오, 칼리스토, 가니메데라는 이름을 붙였어요.

### 목성의 이름에 얽힌 유래는? — 잠깐 과학실

목성의 영어 이름인 주피터는 그리스 신화의 제우스를 뜻해요. 제우스가 여러 부인을 거느린 것처럼 목성도 여러 위성을 거느렸지요. 위성 4개의 이름도 제우스의 아내들에게서 유래합니다. 중국에서는 목성의 공전 주기가 12년이어서 12지를 담당하는 별로 생각했어요. 그래서 세월의 흐름을 알 수 있다 하여 '세성'이라 불렀어요.

**목성의 갈릴레이 위성(크기순)**

유로파 / 이오 / 칼리스토 / 가니메데

 태양에서 5번째로 가까운 행성인 목성은 자전 주기가 약 10시간으로 아주 빨라요. 수소와 헬륨, 약간의 암모니아, 메테인으로 이루어진 대기에서는 줄무늬를 여럿 볼 수 있어요. 또한 '대적점'이라 불리는 소용돌이를 찾을 수 있어요.

# 알에서 태어나는 동물은 어떻게 자랄까요?

- 무척추동물은 대부분 알을 낳는다.
- 척추동물 중에서도 포유류를 제외한 나머지 동물이 모두 알을 낳는다.

교과서 3학년 1학기 3단원, 동물의 한살이  핵심 용어 척추동물, 무척추동물

## 어떤 동물들이 알을 낳을까요?

바퀴벌레, 오징어 등 등뼈가 없는 동물(무척추동물)은 대부분 알을 낳아요. 등뼈가 있는 동물(척추동물) 중에서는 사람, 개와 같은 포유류를 제외한 나머지 동물이 모두 알을 낳아요. 물고기 같은 어류, 개구리 같은 양서류, 악어 같은 파충류이지요. 놀랍게도 이런 동물들이 낳은 알 하나가 바로 세포 하나입니다. 어미의 난자와 아비의 정자가 만나 수정란이 되고 세포들이 분열하지요. 분열한 수정란이 자라 새끼가 되어 알을 깨고 나와요.

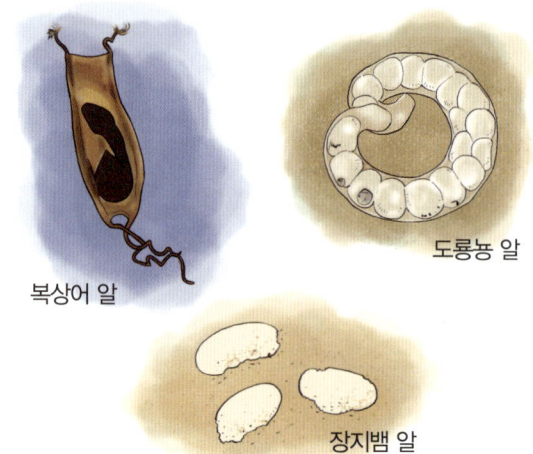

● 여러 동물의 알

복상어 알 / 도롱뇽 알 / 장지뱀 알

## 알을 안전하게 지키려면?

알은 다른 동물의 먹이가 되기 쉽습니다. 그래서 알마다 살아남는 데 유리한 특징이 있어요. 또 동물은 알을 각각 알맞은 곳에 낳아 안전하게 지키려 해요.

　복상어의 알은 네 모서리에 끈이 달려 있어요. 끈 덕분에 다른 물체에 달라붙어 물살에 떠내려가는 것을 막을 수 있습니다. 장지뱀은 알을 축축한 곳에 낳아요. 알 껍데기가 마르는 것을 막기 위해서죠. 반면 새들은 단단한 껍데기에 싸인 알을 낳기 때문에 축축하지 않아도 돼요. 개구리, 도롱뇽의 알은 끈끈한 물질로 싸여 있어 수초 사이에 알을 낳았을 때 물살에 잘 휩쓸리지 않아요.

### 달걀은 어떻게 이루어져 있을까요?

잠깐 과학실

달걀 안에는 '난황'이라 불리는 노른자가 있습니다. 영양분이지요. 노른자 위아래의 '알끈'이 노른자를 지탱해요. 노른자는 얇은 막으로 둘러싸여 있고 흰자 주변에 공기집이 있습니다. 가장 겉에 있는 껍데기 막과 껍데기는 달걀을 보호해요.

**달걀 속 구조**

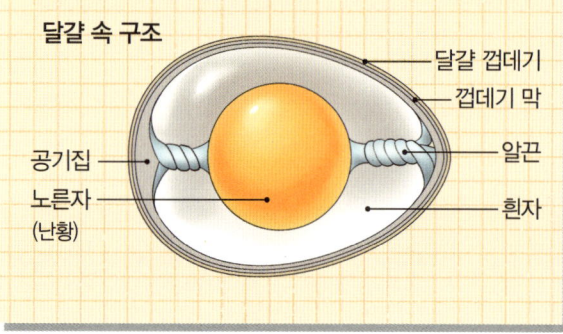

공기집 / 노른자(난황) / 달걀 껍데기 / 껍데기 막 / 알끈 / 흰자

 납자루 물고기는 조개가 물을 흡수하는 구멍에 알을 낳아요. 알은 산소가 풍부한 조개의 몸속에서 자라고, 새끼가 알에서 깨어나면 조개가 물을 내보내는 구멍으로 나와요.

# 쌍꺼풀이 없는 것이 빙하기 때문이라고요?

- **빙하기** 지질 시대에서 지구의 기온이 지금보다 약 2~12℃ 낮았던 기간.
- 오늘날 기후 변화는 이산화탄소의 증가가 큰 원인이다.

**교과서** 3학년 1학기 5단원, 지구의 모습  **핵심 용어** 빙하기, 간빙기, 기후 변화

## 빙하기에는 눈이 작은 게 유리해요

우리나라 사람의 78%는 쌍꺼풀이 없습니다. 하지만 원래 우리나라 사람들도 쌍꺼풀이 있었답니다. 빙하기 전까지 말이지요.

2만 5천 년 전 우리 조상들이 러시아 동부 시베리아에서 빙하기를 지낼 때였어요. 빙하기의 추운 날씨에 큰 눈은 전혀 도움이 되지 않았습니다. 눈이 커 봤자 하얀 눈빛에 반사된 자외선 때문에 눈이 부시고, 이 때문에 시력을 잃을 정도였으니까요. 게다가 추운 날씨에는 눈을 이루는 유리체가 뿌옇게 흐려져요. 이를 막기 위해서는 눈이 작을수록, 눈꺼풀이 두꺼울수록 유리하지요. 눈을 크게 뜨는 데 도움이 되는 쌍꺼풀은 필요 없었어요. 빙하기를 지나면서 주로 눈이 작고 쌍꺼풀이 없는 사람들이 자손을 남겨 지금까지 이어져 온 거예요.

## 지금보다 2~12℃ 낮았던 빙하기

지구의 기온이 지금보다 약 2~12℃ 낮았던 기간을 **빙하기**라고 해요. 빙하기에는 지금 극지방이나 높은 산에만 있는 만년설이 우리나라와 같은 중위도지방까지 내려갔고, 여름도 지금보다 더 서늘했지요. 빙하기와 빙하기 사이에는 비교적 따뜻했던 기간이 있는데 이것을 **간빙기**라고 합니다. 약 200만 년 전부터 시작된 빙하기 동안 간빙기가 다섯 차례 있었어요. 오늘날은 약 11,000년 전 시작된 후빙기입니다.

### 기후 변화를 막으려면? — 잠깐 과학실

과거에는 기후 변화가 화산 폭발이나 지구 움직임의 변화 등 자연적인 원인 때문에 일어났어요. 하지만 오늘날은 사람의 영향이 큽니다. 주로 자동차를 타거나, 전기를 많이 쓰는 등 화석 연료를 사용할 때 발생하는 이산화탄소 때문이지요. 빙하기가 다시 오지 않도록 여러분이 할 수 있는 일은 무엇이 있을까요?

지구의 기온은 수백만 년에 거쳐 변해 왔어요. 주로 지구 자전축의 기울기가 변하거나, 지구 궤도 모양에 변화가 생기거나, 태양에 가까워질 때였지요. 이런 이유로 태양에서 들어오는 에너지 양이 달라지면 기후가 바뀝니다.

# 배추를 소금에 절이면 왜 부드러워질까요?

• **삼투압 현상** 농도가 다른 두 용액에서 물이 농도가 낮은 쪽에서 높은 쪽으로 막을 통과해 이동하는 현상.

교과서 6학년 1학기 4단원, 식물의 구조와 기능  핵심 용어 삼투압 현상

## 삼투압 현상으로 맛있어지는 김치

김치를 담글 때 가장 먼저 하는 일이 무엇일까요? 바로 배추를 소금에 절이는 일입니다. 적당히 자른 배추에 굵은 소금을 뿌려 두거나, 소금물에 배추를 담가 두지요. 시간이 지나면 뻣뻣했던 배춧잎은 풀이 죽어 부드러워집니다. 소금 때문에 배추 밖의 농도가 높아져서 배추 안에서 물이 밖으로 빠져나가는 거예요. 이것이 삼투압 현상입니다. 이 때문에 부드러워진 배추는 먹기도 편하고 오래 저장하기 좋아요. 젓갈과 양념으로 버무리면 배추가 발효하면서 더욱 맛있고 몸에 좋은 김치로 변합니다.

● 배추의 삼투압 현상

## 같아지려고 하는 삼투압 현상

자연에서는 무엇이든 많은 곳에서 적은 곳으로 이동해 결국 같아지려고 해요. 온도가 높은 물과 온도가 낮은 물이 함께 있으면 온도가 같아지는 것처럼 말이에요. 농도가 다른 두 종류의 설탕물도 마찬가지입니다. 두 설탕물이 얇은 막으로 나뉘어져 있다고 가정해 보세요. 이 막은 알갱이가 작은 물은 통과할 수 있고, 알갱이가 큰 설탕은 통과할 수 없어요. 서로 농도가 같아질 때까지 물이 막을 통해 농도가 낮은 설탕물에서 농도가 높은 설탕물로 이동합니다. 이렇게 농도가 다른 두 용액에서 농도가 낮은 쪽에서 높은 쪽으로 물이 막을 통과해 이동하는 현상을 **삼투압 현상**이라고 합니다.

### 감자로 삼투압 현상을 실험해요  잠깐 과학실

감자와 설탕, 칼, 숟가락을 준비합니다. 먼저 감자를 반으로 자르고, 감자 속을 둥글게 파내요. 이때 위험하니 어른의 도움을 받습니다. 그다음 감자 속을 파낸 곳에 설탕을 넣으세요. 감자가 어떻게 되는지 관찰해 보세요. 감자에서 물이 생겨 설탕이 녹을 거예요. 감자의 세포막을 통해 감자 속에 있던 물이 농도가 높은 설탕 쪽으로 이동한다는 사실을 알 수 있습니다.

감자는 조심해서 자르자!

생물의 세포막은 주로 알갱이가 작은 막으로 이루어져서 입자가 작은 물이 이동할 수 있어요. 식물이 뿌리에서 물을 흡수하는 원리도 삼투압 현상입니다. 나무뿌리 세포 안쪽이 바깥쪽보다 농도가 더 높기 때문에, 물은 뿌리 밖에서 나무뿌리 안쪽으로 들어올 수 있어요.

# 처음으로 전기를 만든 패러데이

- **발전소** 물, 불, 원자, 태양 등의 힘으로 발전기를 돌려 전기를 생산하는 곳.
- **전기** 전기를 띤 입자가 이동하며 갖는 에너지.

교과서 6학년 2학기 1단원, 전기의 이용  **핵심 용어** 에너지, 발전소, 변전소

## 전기는 어떻게 만들어질까요?

전등, 냉장고, 보일러, TV, 컴퓨터…. 이제 우리는 전기 없이 생활하기 어려워요. 그렇다면 매일 사용하는 그 많은 전기는 어디서 났을까요?

우리가 사용하는 전기는 영국 과학자가 만들었어요. 패러데이는 강한 자기장에 에나멜 코일을 감은 막대를 회전하면 전류가 발생한다는 사실을 발견했어요. 발전기의 원리였지요. 이후 사람들은 전기를 만들어 낼 수 있었어요. 물론, 전기를 만들기 위해서는 코일 감은 막대를 돌릴 다른 에너지가 필요해요. 그래서 사람들은 높은 곳에서 떨어지는 물의 힘을 이용하기도 하고, 석탄을 태워 증기의 힘을 이용하기도 합니다. 태양에너지나 원자력, 파도나 바람의 힘을 이용해 발전기를 돌리기도 한답니다.

## 집에서는 전압을 내려서 써요

전기는 어떻게 집까지 올 수 있을까요? 발전소는 대부분 도심에서 멀리 떨어져 있어요. 그래서 사람들이 많이 사는 곳까지 전기를 옮겨 오려면 아주 긴 전선이 필요해요. 집 안의 전압이 얼마인지 확인한 적 있나요? 집 안에 들어오는 전압은 보통 220V(볼트)입니다. 하지만 발전소에서 만든 전기는 전압이 아주 높아요. 몇 단계의 변전소를 거쳐 전압을 내린 후에 사용합니다. 가정에서 사용하기에 알맞은 220V로 바꾸어 쓰는 거지요.

● 발전소에서 집까지 전기가 오는 과정

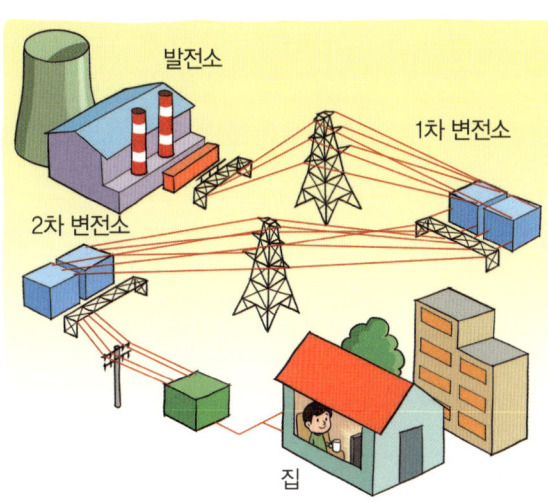

### 패러데이는 어떻게 과학자가 되었을까요?

마이클 패러데이는 제본소에서 일하는 직원이었어요. 영국의 유명한 브리태니커 백과사전을 제본하면서 과학에 관심을 가졌대요. 관심 가진 일을 끝까지 연구한 끝에 훌륭한 과학자가 된 것이지요.

**잠깐 과학실**

발전소는 물, 불, 원자, 태양, 바람, 파도 등의 힘으로 발전기를 돌려 전기를 생산하는 곳입니다. 전기는 발전소에서 여러 곳의 변전소를 거쳐 우리 집으로 들어오지요.

# 태양은 어떻게 빛날 수 있을까요?

- **태양** 태양계에서 위치를 바꾸지 않고 스스로 빛을 내는 유일한 항성.
- 태양은 지구를 비롯한 태양계 행성에 에너지를 공급한다.

교과서 5학년 1학기 3단원, 태양계와 별  핵심 용어 태양, 항성

## 태양에너지의 비밀은 수소에 있어요

지구에 있는 생명들은 태양 덕분에 살아갈 수 있어요. 녹색 식물이 태양빛을 이용해 지구의 모든 생물이 쓸 수 있는 영양분을 만들어 내기 때문이에요. 그런데 태양은 어떻게 빛날 수 있을까요?

태양은 생겨난 때부터 지금까지 쭉 활활 타오르고 있어요. 타면서 뿜어 내는 막강한 에너지로 태양계 행성에 에너지를 공급합니다. 태양에너지의 비밀은 '수소'에 있어요. 태양은 대부분 수소로 이루어졌는데, 수소 원자 4개의 핵이 융합해 헬륨으로 변하면 어마어마한 에너지가 생깁니다. 태양은 앞으로도 50억 년 더 타오를 수 있다고 하니 태양의 수소가 언제 사라질까 걱정할 일은 없어요.

## 태양 표면을 관찰해요

태양 표면은 기체로 이루어져서, 부분마다 자전하는 빠르기가 다릅니다. 표면을 관찰하면 여러 가지 현상을 볼 수 있어요. 주변보다 온도가 낮아 검게 보이는 '흑점'이 대표적이지요. 태양 흑점의 수는 주기적으로 변합니다. 보통 11년을 주기로 변하는데, 이때마다 자기폭풍이 와서 통신을 방해하기도 합니다. 표면에서 쌀알을 뿌린 듯한 '쌀알무늬'도 볼 수 있는데, 이는 대류 현상의 결과라고 해요. 한편 태양의 대기층에서는 높은 온도의 불꽃 기둥이 올라오는 '홍염'과 갑자기 밝아지며 폭발하는 '플레어'를 볼 수 있답니다.

● 태양의 흑점

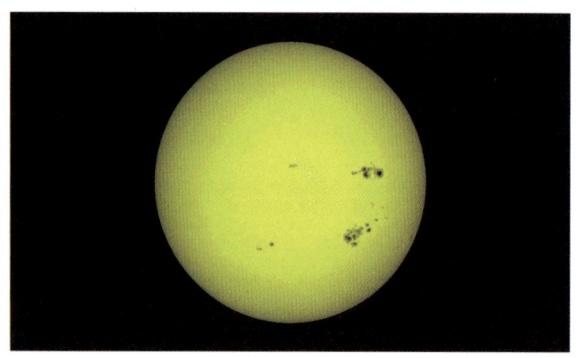

### 태양 탐사는 어떻게 하나요?  [잠깐 과학실]

사람들은 태양을 연구하고자 탐사선을 보냈어요. 1990년에 보냈던 율리시스호는 태양풍과 자기장에 관한 자료를 20년 가까이 수집하다가 2009년에 임무를 마쳤어요. 1991년에는 미국, 영국, 일본이 공동으로 인공위성 SOLAR-A를 발사해 태양 활동을 관측했습니다. 현재 태양을 관측하는 대표적인 인공위성에는 '소호'가 있습니다. 1995년 미국과 유럽에서 공동으로 발사했지요.

 태양은 태양계에서 유일한 항성입니다. 위치를 바꾸지 않고, 스스로 빛을 내는 별이 바로 **항성**이에요. 태양의 지름은 지구의 약 109배이고, 질량은 지구의 약 33만 배입니다. 질량이 태양계 전체의 99%에 달합니다.

# 지구 표면은 누가 만들고 다듬을까요?

- **지표** 지구의 가장 바깥쪽 표면.
- **조산 작용** 지구 내부에서 지층이 양쪽으로 미는 힘을 받아 밀려 올라가며 산을 만드는 과정.

**교과서** 3학년 2학기 3단원, 지표의 변화  **핵심 용어** 지표, 조산, 풍화, 침식, 퇴적

## 'O악산'의 비밀

우리나라에는 설악산, 치악산, 관악산처럼 이름에 '악'이 들어가는 산이 많아요. 이런 산은 다른 산보다 오르기가 더 어렵답니다. 이름에 '악'이 붙은 산은 주로 깎아지른 바위로 이루어져 있거든요.

바위가 많은 산은 어떻게 만들어질까요? 지층 양쪽에서 미는 힘이 작용하면 지층이 밀려 올라갑니다. 밀려 올라간 지층이 산 모양을 이루지요. 이때 한 가지 작용을 더 받으면 설악산처럼 바위가 많은 산이 돼요. 산이 만들어질 때 깊은 곳에서 마그마가 올라오면, 이것이 식어 단단한 화강암 덩어리가 된답니다. 화강암 덩어리가 식을 때 틈이 생기고 이 틈으로 물이 들어가면 얼었다가 녹기를 반복하며 바위를 수직으로 쪼개지요. 쪼개진 바위가 오르기 험난한 산을 만들어요.

## 땅의 모양이 어떻게 바뀔까요?

지구 내부 지층 양쪽에서 미는 힘이 작용하면 지층이 밀려 올라가면서 산이 만들어집니다. 이러한 과정을 **조산 작용**이라고 해요. 아주 오랜 시간에 걸쳐 일어나지요. 이렇게 산이 만들어진 다음에는 물과 바람이 땅의 모양을 바꿉니다. 비와 눈, 바람이나 파도가 지표면을 깎는 **침식 작용** 또는 암석이 물과 바람에 깎이는 **풍화 작용**을 거칩니다. 깎여 나간 자갈과 모래가 다시 쌓이는 **퇴적 작용**으로 땅을 평평하게 만들기도 합니다.

● 바위가 많은 산의 형성 과정

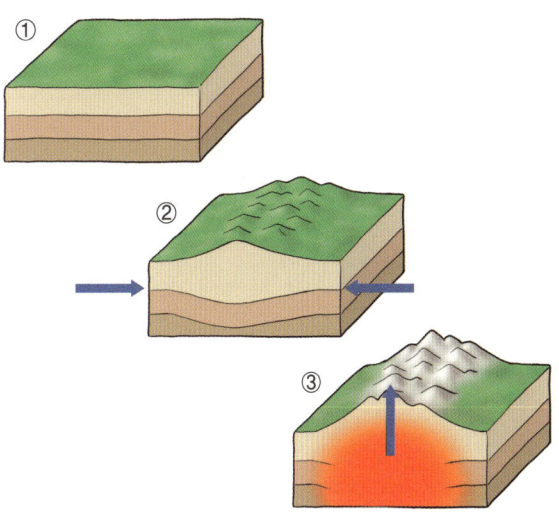

### 높은 곳에서 지표면을 살펴봐요  잠깐 과학실

높은 전망대에 올라가 땅의 모습을 내려다본 적 있나요? 땅에는 높이 솟아오른 산도 있고, 구불구불한 모양으로 흘러가는 강도 있습니다. 비행기를 타면 동해처럼 매끈한 해안선과 파도에 깎여 나가 꼬불꼬불한 해안선도 볼 수 있습니다. 높은 전망대에 올라가거나 비행기를 타면 놓치지 말고 찾아보세요.

사과의 껍질처럼 지구의 가장 겉면이 **지표**입니다. 지표는 지구가 처음 만들어졌을 때 모양이 그대로 유지되지 않습니다. 뾰족한 산이 생기기도 하고, 움푹 팬 계곡은 다시 평평해지기도 합니다.

# 오르락내리락하는 온도를 어떻게 재요?

- 온도가 올라가면 부피가 늘어난다.
- **섭씨온도** 물이 어는점 0℃와 물이 끓는점 100℃를 100등분한 단위.

교과서 5학년 1학기 2단원, 온도와 열　핵심 용어 화씨온도, 섭씨온도, 절대온도

## 처음 온도계를 만든 사람은?

얼마나 뜨거운지, 차가운지 알 수 있는 것은 온도계 덕분이에요. 처음 온도계를 만든 것은 갈릴레이였어요. 하지만 온도가 높아졌는지, 낮아졌는지 알 수 있을 뿐 정확한 온도를 알 수 없었지요. 온도의 측정 기준을 처음 만든 사람은 뉴턴이에요. 뉴턴은 온도가 올라가면 기름의 부피가 늘어나는 원리를 이용했지요.

파렌하이트는 온도의 기준, ℉(화씨)를 만들었어요. 유리관에 수은을 넣고 온도에 따라 달라지는 수은의 부피로 온도를 측정했습니다. 이때 물이 어는점 32℉에서 물이 끓는점 212℉ 사이를 180으로 나누고, 눈금 하나의 간격을 1℉(화씨 1도)라 했답니다.

오늘날 우리가 사용하는 섭씨온도는 셀시우스가 만든 것으로 물이 어는점 0℃와 물이 끓는점 100℃가 기준이에요. 두 기준 사이를 100으로 나눈 눈금 하나의 간격을 1℃(섭씨 1도)라고 해요.

## 절대 0℃를 만든 켈빈

온도가 올라가는 것은 물질을 이루는 입자들이 끊임없이 운동하며 열에너지를 만들어 내기 때문입니다. 그런데 입자들이 움직임을 멈추면 어떻게 될까요? 입자들이 열에너지를 만들지 못하겠지요? 영국 과학자 켈빈은 이런 상태를 '세상에서 가장 낮은 온도'라고 이르고 '절대온도 0K'(켈빈)이라 정했답니다. 화씨온도로는 −459℉, 섭씨온도로는 −273℃예요. 세상 모든 것이 꽁꽁 어는 온도라고 생각하면 되지요. 물론 일상생활에서 이렇게 낮은 온도에 다다를 수는 없어요.

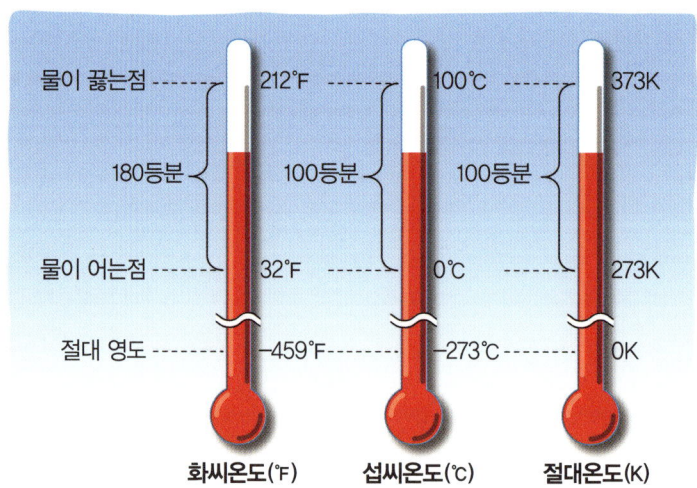

분자처럼 물질을 이루는 작은 알갱이들은 끊임없이 운동합니다. 그 운동 때문에 열에너지가 생겨 주변이 더워집니다. 이렇게 뜨겁고 차가운 정도를 수치로 나타낸 것을 **온도**라고 합니다.

### 🔍 실험 돋보기

## 요구르트 병으로 온도계를 만들어요

**준비물**
요구르트 병
가는 빨대
고무찰흙
색소
물

**이렇게 해 봐요**
1. 요구르트 병에 $\frac{1}{3}$만큼 물을 채우고 색소를 한두 방울 떨어뜨립니다.
2. 빨대를 요구르트 병 안에 넣고 고무찰흙으로 병 입구를 막습니다. 이때, 공기가 드나들 수 있도록 틈을 약간 만들어요.
3. 빨대 입구에 입을 대고 물이 빨대 중간까지 올라오도록 빨아들입니다.
4. 물이 반쯤 올라오면 고무찰흙으로 병 입구의 틈을 완전히 막습니다.
5. 요구르트 병을 손으로 감싸 쥐었을 때와 얼음 위에 올렸을 때 빨대 속 물의 높이 변화를 비교합니다.

**어떻게 될까요?**
요구르트 병을 손으로 감싸 쥐면 빨대 속 물이 더 높이 올라가는 것을 볼 수 있습니다. 반대로 얼음 위에 올렸을 때는 빨대 속 물이 더 내려가지요.

**왜 그럴까요?**
요구르트 병을 손으로 감싸 쥐면 체온 때문에 요구르트 병의 온도가 올라가요. 그러면 물 분자의 운동이 활발해져서 부피가 더 커져요. 반대로 요구르트 병을 얼음 위에 올렸을 때는 병의 온도가 낮아지고 부피가 작아집니다.

# 나비는 어떻게 생겨났을까요?

- 생물이 태어나서 죽을 때까지의 모습을 한살이라고 한다.
- **우화(날개돋이)** 번데기가 날개 있는 어른벌레(성충)로 자라는 것.

교과서 3학년 1학기 3단원, 동물의 한살이    핵심 용어 성충, 우화, 완전탈바꿈

## 최초의 여성 곤충학자 메리안

믿기지 않겠지만 중세 시대에만 해도 나비와 애벌레는 서로 다른 생명이라고 생각했어요. 아주 오래 전 아리스토텔레스가 모든 생물은 자연에서 생겨난다고 했거든요. 애벌레는 더러운 진흙이나 쓰레기에서 생기고, 아름다운 나비는 하늘에서 뚝 떨어졌다고 생각했지요.

독일에 살던 소녀 마리아 지빌라 메리안의 생각은 달랐어요. 누에를 기르며 알에서 애벌레가 깨어나 고치, 번데기를 거쳐 나비나 나방이 되는 모습을 관찰했어요. 이를 사람들에게 알리며 메리안은 곤충 연구에 빠졌지요. 살아 있는 열대 곤충을 보고 싶었던 메리안은 3개월 동안 항해하여 수리남이라는 나라에 갔습니다. 건강 때문에 돌아와야 했지만 그동안 그렸던 곤충과 식물의 그림을 책으로 출간했답니다.

## 곤충도 사람처럼 태어나고 자라요

생물이 태어나서 죽을 때까지의 모습을 **한살이**라고 합니다. 곤충은 몸이 머리, 가슴, 배의 세 부분으로 나뉘고, 가슴에 세 쌍의 다리가 있는 생물이에요. 알에서 태어나지요. 나비, 파리, 모기, 무당벌레 등은 애벌레에서 번데기를 거친 다음 성충(어른벌레)이 됩니다. 반면에 메뚜기, 사마귀와 같은 벌레 등은 번데기 과정 없이 성충이 돼요.

● 호랑나비의 한살이

### 배추흰나비 키우기    잠깐 과학실

식물 화분에 배추흰나비 애벌레를 놓은 다음 관찰해 보세요. 며칠 후 애벌레는 잘 움직이지 않다가 고치를 만들 거예요. 번데기가 된 지 2주쯤 지나면 투명해지면서 속에 있는 나비가 보여요. 고치에서 나온 나비는 잠시 날개를 말리고 날아갑니다.

 번데기 과정을 거치며 성충으로 자라는 것을 **완전탈바꿈**, 번데기 과정 없이 성충으로 자라는 것을 **불완전탈바꿈**이라 합니다.

# 달이 태양을 잡아먹는다고요?

- **월식** 태양, 지구, 달이 일직선으로 놓일 때 지구의 그림자에 달이 가려지는 현상.

교과서 6학년 1학기 2단원, 지구와 달의 운동  핵심 용어 일식, 월식, 개기 일식, 금환 일식

## 천문을 관측하는 관청 서운관

조선 시대에는 천문을 관측하는 관청인 서운관이 있었어요. 특히 일식이나 월식처럼 천체가 가려지는 현상을 '엄범' 현상이라 하고 중요하게 여겼어요. 달과 행성 사이 또는 행성끼리 가려지는 현상도 발생 시간, 위치, 현상, 지속 시간 등을 기록으로 자세히 남겨 놓았지요. 그중에서도 일식과 월식은 중요한 현상이었어요.

일식과 월식은 최소 3달 전에 예보하도록 해 놓고 이것이 지켜지지 않으면 엄한 벌을 받거나 파면이 되기도 했지요. 관측도 아주 세밀하게 했어요. 어느 쪽에서 가려지기 시작하고 어느 쪽에서 원래대로 회복되었는지도 정확히 기록했지요.

## 일식과 월식은 어떻게 다를까요?

**일식**은 태양, 달, 지구가 일직선으로 놓일 때 태양이 달에 가려지는 현상입니다. 부분만 가려지는 '부분 일식'과 전부 가려지는 '개기 일식'이 있어요. 태양의 가운데를 가려 금반지 형태로 빛나는 것은 '금환 일식'입니다.

**월식**은 태양, 지구, 달이 일직선으로 놓일 때 지구의 그림자에 달이 가려지는 현상을 뜻해요.

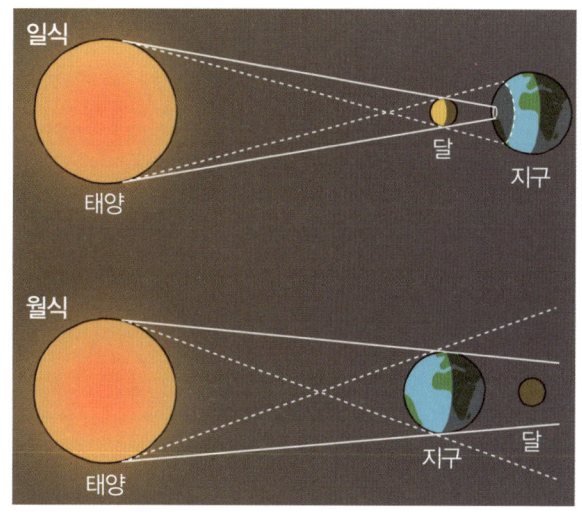

### 조선 시대 일식과 월식에는?

**잠깐 과학실**

조선 시대 나랏일을 하는 관리들은 일식과 월식이 있는 날이 휴일이었어요. 불길하다는 것이 이유였지요. 그래서 새해가 되면 서운관에 "올해 쉬는 날이 며칠이냐."라고 묻는 사람이 많았대요.

조선 시대 세종 4년, 개기 일식이 일어날 것을 예측했는데 예측한 시간보다 15분 늦게 일식이 시작되었어요. 결국 일식 예보를 제대로 못한 담당자는 곤장형을 받았습니다. 중국 책을 기준으로 예측했는데 중국이 우리나라와 시차가 있다는 점을 놓친 것이지요. 그래서 세종대왕은 우리나라에 맞게 천문 체제를 정리했어요.

# 태풍은 얼마나 위험할까요?

• 태풍은 발생 지역에 따라 허리케인, 사이클론 등으로 달리 불린다. 적도 지방에서 발생한 열대 저기압으로 풍속이 초속 17m 이상이다.

교과서 5학년 2학기 3단원, 날씨와 우리 생활  핵심 용어 태풍

## 우리나라 역사상 가장 강한 태풍 매미

2003년 9월 12일 강한 태풍이 우리나라를 지나갔습니다. 태풍 매미는 순간 최대 풍속이 초속 60m로 기록을 세울 만큼 바람이 아주 강했어요. 특히 우리나라 부산과 경남 해안 지역의 피해가 컸습니다. 부산아시아드주경기장의 지붕 일부가 날아갔고, 송전탑이 쓰러져 3일 동안 정전이 일어나기도 했어요. 많은 사람이 목숨을 잃거나 재산 피해를 보았지요.

태풍 매미는 태평양 괌 북서쪽 400km 해상에서 생겼습니다. 대만 동쪽에서 세력이 커진 태풍 매미는 진로를 바꾸어 우리나라를 향했어요. 12일 저녁 경상남도 사천으로 들어온 매미는 13일 오후 울진 근처 동해안으로 빠져나간 후 저기압으로 변해 사라졌어요.

## 태풍은 적도지방에서 생겨요

태풍은 적도지방에서 발생한 열대 저기압입니다. 수온 27℃ 이상인 바다에서 주로 만들어져요. 커다란 저기압 덩어리는 따뜻한 바닷물에서 증발하는 수증기가 응결하면서 생기는 에너지를 바탕으로 먼 곳까지 이동합니다. 그래서 육지에 상륙하면 그 힘을 잃어요. 태풍이 진행할 때 진행 방향의 오른쪽은 바람이 강하고, 왼쪽은 바람이 약해 피해가 적어요.

● 태풍 매미의 이동 경로

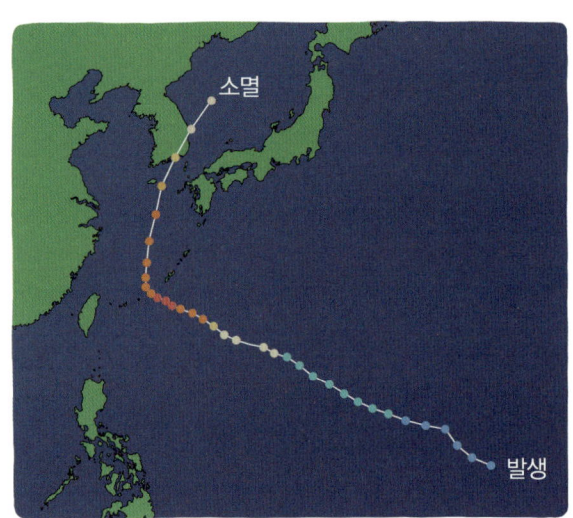

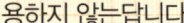

### 태풍의 이름은 어떻게 지을까요? 〈잠깐 과학실〉

1999년까지는 미국 태풍합동경보센터에서 정한 이름을 썼지만 태풍에 대한 관심을 높이고자 지금은 아시아 각국이 지은 고유 이름을 써요. 북한에서 제출한 이름에는 기러기, 도라지, 매미 등이 있고 남한에서는 개미, 나리, 나비 등이 있어요. 큰 피해를 일으킨 태풍의 이름은 다시 사용하지 않는답니다.

태풍은 발생 지역에 따라 다른 이름으로 불리는데 태평양 남서부에서 우리나라 쪽으로 불어오는 것은 '태풍'이고, 대서양 한복판에서 발생하는 것은 '허리케인', 인도양과 호주 북동부에서 생기는 것은 '사이클론'입니다. 그 밖에 토네이도는 태풍이 아니지만 태풍과 비슷한 피해를 줍니다.

# 바람에도 종류가 있다고요?

• **바람** 지표에서 공기가 움직이는 현상. 두 지점의 기압 차이 때문에 발생한다.

교과서 5학년 2학기 3단원, 날씨와 우리 생활   핵심 용어 바람, 높새바람, 산풍, 곡풍

## 바람도 이름이 있어요

옛날 뱃사람들은 바람에 예쁜 우리말 이름을 붙여 주었어요. 바람이 부는 방향에 따라 배가 수월하게 또는 어렵게 갈 수도 있어서 바람을 중요하게 여겼거든요. 동해에서 불어오는 바람은 '높새바람'이라고 불러요. 서쪽에서 부는 서늘하고 건조한 바람은 '하늬바람'이라고 부르지요. 이름처럼 시원하고 상쾌하답니다. 뱃사람들은 서쪽을 하늬라고 불렀어요. 하지만 어떤 지역에서는 북풍을 표현한대요.

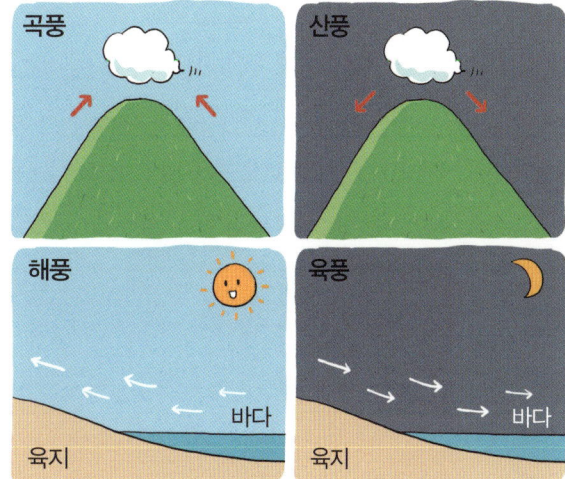

## 바람은 어떻게 생길까요?

**바람**은 공기가 움직이는 현상을 말해요. 두 지점의 기압 차이 때문에 발생합니다. 어떤 지역이 태양열로 가열되면, 그 지역의 공기는 가벼워져 위로 올라가요. 지표면의 기압은 낮아집니다. 그러면 그 옆의 공기는 가열되지 않았기 때문에 무거워져 아래로 내려옵니다. 지표면의 기압은 높아져요. 기압이 높은 곳에서 낮은 곳으로 공기가 이동하면서 바람이 붑니다.

바닷가 지역에서는 낮에 육지가 뜨거워져 바람이 바다에서 육지로 불어오고(해풍) 밤에는 육지에서 바다로(육풍) 불어나갑니다. 산골짜기에서도 바람이 불어요. 낮에 뜨거워진 산꼭대기로 불어 올라가고(곡풍), 밤에는 산꼭대기에서 골짜기로(산풍) 바람이 불어 내려옵니다. 바람은 불어오는 시작 방향을 이름에 붙여요.

### 해륙풍을 만들어요   잠깐 과학실

큰 수조 2개와 모래, 물, 모기향, 성냥, 전등을 준비하세요. 수조 하나에는 모래, 다른 하나에는 물을 담습니다. 두 수조 사이에 모기향을 설치하고 불을 붙여요. 이때 위험하니 어른의 도움을 받으세요. 마지막으로 두 수조 사이 위에서 전등으로 수조를 비춥니다. 모기향이 어느 쪽으로 움직일까요?

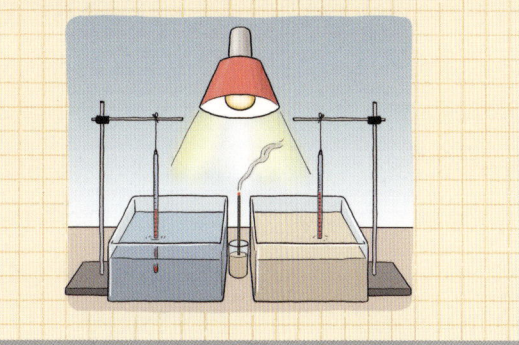

옛날 사람들은 남쪽을 '마'로 표현했어요. 그래서 남쪽에서 불어오는 바람이 '마파람'입니다. 북쪽에서 불어오는 거센 북풍은 '된바람'이라 합니다. 된바람은 빠르고 세게 부는 바람이에요. 초당 10m를 날아간답니다.

# 씨앗은 어디까지 갈 수 있을까요?

- **식물의 한살이** 식물이 싹이 트고 자라서, 열매를 맺고, 씨앗을 남겨 한 세대를 이어가는 과정.
- **한해살이 식물** 1년만 사는 식물.

교과서 4학년 1학기 3단원, 식물의 한살이   핵심 용어 식물의 한살이, 한해살이 식물

## 씨앗은 어떻게 퍼질까요?

산속을 걸어가 보면, 옷에 식물의 씨앗이 붙기도 합니다. 도깨비바늘, 도둑놈의갈고리 같은 식물이지요. 이 식물의 씨앗에는 갈고리 모양 털이나 뻣뻣한 털이 있어서, 옷에 달라붙을 수 있어요. 씨앗이 달라붙은 사람이나 동물이 이동하다가 씨앗을 떨어뜨리면, 그곳에 뿌리를 내리고 싹을 틔우지요.

씨앗을 품은 열매로 동물을 유혹하는 식물도 있어요. 열매의 예쁜 색과 달콤한 향기에 이끌린 동물이 열매를 꿀꺽 삼키고 멀리 이동해 소화하면, 씨는 동물의 똥으로 다시 나와 싹을 틔우고 열매를 맺어요. 날개 모양 깃털이 달린 씨앗이 바람을 이용해 멀리 날아가기도 합니다.

혼자 힘으로 씨앗을 퍼뜨리는 식물도 있어요. 봉숭아는 씨앗이 들어 있는 열매를 건드리기만 해도 터지면서 안에 있던 씨앗이 사방으로 흩어져요. 떨어진 곳에서 싹을 틔우지요.

## 식물의 한살이를 알아봐요

싹을 틔우려면 물과 적당한 온도가 필요해요. 알맞은 환경에서 싹이 트면 뿌리를 내리고 싹을 키워 식물이 자라게 합니다. 식물이 자랄 때는 물과 햇빛이 필요해요. 햇빛으로 만들어 낸 영양분을 소화해 자라지요. 꽃이 피고 열매를 맺은 다음, 열매 속 씨앗이 다시 새로운 식물로 자라는 것이 **식물의 한살이**입니다.

● 강낭콩의 한살이

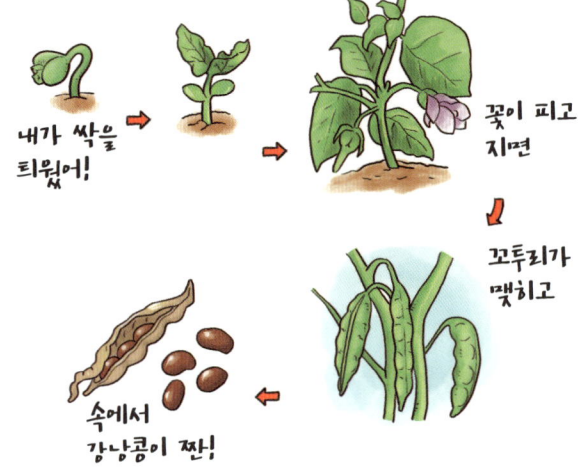

### 식물은 얼마동안 살까요?   잠깐 과학실

한살이가 긴 식물도 있고, 짧은 식물도 있습니다. 1년만 사는 식물을 **한해살이 식물**, 2년 이상 사는 식물을 **여러해살이 식물**이라고 부릅니다. 풀은 대부분 한해살이이고, 나무 종류는 여러해살이입니다. 한해살이 식물은 1년만 살기 때문에 씨를 많이 남겨요. 대신 여러해살이 식물은 겨울눈을 만들어 다음 해 새싹을 틔웁니다. 주변 식물은 어떤 종류인지 조사해 보세요.

한해살이 식물

여러해살이 식물

단풍나무 씨앗에는 두 장의 날개가 달려 있어요. 헬리콥터의 날개같이 생긴 씨앗은 바람이 불면 멀리까지 날아갈 수 있어요. 민들레 씨앗에도 하얀 낙하산 모양 깃털이 있어 씨앗이 이동할 수 있습니다.

# 태풍과 허리케인은 한 방향으로만 돈대요

• **자전** 자전축을 중심으로 서쪽에서 동쪽으로 23시간 56분 4초 만에 한 바퀴 도는 것.

교과서 6학년 2학기 2단원, 계절의 변화  핵심 용어 자전, 코리올리효과

## 지구 자전으로 운동 방향이 바뀌어요

인공위성에서 찍은 태풍 사진을 본 적 있나요? 구름이 한 방향으로 소용돌이치는 것을 볼 수 있어요. 이처럼 태풍과 허리케인은 항상 한 방향으로 돌며 움직입니다. 이 현상은 지구가 자전하기 때문에 나타나요. 물체가 움직이는 동안 지구도 돌며 움직이기 때문에 물체의 운동이 원래 방향에서 왼쪽이나 오른쪽으로 휘어져요. 이를 **코리올리효과**라고 합니다. 지구가 서쪽에서 동쪽으로 자전하기 때문에 북반구에서는 물체가 반시계 방향으로, 남반구에서는 시계 방향으로 회전해요. 같은 원리로 대기가 순환할 때, 해류가 흐를 때에도 움직이는 방향이 달라집니다. 북반구 중위도 지역인 우리나라에 나타나는 편서풍도 코리올리효과 때문에 서쪽에서 동쪽으로 불어요.

• 인공위성에서 찍은 태풍 사진

## 지구는 어떻게 자전하나요?

지구는 서쪽에서 동쪽으로 23시간 56분 4초 만에 한 바퀴씩 자전합니다. 자전축은 지구가 태양 둘레를 도는(공전) 면에서 23.5° 기울어져 있어요. 지구 자전 속도는 초당 456.1m입니다. 우리는 지구 자전을 직접 느끼지 못하지만, 매일 아침 동쪽에서 해가 뜨고 저녁이면 서쪽으로 해가 지는 모습에서 자전 현상을 알 수 있어요. 밤하늘에서 별은 동쪽에서 서쪽으로 이동하지요. 머리 위로 쏘아 올린 인공위성도 서쪽으로 이동하는 것처럼 보여요.

### 지구는 어떻게 돌까요? [잠깐 과학실]

지구는 자전축이 23.5° 기울어진 상태로 자전합니다. 하지만 지구 자전축이 항상 그 자리에 있는 것은 아니에요. 돌아가는 팽이의 축이 움직이는 것처럼 지구 자전축도 일정하게 변하고 있어요.

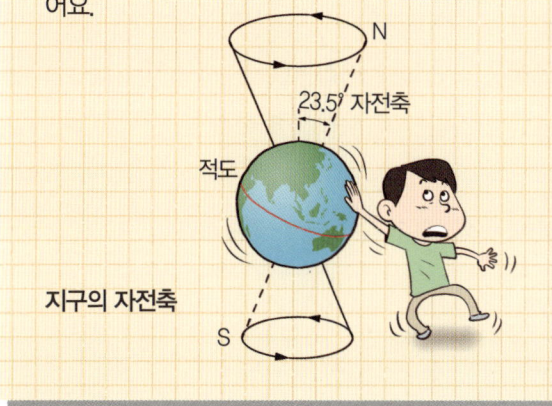

 포탄을 쏠 때도 코리올리효과를 주의해야 해요. 북극에서 적도 쪽으로 포탄을 쏘면 포탄은 목표 지점보다 오른쪽으로 휘고, 남극에서 적도 쪽으로 포탄을 쏘면 포탄은 왼쪽으로 휘거든요.

# 옥수수 뿌리는 수염을 닮았대요

- **외떡잎식물** 싹이 틀 때 떡잎이 한 장만 나오는 식물.
- **쌍떡잎식물** 싹이 틀 때 떡잎이 두 장 나오는 식물.

교과서 4학년 1학기 3단원, 식물의 한살이 | 핵심 용어 외떡잎식물, 쌍떡잎식물

## 고대 마야인이 소중히 여긴 옥수수

우리나라에서도 즐겨 먹는 옥수수는 초여름 시골 곳곳에서 많이 볼 수 있어요. 높이 자라는 옥수수는 긴 줄기에 긴 잎이 나 있습니다. 뿌리는 마치 할아버지 수염같이 생겼답니다.

옥수수는 머나먼 안데스 산맥에서 들어온 식물이에요. 옛날 멕시코와 중앙아메리카에 살았던 마야인은 신이 사람을 만들 때 옥수수 가루로 만들었다고 생각할 정도로 옥수수를 소중히 여겼습니다. 그만큼 마야인에게 옥수수는 아주 중요한 식량이었거든요. 마야에서 기르기 시작한 옥수수는 스페인으로 퍼졌고, 유럽에서 아시아까지 전파되어 세계인의 식량이 되었어요.

|  | 쌍떡잎식물 | 외떡잎식물 |
|---|---|---|
| 떡잎 | 두 장 | 한 장 |
| 잎 | 그물맥 | 나란히맥 |
| 줄기 | 관다발 규칙 배열 | 관다발 불규칙 배열 |
| 뿌리 | 곧은뿌리 | 수염뿌리 |

## 옥수수는 떡잎이 하나만 나요

옥수수는 싹이 틀 때 떡잎이 하나만 나오는 **외떡잎식물**입니다. 외떡잎식물은 잎이 길다랗고 잎에 긴 줄무늬가 있어요. 이런 잎맥을 **나란히맥**이라 해요. 뿌리는 수염처럼 나서 **수염뿌리**라고 합니다. 외떡잎식물의 줄기를 잘라 보면 물과 영양분이 지나는 관다발이 불규칙하게 섞여 있어요. 신기한 점은 꽃잎 수가 3의 배수로 난다는 거예요. 다른 외떡잎식물에는 벼, 수수, 잔디 등이 있어요.

### 옥수수가 에너지원이 될 수 있을까요?

잠깐 과학실

옥수수가 발효할 때 생기는 가스를 모아 전기나 천연가스 대신 에너지원으로 사용할 수 있습니다. 옥수수뿐 아니라 감자, 사탕수수 등도 당분을 발효해 에너지를 만들 수 있어요.

 고대 마야에서는 신이 여러 가루 중 옥수수 가루로 만든 사람이 가장 잘 만들어졌다는 이야기가 있대요. 그만큼 옥수수를 소중히 여겼지요. 떨어진 옥수수 낱알을 보고 줍지 않으면 지옥에 갈 것이라고까지 했답니다.

# 지구의 주인이 물고기였던 시대

- **고생대** 약 5억 8천만 년 전부터 약 2억 4천만 년 전까지 이르는 시기.
- 고생대 초기에는 바닷속에서 다양한 종류의 물고기와 삼엽충이 번식했다.

교과서 4학년 1학기 2단원, 지층과 화석 심화  **핵심 용어** 고생대

## 고생대에 살았던 바닷속 생물

약 5억 8천만 년 전 고생대에는 생물이 아주 많이 번식했어요. 생물은 대부분 바닷속에서 살았습니다. 대표적인 고생대 바닷속 생물을 알아볼까요?

깊은 바다에는 무시무시한 거대 물고기가 많았습니다. '갑주어'는 몸길이가 10m를 넘고, 갑옷을 입은 듯 머리와 몸통 일부분이 단단했어요. 턱의 힘도 엄청 셌지요. 멸종한 줄 알았던 '실러캔스'는 지금도 볼 수 있어요. 원시상어 종류인 '스테타칸투스'는 요즘 상어와 비슷하지만 등에 신기한 혹이 있었어요. '틱타알릭'처럼 얕은 물에 살던 물고기는 지느러미를 다리처럼 쓰기도 했어요. 이런 물고기는 육지에서도 살았어요.

## 바닷속 생물이 육지로 올라왔어요

고생대 초기에는 바닷속에서 다양한 종류의 물고기와 삼엽충이 번식했어요. 이때 육지에는 산소가 충분하지 않았어요. 이후 육지에 식물이 번성하면서 산소 농도가 높아졌어요. 그 덕에 바다에서 살던 물고기들이 육지로 올라왔어요. 그중 일부는 개구리나 두꺼비 같은 양서류로 진화했지요. 곤충은 덩치가 매우 커졌습니다.

20m까지 자랐던 거대 고사리는 훗날 땅속에 묻혀서 까맣고 단단한 석탄이 되었습니다. 오랫동안 땅속에서 열과 압력을 받은 결과이지요.

### 고생대 생물 화석을 찾아봐요  `잠깐 과학실`

우리나라에도 고생대 생물이 살던 지층이 있어요. 바로 강원도 태백 지역이지요. 태백 고생대 자연사 박물관에 가면 삼엽충과 같은 고생대 생물의 화석을 박물관 안팎에서 찾아볼 수 있답니다. 박물관에서는 해설도 들을 수 있어요.

고생대 환경

1938년 남아프리카 공화국에서 신기하게 생긴 물고기가 잡혔어요. 그런데 이 물고기는 약 4억 년 전부터 살다가 약 5,000만 년 전에 완전히 사라져서 화석으로만 남았다고 여겼던 실러캔스로 밝혀졌지요. 4억 년 동안이나 지구의 바다에서 살아온 실러캔스를 '살아 있는 화석'이라 부른답니다.

# 구름에 처음으로 이름을 붙인 사람은?

- **구름** 공기 중의 수증기가 응결하여 작은 물방울로 모인 것.
- **산란** 빛이 공기 분자에 부딪혀 여러 방향으로 튕겨나가는 것.

교과서 5학년 2학기 3단원, 날씨와 우리 생활  핵심 용어 구름, 산란

## 구름을 사랑한 하워드

학교에 오가는 길, 하늘을 올려다본 적 있나요? 날마다 바뀌는 구름 모양이 신기하지요. 영국의 약제사였던 루크 하워드는 퇴근길에 구름 관찰을 즐겼어요. 구름을 분류하는 것이 구름의 성질을 알아내는 데 중요하다고 생각했지요. 그래서 구름에 이름을 지어 주었어요. 여러 나라 과학자가 함께 쓸 수 있도록 '쿠물루스'(한무더기), '님부스'(소나기)처럼 라틴어를 사용했습니다. 이를 조합해 구름을 표현하는 열 가지 이름을 만들었어요. 예를 들어 '쿠물로님부스'는 뭉게구름이 모여 소나기를 내리는 구름을 뜻해요. 적란운을 말하지요.

## 공기 속 물방울이 구름으로 변신!

공기 속에 있는 물방울이나 작은 얼음은 눈에 보이지 않아요. 이러한 수증기가 하늘에서 모여 눈에 보이는 상태로 변한 것이 **구름**입니다. 공기가 올라가면 공기의 부피가 커지면서 열을 빼앗겨 기온이 낮아져요. 낮아진 기온 때문에 수증기가 응결하면 물방울이 되고, 작은 물방울들이 모여 구름이 됩니다. 그래서 구름은 어떤 이유로든 공기가 위로 올라갈 때 만들어져요. 예를 들어 산등성이를 따라 올라가거나 찬 공기가 더운 공기 밑으로 파고들 때, 태양열로 따뜻해진 땅 근처의 공기가 올라갈 때 구름이 생겨요.

## 구름은 떨어지지 않을까요?

높이 떠 있는 구름도 땅으로 떨어질까요? 구름이 떨어지는 모습을 본 적은 없는데 말이지요. 사실 지구가 잡아당기는 힘인 중력 때문에 구름도 조금씩 떨어지고 있어요. 하지만 구름을 이루는 입자는 아주 작기 때문에 아주 느리게 떨어지고 있어요. 지름이 0.05cm 정도인 구름 입자는 1초 동안 약 8cm 떨어진답니다. 그런데 구름은 주로 공기가 위로 올라갈 때 만들어지기 때문에 주변에 상승 기류가 있어요. 이 상승 기류의 영향으로 구름은 아래로 떨어지지 않지요.

● 구름의 종류

구름의 두께에 따라 구름 색이 달라집니다. 얇은 구름에서는 햇빛이 흩어져요. '산란시킨다'고 하지요. 그래서 하얗게 보입니다. 하지만 두꺼운 구름을 만나면 햇빛이 흩어지지 못해요. 그래서 시커먼 먹구름으로 보인답니다.

### 실험 돋보기

## 구름을 만들어 볼까요?

**준비물**
페트병
따뜻한 물
온도계
공기 압축마개(인터넷과 과학실험 도구 판매 상점에서 살 수 있어요.)

**이렇게 해 봐요**
1. 페트병에 따뜻한 물 5mL를 넣고, 온도계로 온도를 측정합니다.
2. 공기 압축마개를 닫고 고무마개를 여러 번 눌러 공기를 압축합니다. 그 다음 온도를 다시 측정합니다.
3. 공기 압축마개 뚜껑을 열고 페트병 속을 관찰합니다.

**어떻게 될까요?**
뚜껑을 열면 수증기가 응결해서 구름이 만들어집니다.

**왜 그럴까요?**
공기를 압축하면 온도가 올라갑니다. 그러면 페트병 속의 물은 증발이 잘 일어나 수증기로 변해 공기 속에 섞여요. 마개를 열고 공기가 팽창하면 온도가 내려갑니다. 그러면 공기가 품을 수 있는 수증기가 줄어들어(응결) 구름이 돼요. 페트병 속에 성냥개비나 양초, 향을 넣어 연기를 피우면 구름이 더 잘 만들어져요.

# 별도 태어나고, 늙고, 죽는다고요?

- **성운** 차가운 가스와 먼지가 모인 것.
- **주계열성** 수소 핵이 헬륨 핵으로 융합하면서 스스로 빛나는 별.

**교과서** 5학년 1학기 3단원, 태양계와 별　**핵심 용어** 성운, 주계열성, 초신성, 블랙홀

## 태양과 비슷한 별의 일생

태양처럼 빛나는 별들은 어떻게 생길까요? 우주에는 차가운 가스와 먼지가 모인 '성운'이 있어요. 헬륨과 수소가 대부분인 가스와 먼지가 모여들어 아기별이 태어납니다. 태어난 별은 가지고 있는 수소 핵들이 헬륨 핵으로 융합하면서 스스로 빛나요. 이런 별이 '주계열성'이에요. 태양과 비슷한 별은 약 70억~90억 년 동안 빛날 수 있지요. 별이 가진 수소를 다 쓰면, 헬륨은 탄소로 바뀌어요. 그러면 별은 식어 붉은색이 되지만 크게 부풀어 '적색거성'이 되지요. 별 바깥쪽 가스가 우주로 날아가면 '행성상 성운'이 되어 다음 별을 만들 씨앗이 돼요. 하지만 중심에 있던 무거운 원소가 모이면 '백색 왜성'이 되어 식어 갑니다.

## 질량이 태양보다 큰 별의 일생

'성운'에서 태어난 별에는 질량이 태양보다 훨씬 큰 별도 있어요. 이런 별(주계열성)도 처음에는 수소 핵을 헬륨 핵으로 융합하며 스스로 빛나요. 하지만 수소를 모두 쓰고 나면 헬륨이 탄소로 바뀌며 아주 커다랗게 부풀어 올라 '초거성'이 돼요. 그리고 탄소는 철로 바뀌지요. 탄소를 모두 쓰고 나면 별은 수축하며 폭발해요. 이것이 바로 '초신성 폭발'이에요. 폭발한 별 중 일부는 중성자별이 되거나 계속 수축해서 '블랙홀'이 된답니다.

### ● 별의 일생

먼지와 가스가 뭉쳐져 성운이 돼요.

성운 안에서 별이 태어나요.

수소 핵융합으로 에너지를 만들어 내요.

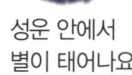

수소를 다 태우면 커다란 적색 거성이 돼요.

태양과 비슷한 별은 수축해서 백색 왜성이 돼요.

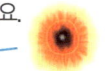
폭발 후 행성상 성운이 만들어져요.

빛을 내지 못해 어두워져요.

### 하늘에서 초신성을 찾아봐요　[잠깐 과학실]

은하(M101)의 초신성은 북두칠성 손잡이 끝에 있는 두 별의 주변에 있어요. 9월에는 10등급까지 밝아져서 천문대에서 망원경을 이용하면 찾을 수 있어요.

초신성 폭발은 엄청나게 밝기 때문에 많이 관측됩니다. 게의 등딱지처럼 생긴 게성운의 초신성 폭발은 1054년 중국에서 관측되었어요. 티코 브라헤와 요하네스 케플러가 관측한 초신성은 그들의 이름을 본떠 '티코 초신성', '케플러 초신성'이 되었지요. 조선왕조실록에도 130회 관측한 기록이 있다니 놀랍지요.

# 왜 새벽에는 뿌연 안개가 낄까요?

- 수증기가 응결해 작은 물방울이나 얼음으로 변한 것이 안개.
- 구름은 높은 하늘에서 만들어지고, 안개는 지표면과 비슷한 곳에서 생긴다.

**교과서** 5학년 2학기 3단원, 날씨와 우리 생활  **핵심 용어** 응결, 구름, 안개

## 안개가 끼면 앞이 잘 안 보여요

바다 위에 지어진 긴 다리를 건널 때는 조심해야 해요. 눈앞이 뿌옇게 흐려지는 안개가 언제 생길지 모르기 때문이지요. 실제로 영종대교에서 60중 추돌 사고가 난 적 있어요. 안개 때문에 앞차가 잘 보이지 않아 부딪히고 그 뒤로 59대의 차들도 앞을 잘 보지 못해 사고가 났지요. 그래서 안개가 자주 끼는 곳에서는 눈으로 볼 수 있는 거리, 즉 가시거리를 알려 준답니다. 속도를 줄이고 앞차와 간격을 넓히라고 말이죠.

● 안개가 생기는 과정

## 안개는 어떻게 생길까요?

온도가 높은 공기는 수증기를 많이 품을 수 있어요. 반대로 온도가 낮아지면 수증기를 많이 품지 못하기 때문에 나머지 수증기가 물방울로 변합니다. **응결** 현상이라고 해요. 수증기가 응결해 작은 물방울이나 얼음으로 변한 것이 **안개**입니다. 안개가 발생하려면 공기 중에 있는 수증기가 많거나 기온이 낮아야 해요.

안개는 해가 떠오르기 직전과 같이 온도가 가장 낮은 시간에 호수, 강, 바닷가 근처에서 발생하기 쉬워요. 찬 바다 위에 따뜻한 공기가 지날 때, 산 경사면을 따라 공기가 올라갈 때도 안개가 생겨요. 저수지나 낚시터의 물 표면에 뜨거운 김이 나듯 생기지요. 전선면을 따라 발생하는 안개도 있어요.

### 구름과 안개의 차이점은? [잠깐 과학실]

구름과 안개는 같은 원리로 만들어집니다. 공기 중에 들어 있던 수증기가 기온이 내려가서 더 이상 공기 속에 있지 못하고 응결하는 것이지요. 작은 물방울이나 얼음이 모여서 구름과 안개가 돼요. 차이점도 있어요. 구름은 높은 하늘에서 만들어지고, 안개는 지표면과 비슷한 곳에서 생긴다는 점입니다.

구름 발생 원리

 아프리카에 있는 탄자니아에서는 물 부족 문제를 해결하기 위해 커다란 그물을 설치했습니다. 안개가 생기면 그물에 수증기가 달라붙고, 수증기가 더 모이면 물방울이 되어 그물을 타고 내려와 고인대요.

# 흰머리수리가 사라진 이유는?

- **환경오염** 사람의 활동으로 흙, 공기 같은 자연환경과 생활환경이 더럽혀지는 것. 생태계 전체에 해를 끼쳐 사람에게도 영향을 준다.

교과서 5학년 2학기 2단원, 생물과 환경　핵심 용어 환경오염

## '침묵의 봄'을 이야기한 레이첼 카슨

1950년대 흰머리수리의 수가 급격히 줄어든 사건이 있었습니다. 원인을 조사하던 환경학자 중 레이첼 카슨은 《침묵의 봄》이라는 책에서 이 문제를 다루었어요. 흰머리수리의 수가 줄어든 것은 DDT 때문이었습니다. DDT는 전쟁 후 미국에서 많이 쓰던 살충제예요. 나방과 모기를 잡기 위해 숲에 뿌렸던 DDT는 흙과 물, 나뭇잎 등에 남아 다른 생물에게도 영향을 주었어요. DDT는 암을 일으킬 수 있고, 조류에게는 더욱 치명적이고 위험한 물질이었지요. 다행히도 사람들은 DDT의 위험성을 깨달았어요. 미국은 DDT 생산을 중단했고, 다른 여러 나라도 이에 동참했습니다.

오염된 환경은 생물에게 영향을 줘요.

## 오염 물질은 계속해서 몸에 쌓여요

물과 흙, 공기가 오염되면 그 안에 사는 생물들은 영향을 받습니다. 불행하게도 환경오염 물질은 중간에 사라지지 않고 생물의 몸에 차곡차곡 쌓여 생태계 전체에 해를 끼칩니다.

오염된 흙과 물이 가장 작은 생물에 영향을 미치면, 작은 생물을 잡아먹는 큰 생물도 오염 물질에 노출됩니다. 또한 먹이 사슬의 꼭대기에 있는 가장 큰 동물에도 오염 물질이 그대로 쌓여요. 사람도 마찬가지로 영향을 받습니다.

### 우리 주변의 환경오염 물질은? — 잠깐 과학실

DDT처럼 환경을 오염시키는 물질은 많습니다. 화학 비료와 농약, 생활쓰레기와 합성 세제도 물과 토양을 오염시킵니다. 공장이나 자동차 등에서 발생한 황산화물이나 질소산화물은 공기를 더럽게 만들어요. 오염된 공기는 비가 오면 물에 녹아 산성비가 되고 환경을 오염시키지요.

레이첼 카슨은 DDT를 계속 쓰면 미국에서 더는 흰머리수리를 볼 수 없을 것이라고 했어요. 봄이 와도 새들의 노랫소리가 들리지 않는 '침묵의 봄'을 맞이할 거라고요.

# 종을 치면 침을 흘리는 개

- **조건 반사** 환경에 적응하기 위해 후천적으로 학습한 반응.
- **무조건 반사** 무의식적으로 일어나는 선천적 반응.

교과서 6학년 2학기 4단원, 우리 몸의 구조와 기능 심화  핵심 용어 조건 반사, 무조건 반사

## 파블로프가 했던 실험은?

시큼한 레몬을 떠올려 보세요. 레몬을 먹지 않아도 입안에 침이 고이지요? 이런 현상을 연구한 과학자가 있어요. 러시아 생리학자 파블로프입니다. 파블로프는 개에게 먹이를 주면서 종을 치는 실험을 했어요. 개는 먹이를 보고 침을 흘렸습니다. 다음 날도 먹이를 줄 때마다 종을 쳤어요. 파블로프는 계속 이 실험을 반복했지요. 얼마 후에는 먹이를 주지 않고 종을 쳤어요. 그랬더니 파블로프의 개는 먹이가 없는데도 종소리만 듣고 침을 흘렸습니다. 이런 반응을 **조건 반사**라고 합니다.

## 조건 반사와 무조건 반사의 차이

감각 기관에서 받아들인 자극은 신경을 지나 뇌로 갑니다. 뇌에서 어떤 행동을 할지 다시 신호를 보내지요. 마찬가지로 파블로프의 개가 종소리를 듣고 뇌에 신호를 보내면 뇌에서는 먹이를 먹을 수 있도록 침을 분비하라고 명령을 내려요. 야구 선수가 날아오는 공을 보고 잡는 과정이 바로 뇌를 거치는 반응에 해당합니다.

하지만 모든 자극에 일어나는 반응이 의식적인 것은 아니에요. 가령 뜨거운 물에 손이 닿았을 때는 금방 손을 뗍니다. 우리 뇌가 뜨거운 물이 닿았다는 것을 알고 근육에 손을 떼라는 명령을 내리려면 시간이 너무 오래 걸려요. 그래서 뇌 대신 척수가 명령을 내려 뜨거운 물에서 손을 떼게 합니다. 이런 반응이 **무조건 반사**예요. 우리 몸을 위험에서 보호하려는 기능이지요.

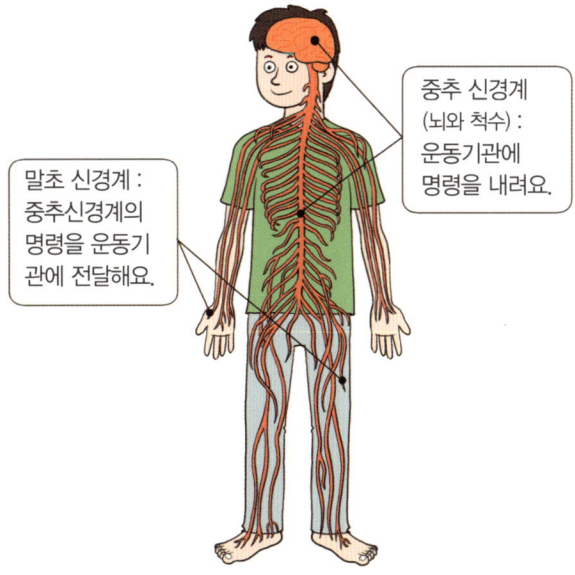

중추 신경계 (뇌와 척수) : 운동기관에 명령을 내려요.

말초 신경계 : 중추신경계의 명령을 운동기관에 전달해요.

### 반사 행동의 또 다른 예는?  잠깐 과학실

체육 시간에 음악에 맞추어 율동해 보세요. 율동을 다 익힌 다음에는 내가 의식하지 않아도 다음 동작을 계속할 수 있지요. 율동을 시작하고 끝낼 때는 뇌의 의지대로 행동하지만 이후에는 뇌를 거치지 않고 반사적으로 행동하기 때문입니다.

세킷 세킷

 동물원에서는 조건 반사를 이용해서 맹수를 조련해요. 호랑이, 사자와 같은 맹수가 뛰어오를 때 채찍으로 때리는 행동을 반복하면, 맹수는 나중에 채찍 소리만 들어도 뛰어요.

# 북극제비갈매기는 어떻게 방향을 찾아요?

- **지자기** 지구의 자기장. 지구의 자기력이 미치는 공간.
- 지구의 자기장 영향으로 철새들이 방향을 잘 찾을 수 있다.

교과서 3학년 1학기 4단원, 자석의 이용  핵심 용어 자기장, 지자기

## 방향을 찾는 몸속 나침반

철새는 계절에 따라 먼 길을 무리 지어 이동합니다. 북극과 남극을 오가는 북극제비갈매기는 지구에서 가장 먼 길을 오가는 철새예요. 북극이 여름인 4월~8월에 북극에서 알을 낳고, 북극이 겨울이 될 즈음 새끼가 조금 크면 남극으로 이주해서 여름을 보냅니다. 다음 해 남극의 겨울이 시작되는 4월에는 다시 북극으로 향해요. 그렇다면 북극제비갈매기는 어떻게 방향을 알고 먼 길을 이동할 수 있을까요?

이 일은 지구가 커다란 자석이라서 가능합니다. 북극제비갈매기와 같은 철새들의 몸에는 자기장을 감지하는 기관이 있어요. 철새는 주로 부리 윗부분에서 자기장을 감지합니다. 마치 나침반처럼 말이죠. 다른 철새, 비둘기, 몇몇 박테리아와 개미는 지구의 자기를 감지해요. 그래서 방향을 잘 찾을 수 있고, 지구 자기가 변하면 이상 행동을 보인답니다.

## 지구는 커다란 막대자석과 같아요

지구의 북쪽에는 막대자석의 S극이, 남쪽에는 N극이 있는 것과 같아요. 지구 자기의 축은 지구의 자전축으로부터 11.5° 기울어져 있습니다. 그 주변으로 자기장이 펼쳐져요. 지구 자기장의 영향으로 커다란 밴드 모양의 방사능대가 생기고 오로라도 발생합니다. 지구 자기장은 변화해요. 그렇기 때문에 지구 자기의 북극과 남극 위치도 변합니다.

저기가 북쪽이다!

### 지구 자기장이 없어진다면?
잠깐 과학실

지구 자기장은 우주에서 들어오는 무시무시한 방사선을 밀어내 지구 생명을 보호합니다. 그래서 지구 자기장이 없어진다면 우주에서 엄청난 양의 방사선이 들어와 생물이 위험에 빠질 거예요. 철새 같은 동물은 방향을 잃고 떼죽음을 당할 수도 있어요.

오로라

 지구는 커다란 자석과 같습니다. 지구 자기장은 지구의 자기력이 미치는 공간을 뜻해요. 지구의 자기장은 줄여서 '지자기'라고 합니다.

# 다양한 개미 종류는 자연에게 큰 자랑거리!

• **생물다양성** 지구상에 있는 생물종의 다양성, 생태계의 다양성, 유전자의 다양성을 총체적으로 뜻하는 말.

교과서 5학년 2학기 2단원, 생물과 환경  핵심 용어 생물다양성

## 얼마나 많은 종류의 개미가 있을까요?

전 세계에 있는 개미는 종류가 5,000여 가지나 돼요. 우리나라에 살고 있는 개미 종류만 어림잡아 120여 가지나 된답니다. 우리나라에 있는 대표적인 개미 종류를 알아볼까요? 침개미아과는 배가 둥글지 않고 길쭉하며 이마방패와 돌기가 없는 개미들이에요. 시베리아개미아과는 배자루마디가 하나밖에 없습니다. 그리고 배자루마디가 2개인 두배자루마디개미아과와 붉은 몸을 지닌 불개미아과 개미들이 있어요.

## 다양한 모습의 생태계

지구에는 셀 수 없이 많은 생명이 살고 있어요. 모든 생명들은 주변 환경에 적응하며 다양한 생태계를 이룹니다. 이런 다양한 모습의 생태계를 **생물다양성**이라 해요. 자연을 구성하는 모든 생물은 서로 밀접하게 연관되어 있기 때문에 어느 생물 종이 사라진다면 모두에게 큰 영향을 미칠 수 있어요.

다양한 생물들은 인간에게 도움을 주기도 합니다. 새로운 약품을 만들 수 있는 재료가 되거나, 다양한 식량이 된답니다. 또 나라마다 다양한 농산물의 씨앗인 종자를 관리하고 보관해서 앞으로 일어날지 모를 식량난에 대비해요. 그러니 우리 곁에 다양한 개미가 살고 있다는 것은 감사해야 하는 일이에요!

### 개미를 키워 볼까요?  잠깐 과학실

5~6월 따뜻한 날 저녁은 개미를 잡기 좋은 날이에요. 개미는 보통 이때쯤 짝짓기를 하거든요. 땅 위를 살펴보면 날개를 떼어 낸 여왕개미를 찾을 수 있을 거예요. 여왕개미를 찾아 키우면 알이나 애벌레도 볼 수 있어요. 이때 일개미가 태어나면 먹이를 주고 어두운 곳으로 옮겨 주세요. 썩은 먹이는 자주 청소해 줍니다.

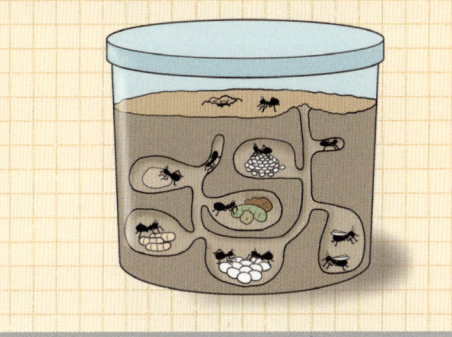

 생물다양성을 해치는 가장 큰 적은 사람이에요. 사람들은 동식물을 마구잡이로 잡아들이고, 무분별한 개발로 동식물의 서식지를 파괴해요. 사람이 일으킨 환경오염으로 많은 생태계가 파괴되고 있습니다.

# 돌고래는 초음파로 대화한대요

- **파동** 물결파, 음파, 전자기파처럼 어떤 에너지가 진동해 물질을 타고 퍼져 나가는 현상.

교과서 3학년 2학기 5단원, 소리의 성질  핵심 용어 소리, 파동

## 수족관에 갇힌 돌고래는 괴로워요

동물원이나 수족관에 갇힌 돌고래는 보통 오래 살지 못해요. 수족관이 살기에 좁은 데다 수족관 환경이 돌고래에게 적합하지 않기 때문이에요. 돌고래는 사람이 들을 수 없는 초음파로 대화하고, 먹이를 찾으며, 물체를 인식하거든요. 물에서 전해지는 초음파의 진동이 수족관 벽에 반사되어 돌고래에게 돌아오면 돌고래는 하루 종일 엄청난 소음에 시달려요. 좁은 욕실에서 소리가 크게 울리는 것보다 훨씬 심하지요. 이런 문제 때문에 많은 사람들이 돌고래 수족관을 없애자고 주장합니다.

## 물에서 소리를 어떻게 듣나요?

잔잔한 물에 돌을 던지면 어떤 일이 일어날까요? 물결의 진동이 동그라미 모양을 그리며 멀리 퍼져 나갑니다. 이렇게 어떤 에너지가 진동해 물질을 타고 퍼져 나가는 현상을 **파동**이라고 합니다.

파동에는 물 위에서 일어나는 물결파, 소리인 음파, 빛을 포함한 전자기파 등이 있습니다. 이때 전자기파를 제외하고는 진동을 전달해 줄 물질이 필요해요. 물결파는 물이, 음파는 공기가 필요하지요. 이처럼 눈에는 보이지 않는 소리의 진동이 공기를 통해 퍼져 나가 우리 귀로 들어옵니다. 소리는 어떤 물질이 만들어 낸 떨림이 다른 물질을 타고 퍼져 나가는 현상입니다. 공기뿐만 아니라 물과 고체를 통해서도 그 진동이 퍼져 나가요.

## 사람이 들을 수 없는 소리

사람의 귀는 진동수가 약 20~20,000Hz(헤르츠) 사이에 해당하는 소리만 들을 수 있어요. 다시 말해 1초에 20번보다 적게 진동하거나 20,000번 넘게 진동하는 소리는 들을 수가 없어요. 1초에 20번보다 적게 진동하는 소리를 **초저주파**라 하고, 1초에 20,000번보다 많이 진동하는 소리를 **초음파**라고 해요.

암컷 코끼리는 짝짓기 시기에 멀리 있는 수컷에게 초저주파로 신호를 보내요. 박쥐는 초음파를 들을 수 있어요. 캄캄한 동굴에 사는 박쥐는 시력이 아주 나빠요. 다행히 초음파를 느낄 수 있어서 초음파로 먹이를 찾거나 장애물을 피한답니다.

 쇠막대를 치고 귀에 가까이 대면 그 진동을 들을 수 있어요. 소리의 이동 속도는 공기보다 고체에서 훨씬 빠르지요. 그리고 고체나 액체, 기체가 없으면 소리가 들리지 않아요. 그래서 우주에서는 아무 소리도 들을 수 없어요.

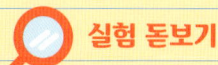 **실험 돋보기**

## 실 전화기로 합창을 해 봐요

**준비물**
종이컵 4개
실
연필

### 이렇게 해 봐요
1. 종이컵 4개의 바닥에 각각 연필로 구멍을 뚫습니다.
2. 그림처럼 종이컵 하나에 세 컵을 모두 연결할 거예요. 먼저 세 컵의 구멍에 실을 끼우고, 각각 컵 안쪽에서 매듭을 지어 빠지지 않게 합니다. 그런 후 세 컵에 끼운 실의 다른 한끝을 모아 나머지 한 컵의 바닥 구멍에 넣어 매듭지어요.
3. 세 컵을 연결한 컵에 한 사람이 귀를 댑니다. 나머지 세 컵에는 사람들이 각각 입을 대고 음높이를 다르게 해 노래를 불러요.

### 어떻게 될까요?
줄을 팽팽히 유지하면 컵에 귀를 댄 사람은 합창을 들을 수 있어요.

### 왜 그럴까요?
소리는 어떤 물질이 만들어 낸 떨림이 다른 물질을 타고 퍼져 나가는 파동이에요. 친구들의 노랫소리는 실을 따라 전달되어 다른 친구가 들을 수 있어요.

# 썰물이 바닷물을 가른다고요?

- **밀물** 바닷물이 높아져 육지 쪽으로 들어오는 것.
- **썰물** 바닷물이 낮아져 바닷물이 바다 쪽으로 빠지는 것.

교과서 6학년 1학기 2단원, 지구와 달의 운동  핵심 용어 밀물, 썰물

## 바닷물이 갈라지고 땅이 드러나요

넘실대던 바닷물이 양쪽으로 갈라지고 땅이 드러난다면 믿을 수 있나요? 우리나라 서해안에는 이런 현상을 찾아볼 수 있는 곳이 몇 군데 있어요. 바로 전라남도 진도, 경기도 화성시 제부도 등입니다.

전라남도 진도에서는 고군면 회동리와 의신면 모도리 사이의 바다가 갈라지며 약 2.8km 거리의 육지가 드러나요. 1년 중에 달과 태양이 미치는 힘이 가장 셀 때 일어나는 이 신기한 현상을 보려고 많은 사람들이 진도를 찾아온답니다. 이 현상은 썰물과 관련 있어요.

● 밀물과 썰물에 영향을 미치는 힘

## 밀물과 썰물은 어떻게 생길까요?

밀물과 썰물은 지구가 태양과 달 사이에서 받는 힘 때문에 생겨요. 지구는 자전축을 중심으로 스스로 돌고, 동시에 태양을 중심으로 태양 주변을 돕니다. 달은 지구를 중심으로 지구 주변을 돌지요. 이렇게 달과 태양이 지구를 잡아당기는 힘(인력)과 지구가 자전하는 힘(원심력) 때문에 바닷물 높이가 높아지는 때가 생깁니다. 밀물과 썰물은 태양보다 더 가까이 있는 달의 영향을 더 많이 받아요. 달의 인력이 바닷물을 끌어당기는 쪽과 지구의 원심력이 달의 인력보다 큰 반대편 지구에 밀물이 생겨요. 그러면 다른 쪽에는 물이 빠져나가서 썰물이 생기지요. 여러 섬에서 바닷물이 갈라지는 것은 썰물로 물이 빠지기 때문이에요.

### 썰물을 이용해 고기를 잡아 봐요  `잠깐 과학실`

썰물이 되어 물이 빠져나가고 나면 갯벌만 남지요. 이때 미처 물과 함께 빠져나가지 못한 고기들이 얕은 물에 있답니다. 이 썰물을 이용해서 고기를 잡는 방법이 있어요. 우선 바닷가에 둥글게 돌담을 쳐 놓고 썰물이 오기만을 기다립니다. 썰물에 바닷물이 쓸려 나가고 나면 돌담에 고기들만 남는답니다. 이것을 '독살'이라고 해요.

 진도에 있는 모도에는 해마다 약 1시간 동안 열리는 길을 보기 위해 많은 사람들이 몰려듭니다. 1975년 당시 프랑스 주한 대사였던 피에르 랑디가 이 현상을 보고 프랑스 신문에 소개하면서 유명해졌어요.

# 아름다운 대리석은 어떻게 만들어질까요?

- **변성암** 높은 열과 압력 때문에 성질이 변한 암석.
- **대리암** 석회암이 높은 열과 압력을 받아 변한 암석.

교과서 4학년 1학기 2단원, 지층과 화석  **핵심 용어** 변성암, 대리암, 편마암, 규암

## 아름다운 조각품이 된 암석

이탈리아의 성 베드로 대성당에는 피에타 조각상이 있습니다. 성모 마리아가 그리스도의 시신을 무릎에 안고 슬픔에 잠긴 장면을 묘사한 작품이죠. 미켈란젤로의 3대 조각 작품 중 하나예요. 하얗고 단단한 대리암으로 섬세하게 흐르는 옷감까지도 표현해 낸 이 작품에는 죽은 그리스도를 안은 성모 마리아의 간절한 마음이 잘 드러나 있습니다. 옛날 그리스와 로마 주변에는 조각도로 쪼고 닦으면 아름다운 광택을 내는 대리암이 많았어요. 하얀 대리암이 가장 품질이 높다고 알려졌어요. 아름다운 대리암은 높은 열과 압력을 받아 만들어진 것으로 아주 단단합니다. 건축과 장식 재료로 많이 사용했어요.

## 열과 압력을 받으면 암석이 변해요

대리암은 어떻게 만들어질까요? 먼저 지하 깊은 곳에 있는 암석에 어떤 일이 일어날 수 있는지 생각해 볼까요? 주변에 마그마가 있다면 높은 열을 받을 수 있고, 지각 변동으로 큰 힘을 받을 수도 있어요. 이때, 암석을 이루는 결정들의 배열이 바뀌면서 다른 암석으로 변할 수도 있답니다. 이렇게 높은 열과 압력 때문에 성질이 변한 암석을 **변성암**이라고 합니다. 대리암은 석회암이 높은 열과 압력을 받아 변한 암석이에요.

### 산성비로 조각품이 녹고 있어요  〈잠깐 과학실〉

지구 환경이 오염되면서 아름다운 대리암 조각품들이 수난을 겪고 있습니다. 바로 산성비 때문이지요. 대리암은 탄산칼슘이 주성분인 암석입니다. 산성 용액은 탄산칼슘을 녹이기 때문에 산성비가 내리면 대리암 조각들은 녹아내릴 수밖에 없습니다. 환경오염은 여기저기에 영향을 미치지요.

 화강암이 높은 열과 압력을 받으면 '편마암'으로 변합니다. 다른 암석이 열과 압력을 받으면 어떻게 될까요? 셰일은 '편암'이 되었다가 더 높은 열과 압력을 받으면 '편마암'이 되고, 사암은 '규암'이 되며, 석회암은 '대리암'이 된답니다.

# 지구와 사과가 서로 끌어당겨요?

- **만유인력** 우주에 있는 모든 물체들이 서로 끌어당기는 힘.
- **중력** 지구와 물체가 서로 끌어당기는 힘.

교과서 4학년 1학기 4단원, 물체의 무게 심화  핵심 용어 만유인력, 중력, 질량

## 사과는 왜 땅으로 떨어질까요?

뉴턴은 떨어지는 사과를 보고 사과가 왜 떨어지는지 궁금했어요. 지구가 사과를 끌어당기는 힘 때문이 아닐까 생각했지요. 그때 뉴턴의 눈에 들어온 것은 하늘의 달이었습니다.

'사과를 끌어당기는 힘이 달까지 미치지는 않을까? 그렇다면 달은 왜 떨어지지 않지?' 의문은 계속됐어요. 뉴턴은 지구로 떨어지는 사과와 떨어지지 않고 항상 그 자리에 있는 달을 생각했어요. 오랜 생각 끝에 뉴턴은 모든 물체 사이에 서로 끌어당기는 힘이 작용한다고 결론 내렸습니다. 하지만 달처럼 질량이 아주 큰 물체는 떨어지지 않는다고 말이지요. 사과와 지구, 지구와 달, 친구와 나 사이처럼 모든 물체 사이에 서로 끌어당기는 힘을 **만유인력**이라 합니다.

## 중력 때문에 사과가 떨어져요

물체의 고유한 양을 **질량**이라고 합니다. 보통 kg이나 g으로 나타내지요. 만유인력 때문에 물체는 서로 끌어당기지만 질량이 큰 물체라면 잘 움직이지 않습니다. 친구와 나 사이에도 분명히 만유인력이 작용하지만 가까이 끌려가지 않는 이유랍니다. 지구와 사과도 마찬가지입니다. 서로 끌어당기지만 사과만 지구로 떨어집니다. 지구의 질량이 사과보다 엄청나게 크기 때문이죠. 이처럼 지구가 물체를 끌어당기는 힘을 '중력'이라고 합니다. 지구와 물체 사이에 작용하는 만유인력이 **중력**이지요. kg중, g중, N(뉴턴)의 단위로 나타냅니다.

### 달에서 몸무게가 바뀐대요  〈잠깐 과학실〉

달에 가면 몸무게를 쉽게 줄일 수 있어요. 달의 중력은 지구의 $\frac{1}{6}$이거든요. 그래서 몸무게도 지구에서 잰 몸무게의 $\frac{1}{6}$로 줄어들 거예요.

 무게와 질량은 엄연히 다릅니다. 측정하는 방법도 다르답니다. 무게는 용수철저울로, 질량은 양팔저울로 측정해요. 우리가 말하는 몸무게는 무게, 즉 중력을 측정한 양이에요. 집에 있는 체중계의 단위를 확인해 보세요.

# 우주는 처음에 어떤 모습이었을까요?

• **빅뱅 이론** 우주가 어느 한 점에서 탄생한 뒤 지금까지 팽창하여 오늘의 우주에 이르렀다는 이론.

**교과서** 5학년 1학기 3단원, 태양계와 별 심화  **핵심 용어** 빅뱅 이론

## 가모프의 초기 우주 이론 '빅뱅'

1948년 미국 물리학자 조지 가모프는 시간을 거꾸로 돌리면, 태초에 우주는 아주 뜨겁고 밀도가 높은 작은 '불덩이' 상태라고 했어요. 반면 영국 천문학자 프레드 호일은 우주가 변함없이 그대로라고 했어요. 가모프가 한 주장을 "어느 날 갑자기 우주가 '펑' 하고 대폭발(빅뱅)했다는 이론이다."라며 비웃었어요. 이때부터 가모프의 초기 우주 이론은 '빅뱅 이론'이 되어 버렸습니다. 하지만 승자는 가모프였죠. 가모프의 이론을 따르면 초기 우주에 존재했던 수소와 헬륨 같은 가벼운 원소의 비율을 정확히 말할 수 있었어요. 그리고 몇 년 뒤 위성의 통신 채널을 통해 우주에서 쉿 하는 소리가 계속 들렸어요. 대폭발의 흔적인 '우주 배경 복사'가 우주 멀리서 날아든 것이었죠.

• 우주의 빅뱅

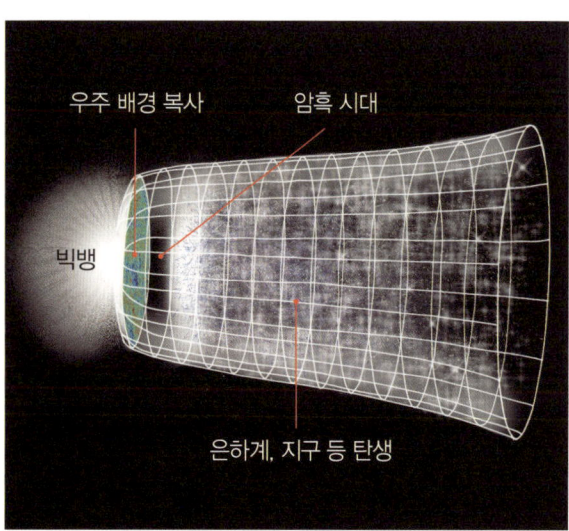

## 우주는 어떻게 생겨났을까요?

138억 년 전 우주는 아무것도 없는 상태에서 아주 뜨겁고 밀도가 높은 한 점에서 폭발하듯 생겼어요. 우주 탄생 후 3분이 지나자 수소와 헬륨 같은 가장 가벼운 원자핵들이 만들어졌어요. 38만 년 후 우주가 맑아지고, 10억 년이 지나면서 별과 은하가 생겼어요. 100억 년이 지난 뒤 태양계와 우리 은하가 생기면서 우주는 우리에게 익숙한 모습이 되었지요.

### 우주는 탄생하기 전에 무엇? [잠깐 과학실]

우주의 처음이 아주 뜨겁고 밀도가 높은 한 점이라면 그 이전에는 무엇이었을까요? 안타깝게도 이 질문에는 현재 어떤 과학자도 명쾌히 설명하지 못한답니다. 우리가 알 수 있는 것은 우주가 어느 순간에 폭발하듯 탄생했다는 사실과 그 이후 벌어진 일입니다.

빅뱅 이론은 한 가톨릭 사제의 아이디어에 영향을 받았다고도 합니다. 1929년 벨기에 사제 조르주 르메트르는 허블의 우주 팽창 이론에서 영감을 얻은 이론을 발표했어요. 팽창하는 우주의 시계를 과거로 돌려 보자고 제안한 거지요. 우주의 시계를 거꾸로 돌리면 우주는 수축하고 작아져서, 결국 우주는 한 점에서 시작되었다는 결론에 다다르게 됩니다.

# 커다란 대륙이 움직였다고요?

• **대륙이동설** 약 3억 년 전에 지구의 대륙이 하나였다가 여러 대륙으로 분리되어 위치가 지금처럼 변했다는 이론.

교과서 4학년 2학기 4단원, 화산과 지진 심화　핵심 용어 대륙이동설

## 움직이는 대륙

지구에는 아시아, 유럽, 아프리카, 북아메리카, 남아메리카, 오세아니아 6개의 대륙이 있어요. 6개 대륙의 모양을 지도에서 찬찬히 살펴본 적 있나요?

20세기 초에 대륙 모양에 관심이 많았던 독일 기상학자 알프레트 베게너는 어느 날 동료에게 새로운 세계 지도를 받았어요. 그런데 남아메리카의 동해안이 아프리카의 서해안에 꼭 들어맞는 게 아니겠어요? 처음에 두 대륙이 하나였을 거라고 추측한 베게너는 자기 생각을 뒷받침할 자료를 찾기 시작했어요. 그리고 지층을 이루는 성분, 생물 종, 기후 변동과 관련된 증거를 모아 '대륙이동설'을 발표했지요. 과거에 6개 대륙이 하나로 뭉쳐져 있었고 시간이 지나 조각난 대륙들이 지구 표면 위로 이동해 오늘과 같은 모양을 만들었다고요.

## 대륙이동설과 판

약 3억 년 전에 지구 대륙이 하나였다가 여러 대륙으로 분리되어 지금과 같은 모습이 되었다는 가설을 **대륙이동설**이라고 합니다. 해안선 모양이 일치하고, 같은 종류의 화석이 분포되어 있고, 빙하의 이동 방향이 일치하고, 산맥이 이어지는 것이 그 증거로 제시되었어요. 당시에는 대륙이 움직인 원인을 밝히지 못해 주목받지 못했어요. 하지만 여러 과학자가 연구를 계속해 현재는 지각과 맨틀 윗부분이 판 여러 개로 이루어져 있고, 판 밑에 있는 맨틀의 대류에 따라 판이 움직이면서 지각 변동이 일어난다고 밝혀졌습니다.

### ● 판 구조론

### 대륙 퍼즐 실험을 해 봐요　잠깐 과학실

세계 지도를 복사해 보세요. 복사한 지도에서 대륙을 그대로 오린 후, 퍼즐처럼 맞춰지는 대륙이 있는지 확인합니다. 그림처럼 맞춰지는 부분이 있을 거예요. 대륙들이 원래 하나의 대륙, 즉 판게아였다는 사실을 알 수 있지요.

하나였던 대륙 (판게아)

베게너는 새로운 세계 지도를 친구에게 받았을 때 느낀 기분을 "마치 찢어진 신문지 가장자리를 맞추고 인쇄된 부분이 자연스럽게 만나는지를 확인하는 것 같았다."라고 표현했대요.

# 식물은 물을 어떻게 빨아들일까요?

- **물관** 식물의 뿌리털 안쪽에서 잎맥까지 연결되는 물의 이동 통로.
- **체관** 식물의 뿌리털 안쪽에서 잎맥까지 연결되는 영양분의 이동 통로.

교과서 6학년 1학기 4단원, 식물의 구조와 기능  핵심 용어 물관, 체관, 관다발

## 식물은 지렁이를 좋아해요

지렁이는 흙 속에 사는 동물이에요. '지구의 청소부'라는 멋진 별명이 있지요. 흙을 살리고 농사를 짓는 데 큰 도움을 주거든요. 지렁이는 하루 동안 자기 몸의 몇 배나 되는 음식물 쓰레기와 배설물, 흙을 먹어 치워요. 신나게 먹은 지렁이는 12시간에서 20시간 뒤에 똥을 엄청나게 누지요. '분변토'라고 불리는 검은색 흙 똥을 누는데 이것이 흙을 기름지게 해요.

이뿐만 아니라 지렁이는 흙 속 여기저기를 뚫고 다니며 흙을 고루 섞어 산소가 들어갈 수 있게 하지요. 식물의 뿌리는 흙 속에 지렁이가 만들어 놓은 영양분과 물을 빨아들여요.

## 식물 뿌리는 어떻게 이루어졌을까요?

식물 뿌리에는 뿌리털이 붙어 있어요. 뿌리털은 흙과 만나는 면적을 넓게 하려고 길게 뻗어 나와 있습니다. 각각 세포 하나로 이루어진 뿌리털의 안쪽은 물관과 체관으로 연결되어 있지요. '물관'으로는 물이 이동하고, '체관'으로는 영양분이 이동합니다. 이것을 합쳐 **관다발**이라 불러요. 관다발은 줄기를 지나 잎맥까지 연결되어 있어요.

● 뿌리의 구조

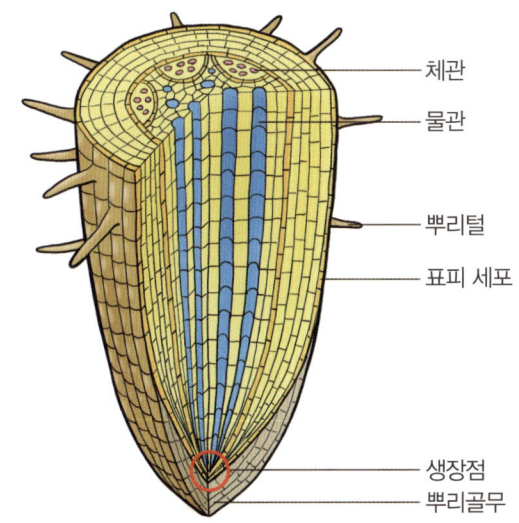

체관
물관
뿌리털
표피 세포
생장점
뿌리골무

### 지렁이랑 뽀뽀하는 기분은? ▶ 잠깐 과학실

지렁이와 뽀뽀할 수 있나요? 징그러워서 상상하고 싶지 않겠지만 직접 뽀뽀하지 않고도 경험할 수 있답니다. 립밤을 바를 때 느낌과 비슷하거든요. 지렁이의 피부에는 건조를 막는 특수한 기름 성분이 있어요. 립밤이 촉촉한 비밀은 지렁이 피부의 기름 성분에 있지요!

나랑 뽀뽀하는 기분 느껴 볼래?

 뿌리 끝부분 근처에는 '뿌리골무'라 불리는 노란색을 띠는 부분을 볼 수 있어요. 뿌리골무 위에는 생장점이 있습니다. 생장점에서는 세포 분열이 많이 일어나 식물의 키가 쑥쑥 자라요.

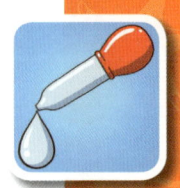

# 보글보글 라면은 어떻게 익을까요?

- **복사** 불꽃처럼 열이 직접 이동하는 방법.
- **대류** 물질을 이루는 입자가 열에너지를 가지고 이동하는 방법.

교과서 5학년 1학기 2단원, 온도와 열  핵심 용어 열에너지, 복사, 전도, 대류, 단열

## 열은 어떻게 이동할까요?

라면을 끓일 때 라면은 어떤 방법으로 열을 얻을까요? 가스레인지에서 나온 열은 냄비로 이동합니다. 냄비를 이루는 금속 분자는 열을 전달해 냄비가 뜨거워져요. 물로도 열에너지를 전달합니다. 열에너지를 전달받은 물은 가벼워져서 위로 올라가고, 위쪽에 있던 물은 아래쪽으로 내려갑니다. 물이 가지고 있던 열은 라면으로 전달되어 라면을 익힙니다. 만약 냄비 안에 젓가락을 그대로 두었다면 조심하세요! 열이 젓가락 끝까지 이동해 손가락을 델 수 있어요.

## 열이 이동하는 것을 막아요

열에너지는 뜨거운 곳에서 차가운 곳으로 이동해요. 열에너지는 전도, 대류, 복사의 방법으로 이동합니다. 가스레인지 불꽃처럼 열이 직접 이동하는 것은 **복사**입니다. 뜨거워진 물처럼 물질을 이루는 입자가 열에너지를 갖고 이동하는 것은 **대류**이지요. 냄비 속 뜨거워진 젓가락처럼 물질을 이루는 입자가 옆의 입자에게 열을 전달하는 것이 **전도**랍니다. 뜨거운 젓가락을 만지기 전에 손에 장갑을 껴서 열의 이동을 막는 것을 **단열**이라 해요. 열의 이동을 막으면 뜨거운 음식은 뜨겁게, 차가운 음식은 차갑게 유지할 수 있어요.

우리 주변에는 음식을 보관할 때뿐 아니라 단열을 이용한 예가 많아요. 집을 지을 때는 유리 가운데에 공기가 든 이중 유리창을 두어 집 안의 열이 밖으로 나가지 않도록 하지요. 공기가 많이 든 오리털 점퍼를 입는 것도 단열의 한 방법입니다. 비슷하게 북극곰도 털 속에 구멍이 있어 공기를 품을 수 있어요. 그 덕분에 추운 날씨에 체온을 빼앗기지 않는답니다.

● 열의 전달

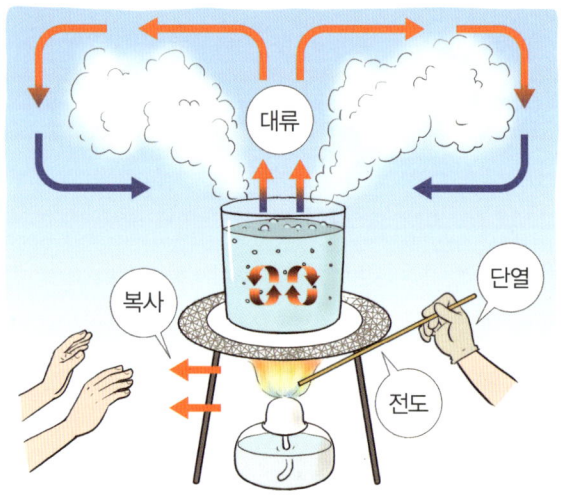

 보온병은 열이 밖으로 이동하지 않도록 장치를 해 두었어요. 보온병 둘레에는 공기가 들어 있지 않은 진공 부분이 있어 열의 대류를 막을 수 있어요. 보온병 속 진공 벽은 거울로 되어 있어 열의 복사도 막을 수 있지요.

 **실험 돋보기**

## 스티로폼 보온병 만들기

**준비물**
큰 페트병
작은 페트병
은박지
스티로폼
물(작은 페트병을 채울 양)
머그컵
보온병

### 이렇게 해 봐요
1. 큰 페트병은 윗부분을 자르고 작은 페트병이 속에 들어가는지 확인합니다.
2. 작은 페트병의 겉을 은박지로 감쌉니다.
3. 큰 페트병 안에 은박지로 싼 작은 페트병을 넣습니다.
4. 작은 페트병과 큰 페트병 사이에 열을 잘 전달하지 않는 스티로폼과 같은 물질을 채웁니다.
5. 작은 페트병과 머그컵에 각각 따뜻한 물을 담습니다. 같은 온도의 물을 같은 양으로 담으세요.
6. 1시간 후에 온도를 비교해 봅니다.

### 어떻게 될까요?
스티로폼 보온병 안에 든 물은 온도가 많이 변하지 않아요. 하지만 머그컵 물의 온도는 많이 낮아져요.

### 왜 그럴까요?
스티로폼 보온병 안에 든 스티로폼은 열의 이동을 막아요. 그래서 따뜻한 물의 열이 공기 밖으로 이동하지 않아요. 하지만 머그컵 안에 든 물의 열은 공기 밖으로 이동하지요.

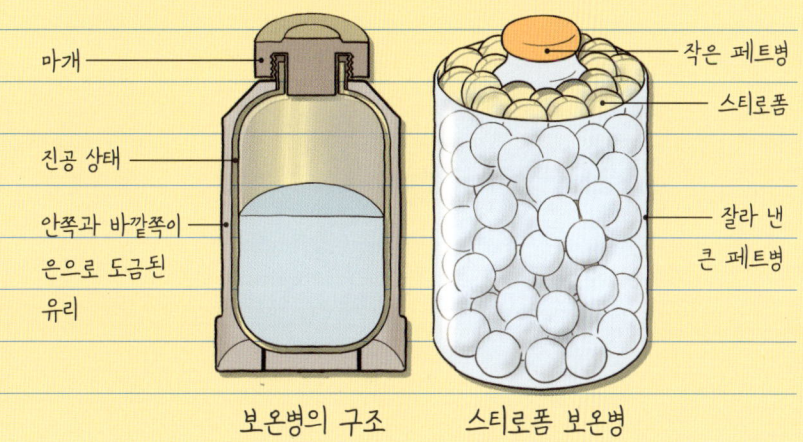

보온병의 구조    스티로폼 보온병

# 지구에서 가장 오래된 생명체는?

• **남세균** 원핵생물 중 엽록체를 이용하여 광합성을 하는 세균류. 바다에 떠다니다 가라앉기를 반복하며 암석을 이룬 것이 '스트로마톨라이트'이다.

교과서 5학년 1학기 5단원, 다양한 생물과 우리 생활 심화  핵심 용어 남세균, 스트로마톨라이트

## 남세균이 만드는 스트로마톨라이트

호주 서부 해안의 샤크만은 세계자연유산입니다. 이 조용하고 얕은 바다에는 '스트로마톨라이트'라 불리는 바위가 많거든요. 스트로마톨라이트는 지구에서 가장 오래된 생명체의 흔적이랍니다. '남세균'(남조류)이라 불리는 시아노박테리아가 남긴 것이에요. 남세균은 낮에 광합성을 해요. 모래와 같은 부유물이 남세균 표면에 붙으면 밤에 굳어 바위의 층을 이룹니다. 다음날에는 다시 입자가 붙어 새 층을 만들어요. 이렇게 한 켜 한 켜 층을 쌓으며 바위를 만들지요. 물론 그 속도는 매우 느려요. 한 해에 약 1mm 이하로 자란답니다.

## 세포 하나로 이루어진 남세균

지구 최초의 생명이 어떤 것인지는 아직 밝혀지지 않았어요. 하지만 현재 가장 오래된 생명체로 밝혀진 것은 '남세균'입니다. 남세균은 세포 하나로 몸이 이루어진 박테리아예요. 핵막이 없고 무성 생식을 하는 단순한 구조를 가졌지만 엽록체가 있어서 햇빛을 받아 광합성을 할 수 있어요. 광합성으로 산소와 영양분을 만들어 내지요.

● 스트로마톨라이트가 생기는 원리

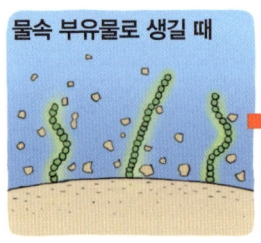
물속의 부유물이 남세균 표면에 들러붙는다.

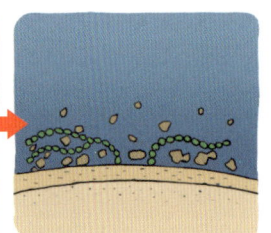
들러붙은 물질이 굳어서 층이 된다.

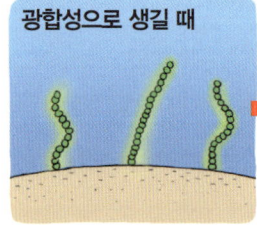
광합성으로 알칼리성이 된 부분에 탄산칼슘 결정이 만들어진다.

결정이 굳어져 층이 된다.

### 남세균 덕분에 생명이 살아요  잠깐 과학실

남세균은 광합성을 할 수 있어요. 처음 지구가 만들어졌을 때에는 이산화탄소, 수증기 같은 공기가 대부분이었어요. 동식물이 살 수 없는 환경이었지만 남세균은 이 환경을 이용했어요. 이산화탄소와 햇빛으로 광합성을 했지요. 이때 만들어 낸 산소가 지구를 가득 채웠답니다.

 지구 나이는 대략 46억 년입니다. 최초의 생명은 40억 년 전쯤 나왔을 거라 생각되지만 흔적이 남은 것은 35억 년 전입니다.

# 2장 놀라운 발견

TV나 안경에 붙는 먼지를 보고 의문이 생겼던 적 있나요? 햇빛은 무슨 색일까 궁금했던 적은요? 놀라운 발견을 한 과학자들은 작은 궁금증도 놓치지 않았어요. 왜 그런 것인지 알아내기 위해 관찰과 실험을 반복했지요. 끝없는 노력으로 과학사에 한 획을 그었던 과학자들은 어떤 발견을 했을까요?

# 도마뱀붙이처럼 벽에 착 달라붙는 로봇

- **생체모방 기술** 자연의 모양이나 특징을 연구하여 생물체가 갖고 있는 다양한 기능을 모방하여 이용하는 기술.

교과서 3학년 2학기 2단원. 동물의 생활   핵심 용어 생체모방 기술

## 도마뱀붙이 발바닥의 비밀

도마뱀붙이는 해가 진 후 벽을 타고 다니며 불빛에 모여든 나방이나 바퀴벌레를 잡아먹어요. 과학자들은 벽에 착 달라붙어 다니는 도마뱀붙이를 연구한 끝에, 발에 난 털이 벽에 붙을 수 있는 비밀이란 사실을 알아냈어요. 아주 가는 털이 수십억 개 붙어 있는 데다가 그 털 하나하나가 약 천 개로 갈라져 있었지요. 이 털을 이용해 착 달라붙기도 하고 깨끗하게 떨어지기도 하는 테이프를 만들었습니다. 도마뱀붙이의 영어 이름을 따서 '게코 테이프'라고 불러요. 도마뱀붙이의 발바닥을 본떠 '스티키 봇'이라는 로봇도 만들었지요. 유리벽에서도 떨어지지 않는 이 로봇은 매끄러운 벽면도 자유롭게 올라갈 수 있어요.

## 자연을 연구하고 모방해요

사람들이 자연을 모방해 온 역사는 오래되었어요. 동물의 이빨이나 뼈로 창이나 칼을 만들고, 물에 뜨는 나무를 보고 뗏목을 만들었지요. 이처럼 자연의 모양이나 특징을 연구하고 모방하는 기술이 '생체모방 기술'입니다. 최근 아주 작은 크기의 물질을 다루는 나노 기술이 발달하면서 생체모방 기술 연구가 더욱 활발해졌습니다. 동물과 식물의 몸은 자연이 만든 아주 섬세한 창조물이거든요.

### 자연을 본떠 만든 것을 찾아봐요   <small>잠깐 과학실</small>

자연을 모방한 사례는 아주 많아요. 도깨비바늘은 열매껍질에 작은 갈고리들이 붙어 있어서 동물의 몸에 붙어 멀리 이동할 수 있습니다. 이 특성을 이용해 벨크로를 만들었어요.

상어는 물의 저항을 줄이는 작은 돌기 덕분에 빠른 속도로 헤엄칠 수 있습니다. 이를 이용해 수영복을 만들기도 했지요. 그 밖에 어떤 예가 있는지 찾아보세요.

화려한 꼬리는 구조색 덕분이지!

공작새의 화려한 꼬리는 구조색 때문이에요. '구조색'은 자연에서 물체가 색소를 가지고 있지 않은데도, 독특한 구조 때문에 빛이 어우러져 특정 색이 나타나는 것을 말해요. 구조색은 독특한 금속광택을 띠고, 보는 방향에 따라 색이 달라져요.

# 얼음을 끓이면 온도가 올라갈까요?

- **숨은열(잠열)** 물질의 상태를 바꾸는 데 필요한 열.
- **분자 운동** 고체, 액체, 기체 상태별로 달라지는 분자의 움직임.

교과서 3학년 2학기 4단원, 물질의 상태 심화　**핵심 용어** 숨은열, 분자 운동

## 아무리 가열해도 얼음은 여전히 0°C

얼음을 끓이면 얼음의 온도는 어떻게 변할까요? 당연히 높아질까요? 놀랍게도 얼음을 가열하는 동안 얼음의 온도는 올라가지 않습니다. 프랑스 과학자 조지프 블랙이 얼음을 끓여 보니, 얼음이 다 녹아 물로 변했을 때 온도가 올라갔어요. 블랙은 얼음을 가열할 때 쓰인 열은 어디로 갔을까 고민했지요. 고민 끝에 가열한 열이 얼음을 물로 만드는 데 쓰였다고 생각했어요. 물질의 상태를 고체에서 액체로 바꾸는 데 열이 쓰였다고 생각했습니다. 그리고 얼음이 물로 변하고, 물이 수증기가 될 때는 각각 열이 얼마나 필요한지 알아냈지요. 이렇게 물질의 상태를 바꾸는 데 필요한 열을 '숨은열'(잠열)이라고 합니다.

## 물질을 이루는 분자의 운동 변화

모든 물질은 분자로 이루어져 있습니다. 분자는 물질의 특성을 지닌 가장 작은 알갱이예요. 분자가 가진 열에너지에 따라 물질은 고체, 액체, 기체 상태로 존재합니다. 분자는 세 가지 상태에서 모두 운동을 합니다. 에너지가 적은 고체일 때는 제자리에서 부르르 떨거나 팽그르르 돕니다. 액체일 때는 분자들이 이동할 만큼 에너지가 있어서 흐를 수 있습니다. 에너지가 가장 많은 기체 상태에서는 자유롭게 날아다닐 수 있어요. 고체에서 액체가 되려면 에너지가 더 필요하고, 이 때문에 가열하지요.

● 물질의 상태에 따라 변하는 분자의 운동

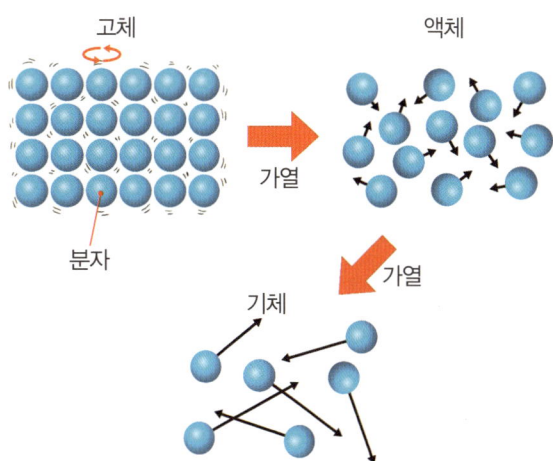

### 몸에 열이 날 때 물수건으로 닦으면? <sub>잠깐 과학실</sub>

아파서 몸에 열이 나면 몸을 물수건으로 닦지요. 이렇게 하면 몸의 열이 떨어집니다. 몸의 열이 떨어지는 이유는 몸에 묻힌 물이 액체 상태에서 기체(수증기)로 변할 때 체온의 일부를 가져가기 때문이에요.

 블랙이 한 연구로 증기 기관을 만드는 데 필요한 연료 양을 계산할 수 있었어요. 증기 기관은 수증기 힘으로 동력을 얻는 기계라, 물을 끓여 수증기를 만들어야 했거든요.

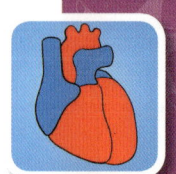

# 127도의 뜨거운 방에 머무를 수 있을까요?

- **항온동물** 사람, 소, 닭처럼 체온이 항상 일정하게 유지되는 동물.
- **변온동물** 뱀, 개구리처럼 주변 온도에 따라 체온이 달라지는 동물.

교과서 6학년 2학기 4단원, 우리 몸의 구조와 기능　**핵심 용어** 체온, 항온동물, 변온동물

## 사람이 견딜 수 있을 만큼 뜨거운 실험

영국 의사 조지 포다이스는 어느 날 문득 사람이 얼마나 높은 온도를 견딜 수 있는지 궁금해졌어요. 그래서 증기가 뿜어져 나오는 방에 직접 들어가 있는 실험을 했습니다. 셔츠 하나만 입고 나무 샌들을 신은 채로 32℃의 방에 들어갔지요. 온몸에서 땀이 흘러 바닥으로 흘렀고 49℃가 되자 심장박동 수가 평소의 2배로 뛰었어요. 핏줄이 불거져 나오고 피부가 온통 붉게 변했답니다. 포다이스는 더 참지 못하고 뛰쳐나왔습니다. 몇 번을 실험한 끝에 127℃의 방 안에 머물러 있기도 했습니다. 이렇게 위험한 실험을 한 결과 중요한 사실을 알아냈어요. 아무리 뜨거운 방 안에 있어도 체온은 36.5℃보다 많이 높아지지 않는다는 것입니다.

## 체온은 항상 36.5℃

주변 온도에 관계없이 사람은 체온을 항상 36.5℃로 유지합니다. 평소에 혈액이 온몸 구석구석을 돌며 체온을 일정하게 유지해요. 주변 온도가 올라가면 땀을 내서 체온을 떨어뜨리고, 주변 온도가 낮으면 피부에 소름이 돋게 해 열이 밖으로 나가는 것을 막습니다. 그 밖에 세균이나 바이러스가 침입하면 세균과 바이러스를 막기 위해 체온이 오르고, 너무 추운 곳에 오래 있으면 체온이 낮아질 수 있어요. 체온이 너무 크게 달라지면 건강은 물론 생명까지 위험해질 수 있습니다.

### 체온이 일정한 동물은? 　잠깐 과학실

사람처럼 체온을 일정하게 유지하는 동물을 '항온동물'이라고 해요. 항온동물에는 사람 외에 소, 돼지 같은 포유류와 참새, 닭 같은 조류 등이 있습니다. 반대로 체온이 변하는 동물에는 무엇이 있는지 조사해 보세요.

뱀, 개구리와 같은 변온동물은 주변 온도에 따라 체온이 달라집니다. 그래서 뱀과 개구리는 추운 겨울에 체온이 더 낮아지지 않도록 겨울잠을 잡니다. 반면 곰과 같은 항온동물은 겨울에 먹이가 충분하지 않아 겨울잠을 자요.

# 호박을 닦다가 발견한 전기 현상

- **전기력** 전기를 띤 물체 사이에 작용하는 힘.
- **정전기** 흐르지 않고 멈추어 있는 전기. 마찰하면 일어나는 전기이다.

교과서 6학년 2학기 1단원, 전기의 이용  **핵심 용어** 전기, 전기력, 정전기

## 닦아도 먼지가 떨어지지 않는 이유

한겨울 스웨터를 벗다가 찌리릿 하고 따가운 느낌을 받아본 적 있나요? 이런 전기 현상을 처음으로 눈여겨본 사람은 바로 철학자 탈레스였어요. 고대 그리스에서는 호박 보석이 인기였습니다. 탈레스도 호박 보석을 아껴서 헝겊으로 보석을 닦았지요. 그런데 보석을 깨끗하게 문지르면 문지를수록 보석에 먼지가 계속 달라붙어서 탈레스가 이상하게 여겼답니다. 이 신비한 현상의 원인은 약 2000년이 지나서야 밝혀졌어요. 영국 의사였던 길버트가 유리 막대, 종이, 빗 등을 헝겊으로 문지를 때도 비슷한 현상이 나타난다는 것을 알아냈지요. 그리고 이 현상에 '전기'(electricity)라는 이름을 붙였습니다. 전기의 영어 이름은 '호박'을 뜻하는 그리스어 '일렉트론'(elektron)에서 유래한 것이에요.

## 흐르지 않는 전기 '정전기'

탈레스나 길버트가 발견한 전기 현상은 바로 '정전기'입니다. **정전기**는 흐르지 않고 멈추어 있는 전기를 뜻하죠. 호박 보석을 헝겊으로 문지르면 전자가 천에서 호박 보석으로 이동합니다. 그러면 호박 보석이 (−)전하(음전하)를 띠지요. 작은 먼지는 전기력 때문에 끌려가 호박에 달라붙습니다. 이런 현상은 건조할 때 잘 일어나요. 털 스웨터를 벗을 때 머리카락이 옷에 붙는 것도 같은 원리입니다.

### 도깨비 머리를 만들어요  〈잠깐 과학실〉

정전기를 실험해 보는 것은 어렵지 않습니다. 플라스틱 빗을 헝겊에 문지른 후, 플라스틱 빗을 머리에 가까이 대 보세요. 삐죽삐죽 도깨비 머리가 되었지요?

 전기를 띤 입자가 이동하며 갖는 에너지를 '전기'라고 합니다. (+)전하(양전하)를 띤 입자와 (−)전하(음전하)를 띤 입자는 서로 잡아당기고, 같은 전기를 띤 입자끼리는 서로 밀어냅니다. **전기력**은 이렇게 전기를 띤 물체 사이에 작용하는 힘을 뜻해요.

# 공기가 우리를 누르고 있다고요?

- **기압** 공기가 누르는 압력.
- 위로 올라갈수록 공기의 양이 적어지므로 기압도 감소한다.

교과서 6학년 1학기 3단원, 여러 가지 기체 심화  **핵심 용어** 기압

## 공기가 누르는 힘을 실험한 토리첼리

보이지 않고, 비어 보이는 공기에도 무게가 있을까요? 공기에도 무게가 있습니다. 엄청난 크기로 말이죠. 실제로 공기가 누르는 힘을 이탈리아 과학자 토리첼리가 실험했습니다. 펌프로 물을 끌어 올릴 때 10m 이상 물이 올라오지 못하는 것을 보고 이상하게 여겼거든요. 그래서 물보다 무거운 수은을 이용해 실험했어요. 그래야만 너무 높지 않은 높이에서 실험을 할 수 있을 것 같았지요. 1m짜리 유리관에 수은을 가득 담고, 수은이 담긴 유리관을 거꾸로 세웠습니다. 그런데 수은은 항상 76cm 높이에서 멈추었어요. 심지어 유리관을 기울여도 말이죠. 토리첼리는 유리관 속 공간은 아무것도 없는 진공이고, 공기 무게 때문에 수은이 항상 76cm에서 멈춘다고 결론 내렸습니다.

## 1기압은 얼마일까요?

공기가 누르는 힘이 **기압**입니다. 일반적으로 지표면 위에서 기압은 1기압이라 표시하고, 그 크기는 76cm 길이의 수은기둥(수은주)이 누르는 힘과 같습니다. 그래서 기압의 단위는 1기압 또는 760mmHg(수은주밀리미터)라 표시합니다. 펌프로 물을 끌어 올릴 때 물이 10m 이상 올라오지 않는 것처럼, 1기압은 물기둥 10m가 누르는 힘과 같습니다.

● 토리첼리의 진공 실험

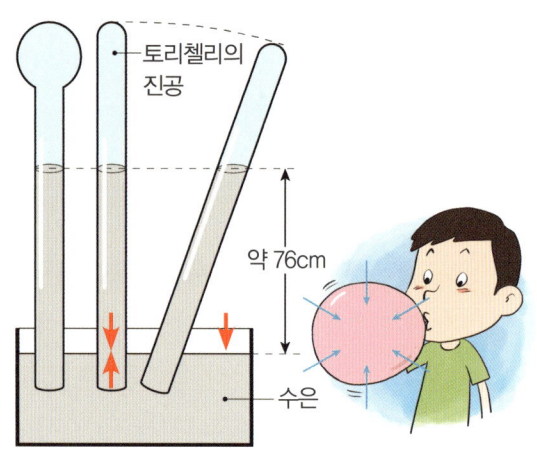

### 기압이 1기압보다 커지면?    잠깐 과학실

지구에서 기압이 1기압보다 커지면 누르는 힘이 세지기 때문에 몸집이 작아질 거예요. 반대로 압력이 작아지면 밖에서 우리 몸을 누르는 압력이 작아졌기 때문에 몸은 팽창할 거예요. 또한 몸속과 밖의 압력을 맞추기 위해 귀가 멍멍해집니다. 예를 들어 비행기에 과자 봉지를 가지고 타면, 비행기가 높이 날 때 과자 봉지가 빵빵하게 팽창할 거예요. 기압이 낮아지기 때문이지요.

지표면에서 적어도 높이 1,000km까지 공기가 있어요. 1,000km 두께의 공기가 우리를 누르는 힘은 바닷속 10m에서 받는 압력과 비슷하지요. 하지만 어느 누구도 공기가 무겁다고 하지 않아요. 공기의 압력은 모든 방향에서 작용하고 몸 안팎의 기압을 맞추기 때문이에요.

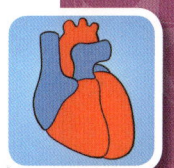

# 손끝으로 글자를 읽을 수 있어요

- **촉각** 피부에 닿아 느껴지는 감각
- 사람 피부에는 촉각, 통각, 냉각, 온각을 느끼는 감각이 있다.

교과서 6학년 2학기 4단원, 우리 몸의 구조와 기능  **핵심 용어** 촉각, 점자

## 점자는 어떻게 만들어졌을까요

시각장애인은 앞을 볼 수 없어요. 어떻게 하면 시각장애인이 글을 읽을 수 있을까 고민하던 사람들은 촉각을 이용하기로 했어요. 손으로 글자를 만져 읽는 것이죠.

처음에는 파라핀판이나 나무판에 글자를 새겨 시각장애인을 위한 글자를 만들었어요. 두꺼운 종이에 핀을 찌르거나, 도드라지게 새기기도 했지요. 하지만 문자를 표현하는 방식이 많다 보니 오히려 불편했어요. 그러다 마침내 1824년 프랑스의 브라유가 프랑스 육군의 야간 문자(밤에 읽을 수 있는 문자)를 본떠 시각장애인을 위한 글자인 점자를 만들었어요.

## 피부 밑에 넓게 퍼져 있는 감각 수용기

사람 피부는 여러 가지 감각을 느낄 수 있어요. 피부가 느끼는 감각에는 피부 표면에 닿아서 느껴지는 촉각, 눌리는 감각인 압각, 아픔을 느끼는 통각, 차가움을 느끼는 냉각, 따뜻함을 느끼는 온각이 있습니다. 이러한 감각을 느끼는 수용기는 피부 밑에 아주 넓게 퍼져 있어요.

피부가 온몸을 뒤덮고 있는 것은 통증이나 뜨겁고 차가운 것을 빨리 느껴 몸을 보호하기 위해서랍니다.

● 피부의 구조

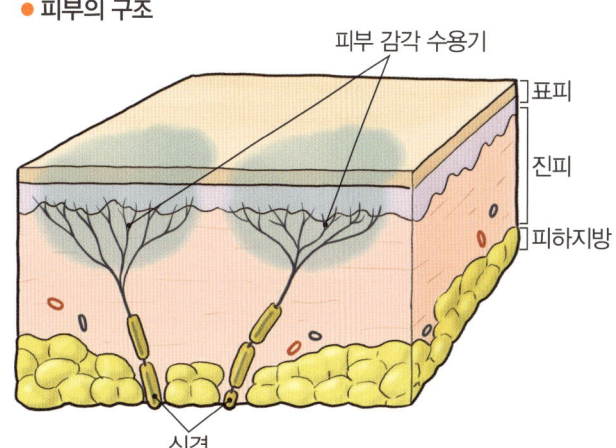

### 지문의 모양을 관찰해 보세요  — 잠깐 과학실

친구와 함께 손가락에 인주를 묻혀 지문을 찍어 보세요. 언뜻 보면 비슷해 보여도 자세히 관찰하면 모양이 각각 다르답니다. 지문은 사람마다 모두 달라요. 그렇기 때문에 사람을 구별하거나, 범죄 현장에서 범인을 찾는 데 쓰죠. 원래 지문의 역할은 손끝의 물기를 잘 빠지게 해서 물건을 잘 잡게 해 주는 거예요.

**여러 가지 지문 모양**

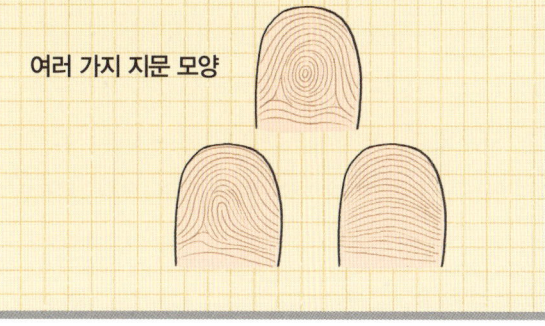

점자는 점 6개를 가로 줄 3개에 2개씩 배열하고, 크기를 달리하여 글자를 표현합니다. 종이에 점자를 볼록 튀어 나오도록 배열하고, 그 배열을 익히면 손으로도 글자를 읽을 수 있어요. 우리나라에서는 1926년 훈맹정음이 반포되었고 그때부터 시각장애인들이 손으로 한글을 읽을 수 있게 되었습니다.

# 퀴비에가 매머드 뼈로 알아낸 것은?

- **멸종** 생물의 한 종류가 아예 없어져 버리는 것.
- 생물 한 종류가 없어지면 생태계에 큰 영향을 미친다.

교과서 4학년 1학기 2단원, 지층과 화석  **핵심 용어** 멸종, 적색목록

## 퀴비에가 발견한 매머드 뼈

프랑스 동물학자인 조지 퀴비에는 세계 각지의 화석을 연구하기에 바빴습니다. 매머드 화석을 연구해 코끼리와 매머드 사이에 아무 연관이 없다는 사실을 밝혀냈지요. 급격한 지구 환경 변화로 매머드가 지구에서 사라져 버렸다고 결론 내렸어요. 하지만 당시에 교회 힘이 셌던 터라 다른 과학자들은 신이 만든 피조물인 동물이 어떻게 사라질 수 있느냐며 반박했어요. 시간이 한참 흐른 후에야 퀴비에의 승리로 끝났습니다. 그 누구도 지구에서 살아 있는 매머드를 볼 수는 없었거든요.

## 생물이 아예 없어지는 멸종

**멸종**은 생물의 한 종류가 아예 없어지는 것을 말해요. 지구에 생명이 살기 시작한 이후 생물종이 대대적으로 멸종한 적이 몇 번 있어요. 가장 규모가 컸던 5번의 멸종을 '대멸종'이라 합니다. 5번째 대멸종 때 공룡이 지구에서 사라졌어요. 소행성, 화산 폭발, 기후 변화와 같이 지구 환경이 급격하게 바뀔 때 멸종이 일어나요. 하지만 지금은 서식지 파괴, 무분별한 사냥처럼 대부분 사람의 활동이 멸종을 일으켜요. 생물 한 종류가 없어지면 생태계에 큰 영향을 미칩니다. 자칫하면 사람도 위험해질 수 있어요. 사람과 자연을 위해 생물을 보호하도록 노력해야 해요.

### 멸종 위기 동물을 찾아봐요  **잠깐 과학실**

세계 자연 보전 연맹에서는 멸종 위기에 처한 생물을 선정해 '적색목록'(Red List)을 만들어 발표하고 있어요. 우리나라의 멸종 위기 동물은 '국가생물다양성 정보공유체계' 홈페이지에서 찾아볼 수 있습니다. 가장 좋아하는 동물이 어떤 그룹에 속하는지 찾아보고, 동물을 보호하기 위해 어떤 일을 할 수 있는지 알아보세요.

아인슈타인은 "꿀벌이 사라지면 인류도 4년 이내에 멸망할 것이다."라고 했어요. 꿀벌은 식물의 꽃가루를 옮겨 주기 때문에 꿀벌이 사라지면 과일과 야채를 기를 수 없어요. 소의 먹이가 되는 풀도 사라지기 때문에 유제품 생산이 어려워집니다. 결국 식량난으로 인류는 살아남기 어려워질 것이라고 해요.

# 49년 동안 묻혀 있던 분자 이야기

- **분자** 물질을 쪼갰을 때 물질의 성질을 잃지 않는 가장 작은 단위의 입자.
- 분자는 열에너지 양에 따라 기체, 액체, 고체 상태로 존재할 수 있다.

교과서 3학년 2학기 4단원, 물질의 상태 심화    **핵심 용어** 분자, 원자

## 물질을 이루는 분자

세상은 어떤 물질로 이루어졌을까요? 또 물질은 무엇으로 이루어졌을까요? 아보가드로는 물질을 이루는 알갱이를 연구했어요. 물질의 성질을 그대로 띠는 알갱이를 **분자**라 하고, 이런 분자는 기본 알갱이인 **원자**들로 이루어져 있다고 했습니다. 그래서 온도와 압력, 부피가 모두 같을 때 모든 기체에는 분자가 같은 개수로 있다고 했어요. 이 이론은 돌턴이 내놓은 원자설의 부족한 점을 설명하기에 충분했지요. 하지만 아보가드로의 이런 발표를 주목하는 사람은 아무도 없었어요. 1811년 당시 아보가드로는 이탈리아에 있는 시골 학교 선생님이었거든요. 49년이 지난 1860년이 되어서야 새로운 물질 수천 개를 발견해 분류하면서, 아보가드로의 분자 이야기가 다시 주목받았어요.

## 물질의 성질을 띠는 가장 작은 단위

물질을 쪼개고 쪼갠다고 가정해 보세요. 물질을 쪼갰을 때 물질의 성질을 잃지 않는 가장 작은 단위의 알갱이가 **분자**입니다. 물을 이루는 분자들은 모두 물의 성질을 가지고 있어요. 하지만 물 분자를 쪼개어 수소와 산소로 나누면 더는 물의 성질을 띠지 않지요. 분자는 에너지를 가지고 스스로 운동할 수 있습니다. 분자는 열에너지 양에 따라 기체, 액체, 고체 상태로 존재할 수 있어요.

● 여러 가지 분자들

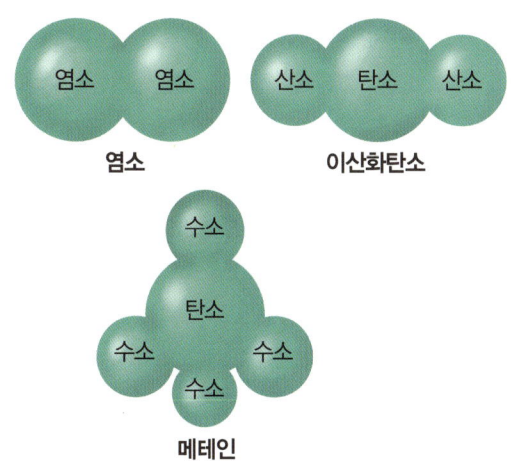

### 기체의 분자 수는 늘 같을까요?   잠깐 과학실

아보가드로는 모든 기체가 온도와 압력, 부피가 같을 때 분자가 같은 개수로 들어 있다고 했어요. 온도, 압력, 부피가 같으면 산소 또는 지독한 냄새가 나는 친구의 방귀, 냄새 안 나는 내 방귀 속에 든 분자의 수가 똑같다는 뜻입니다.

 아보가드로는 과학자 중에 이름이 가장 길어요. 전체 이름은 '로렌초 로마노 아메데오 아보가드로 디 콰레냐 에 디 체레토'입니다. 정말 길지요?

79

# 몸에 직접 전류를 흘린 위험한 실험은?

- **전류** (-)전하를 띠는 전자가 한 방향으로 이동하는 것.
- 전류는 (-)극에서 (+)극으로 이동한다.

교과서 6학년 2학기 1단원, 전기의 이용  **핵심 용어** 전류

## 전류의 세기를 직접 느낀 캐번디시

영국 과학자 캐번디시는 혼자 연구하고 연구 결과를 알리지 않는 괴짜였어요. 전류에 관심이 많았지만 당시에는 전류를 측정할 장치가 없어 자기 몸으로 전류를 측정하기로 결심했답니다. 이때에는 전지가 없어서, 먼저 정전기를 모아 둔 라이덴 병을 준비했어요.

라이덴 병에 전선을 연결하고 양 끝을 양손으로 잡으니, 전류가 흐르면서 찌릿찌릿 전기가 느껴졌어요. 그다음에는 정전기를 더 모아 라이덴 병의 전압을 다르게 했습니다. 전류의 찌릿한 느낌이 손목까지 오는지, 팔꿈치까지 오는지 전류 세기를 직접 느끼면서 기록했어요.

몸을 사리지 않는 실험 덕분에 캐번디시는 전압이 커질수록 전류의 세기도 커진다는 사실을 알아냈습니다. 하지만 캐번디시는 이 사실을 발표하지 않았어요. 자그마치 100년이 지나서야 과학자 맥스웰이 캐번디시의 연구를 발견해 세상에 알렸답니다.

## 전류는 전자의 흐름이에요

물질을 이루는 입자인 원자는 (+)전하를 띠는 **원자핵**과 (-)전하를 띠는 **전자**로 이루어져 있습니다. 이 중 전자는 자유롭게 이동할 수 있어요. 전자가 한 방향으로 흐르는 것이 **전류**입니다. 처음에 과학자들은 전류의 정체를 잘 알지 못했어요. 그래서 전류의 방향이 (+)극에서 (-)극으로 이동한다고 정해 놓았어요. 하지만 시간이 지나고 전류는 전자의 흐름이라는 것이 알려졌어요. 사실 전자는 (-)극에서 (+)극으로 이동합니다. 전압이 커지면 전류의 세기도 커져요.

그렇다면 전자는 도선 안에서 얼마나 빨리 이동할까요? 전자는 1초에 약 1mm 이동합니다. 스위치를 켜면 바로 불이 들어오는 이유는 도선 안에 수많은 전자가 가득 차 있기 때문입니다. 전자 하나가 스위치에서 전등까지 이동하는 것이 아니라 많은 전자가 한꺼번에 순식간에 이동합니다. 전자 하나의 이동 속도는 느리지만 수많은 전자가 동시에 움직이기 때문에 스위치를 켜면 바로 불이 들어옵니다.

● 전류의 흐름

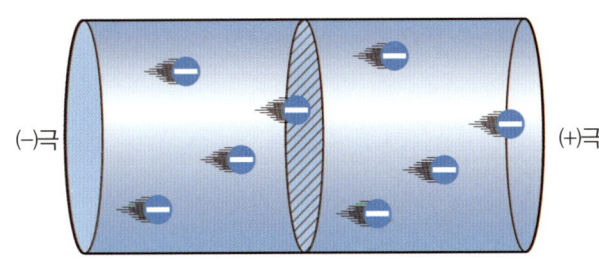

 전기 실험은 매우 위험합니다. 캐번디시의 실험은 지금처럼 전압이 높지 않았기 때문에 가능한 일이었어요. 절대로 따라 하면 안 돼요.

### 실험 돋보기

## 정전기를 모으는 라이덴 병 만들기

**준비물**
페트병(뚜껑 포함)
알루미늄 포일
못
금속 막대
 (또는 정전기 발생봉)
송곳

**이렇게 해 봐요**
1. 그림과 같이 페트병 몸통 겉을 알루미늄 포일로 감쌉니다.
2. 페트병 뚜껑 가운데에 송곳으로 구멍을 뚫고 못을 꽂습니다. 뚜껑 위쪽으로 나온 못 둘레를 알루미늄 포일로 감쌉니다.
3. 페트병에 물을 채우고 뚜껑을 잘 닫습니다. 이때 못이 물에 닿게 해요.
4. 금속 막대를 옷에 문지르거나 정전기 발생봉을 이용해 정전기를 일으킵니다.
5. 정전기를 일으킨 금속 막대(또는 정전기 발생봉)를 못대가리에 여러 번 갖다 댑니다.

**어떻게 될까요?**
한 손으로는 페트병 겉을, 다른 손으로는 금속 막대를 쥡니다. 그리고 못대가리에 갖다 대면 찌릿한 전기를 느낄 수 있어요.

**왜 그럴까요?**
못에 정전기를 일으킨 금속 막대를 갖다 대면 전자가 못을 타고 병 안으로 들어가 병에 든 물과 병 바깥쪽 포일도 전기를 띱니다. 페트병을 사이에 두고 안과 밖에서 서로 잡아당기는 힘이 작용해 전기가 저장돼요.

알루미늄 포일

**주의!** 전기를 다루는 실험이므로 어른과 함께하세요.

# 퀴리 부인이 연구했던 방사성 물질은 무엇?

- **방사능** 원자핵이 불안정해서 방사선을 내뿜으며 붕괴하는 물질의 성질.
- 퀴리 부인은 남편과 함께 방사성 물질인 라듐과 폴로늄을 발견했다.

교과서 6학년 1학기 1단원, 과학자처럼 탐구해 볼까요? 심화  **핵심 용어** 방사능, 방사성 물질

## 방사성 물질이 암세포를 죽여요

퀴리 부인으로 알려진 마리 퀴리는 남편 피에르 퀴리와 함께 방사성 물질을 연구했어요. 커다란 우라늄 원석에서 라듐과 폴로늄이라는 방사성 물질을 찾으려 했지요. 캄캄한 밤에 푸른빛을 내는 라듐을 얻는 일은 쉽지 않았어요. 1톤이나 되는 우라늄 원석에서 분리한 물질을 끓이고 식히기를 반복했어요. 결국 0.1g의 순수한 라듐을 얻었습니다.

매일 방사능을 쬐는 일은 위험했지만 퀴리 부부는 방사능이 동물과 사람의 몸에 미치는 영향을 알아내기 위해 실험을 계속했어요. 하지만 방사능 연구에 심혈을 기울인 퀴리 부인은 안타깝게도 백혈병에 걸려 세상을 떠났어요. 이후 라듐 같은 방사성 물질이 세포를 죽일 수 있다는 사실이 알려졌지요. 이를 이용해 많은 환자가 방사능 치료를 받을 수 있게 되었습니다.

## 위험한 방사성 물질

자연에 있는 어떤 물질은 원자핵이 무척 불안정합니다. 그래서 붕괴하고, 다른 물질로 변하면서 방사선을 내뿜습니다. 이러한 방사성 물질의 성질을 **방사능**이라고 합니다. 방사성 물질은 계속 붕괴하며 방사선을 내뿜습니다. 어떤 방사선은 20cm 두께의 철판을 뚫을 정도로 물질을 통과하는 힘(투과력)이 세기 때문에 아주 위험합니다.

### 잠깐 과학실 — 방사성 물질을 찾아봐요

방사성 물질은 자연에도 있습니다. 땅속의 바위, 음식, 우리 몸, 우주에서도 방사선이 들어옵니다. 하지만 자연방사선은 보통 적은 양이어서 우리 몸에 큰 해가 되지 않습니다.

●방사선 종류

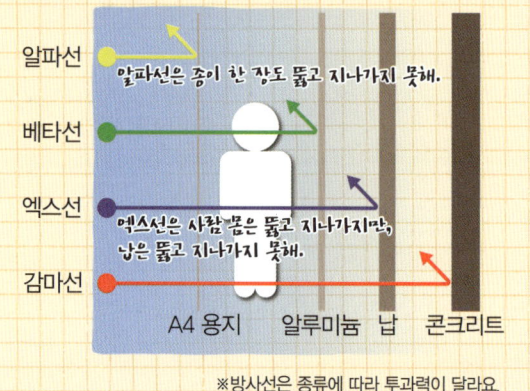

※방사선은 종류에 따라 투과력이 달라요.

사람 몸을 투과해 들어오는 방사선도 있어요. 사람 몸속에 들어온 방사선은 세포 속 유전자를 변형합니다. 그래서 암과 같은 무서운 병에 걸리거나 세포가 변형되어 제 기능을 못하지요. 하지만 적은 양의 방사선은 많은 세포에 영향을 주지 않기 때문에 엑스레이 검사나 방사능 치료를 일부러 피할 필요는 없어요.

# 플라스틱이 코끼리를 구했대요!

• **플라스틱** 열이나 힘을 가해서 일정한 모양을 만들 수 있는 물질. 저렴하여 여러 물품을 만들 수 있지만 자연 분해가 되지 않아 지구를 오염시킨다.

교과서 3학년 1학기 2단원, 물질의 성질  **핵심 용어** 플라스틱

### 예전에는 당구공을 상아로 만들었어요

19세기 미국에서는 포켓볼 게임이 유행했어요. 점점 더 많은 사람들이 푸른 당구대 위에서 경쾌한 소리를 내며 부딪치는 포켓볼 게임을 즐겼지요. 하지만 이때 당구공은 코끼리의 상아로 만들었어요. 이 때문에 상아를 노리는 사람들이 많아졌고, 결국 아프리카의 코끼리 수가 줄었지요. 상아도 구하기 어려워졌어요. 상아 값이 치솟자 가장 힘든 사람들은 당구공 제조업자였습니다. 당구공 제조업자들은 광고를 내걸었어요. 상아를 대신할 당구공 재료를 찾아내면 상금을 준다는 내용이었지요.

### 플라스틱으로 당구공을 만들었어요

1만 달러라는 어마어마한 상금을 타기 위해 하이엇 형제는 화약의 한 종류인 면화약에 피부 약으로 쓰이는 성분을 섞어서 새로운 물질을 만들었어요. 최초의 플라스틱이었죠. 플라스틱은 굳으면 당구공처럼 단단해지고, 모양을 마음대로 만들 수 있고, 원래 모양대로 되돌아오려는 탄성이 있었어요. 그래서 코끼리의 상아를 대신할 수 있는 물질로 주목받았답니다. 그런데 면화약을 재료로 쓴 것이 문제가 되었어요. 잘 깨지고 가끔 폭발하는 위험성 때문에 다양하게 쓰지는 못했답니다. 대신 플라스틱으로 틀니, 단추, 만년필을 만들어 썼습니다.

플라스틱 공

**플라스틱 사용을 줄이려면?**  잠깐 과학실

플라스틱은 저렴한 비용으로 우리에게 필요한 물품을 만들 수 있어서 유용해요. 하지만 자연 분해가 되지 않는답니다. 사람들이 버린 플라스틱은 그대로 모여 지구 어딘가에 오래 남습니다. 바다 위에 쓰레기 섬을 만들기도 해요. 플라스틱 사용을 줄이기 위해서는 어떻게 해야 할지 생각해 보세요.

플라스틱은 사람이 만들어 낸 물질로 자연에 존재하지 않아요. 가볍고, 질기고, 탄성이 있고 전기가 통하지 않아서 다양하게 쓰여요. 아주 긴 분자가 끊임없이 연결되어 있어 열이나 힘을 가해 일정한 모양을 만들 수 있어요.

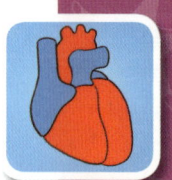

# 천연두에 걸리지 않으려면?

- **면역** 외부에서 들어오는 병균을 막아 우리 몸을 지키는 능력.
- **백혈구**는 몸에 들어온 세균을 잡아먹어 질병에 걸리지 않도록 보호한다.

교과서 6학년 2학기 4단원, 우리 몸의 구조와 기능 심화  **핵심 용어** 면역, 예방 접종

## 미리 아프면 병균을 막을 수 있어요

독감 예방주사처럼 아픈 주사를 미리 맞아 건강을 지키는 방법은 언제부터 시작되었을까요? 18세기 초 유럽에는 천연두라는 무시무시한 병이 있었어요. 천연두로 목숨을 잃기도 했어요. 사람들은 천연두에 한 번 걸린 사람이 두 번 걸리지 않는다는 사실을 깨닫고 천연두 환자의 고름을 병에 걸리지 않은 사람의 상처에 묻혔어요. 그러면 천연두를 약하게 앓게 되지만 다 낫고 나서는 천연두에 걸리지 않았지요.

의사였던 에드워드 제너는 소를 키우는 사람들이 약한 우두에만 걸릴 뿐 무서운 천연두에는 걸리지 않는다는 사실을 알았어요. 제너는 이를 이용해 약한 우두 균을 사람에게 미리 접종하는 '천연두 접종'을 시작해 많은 사람들을 지켰습니다. 그리고 200년 후 천연두는 지구에서 사라졌답니다.

## 균에서 우리 몸을 지키는 방법

혈액에 있는 백혈구는 몸에 들어온 세균을 먹어 질병에 걸리지 않도록 몸을 보호합니다. 또 침입한 병균의 정보를 알아 두어 힘을 못 쓰게 해요. 우리 몸은 한 번 들어온 병균을 기억할 수 있거든요. 이 원리를 이용한 것이 '예방 접종'입니다. 약한 병균을 미리 몸에 넣어서 병균을 물리치는 파수꾼을 만들어 내요. 병균을 기억해 두면 다시 그 병균이 침입했을 때 파수꾼을 빨리, 많이 만들 수 있어요.

### 병균을 막는 몸의 역할은?  **잠깐 과학실**

우리 몸에는 외부 균을 막고 1차 방어를 하는 기관이 있어요. 피부, 눈썹, 속눈썹, 콧털, 기관지의 섬모 등이 있지요. 이들은 병균이 우리 몸에 아예 들어오지 못하게 막는 역할을 해요. 그리고 눈물, 콧물, 위액, 땀과 같은 물질을 분비합니다. 체액은 병균을 내보내고, 위액은 강한 산성 물질로 병균을 죽입니다.

우리 몸을 지키는 1차 방어선

천연두 종법이 처음부터 환영받은 것은 아니에요. 우두 역시 질병이고, 소의 균인 것도 꺼림직했어요. 하지만 유럽 전역에 천연두가 돌 때 제너가 만든 천연두 접종으로 많은 사람을 살릴 수 있었어요.

# DNA의 정체는 무엇일까요?

- DNA 생물의 모양을 비롯한 모든 것을 결정하는 유전 물질.
- DNA는 이중나선 구조로 되어 있다.

교과서 5학년 1학기 5단원, 다양한 생물과 우리 생활 심화  핵심 용어 DNA

## 유전자로 범인을 잡아요

사건이 일어나면 과학수사대가 현장을 조사합니다. 범인이 머리카락이나 핏자국을 남기지는 않았는지 찾아요. 머리카락이나 핏자국에는 DNA가 있거든요. DNA는 사람마다 모두 달라서, 범인이 누군지 알아낼 수 있습니다. 현장에서 찾은 흔적의 DNA와 범인으로 의심되는 용의자의 DNA를 비교해 일치한다면 이제 범인을 체포하기만 하면 돼요.

## 생명을 만드는 유전 물질 DNA

유전자는 부모 고유의 특성을 자손에게 전달하는 유전 물질입니다. 이 유전자의 정체가 DNA입니다. DNA는 생물의 모양을 비롯한 모든 것을 결정하지요. 그렇다면 DNA는 어디에 있을까요? 정자와 난자가 만나 수정란이 되고, 수정란에서 수많은 세포들이 만들어집니다. 이 수정란과 세포들 안에 DNA가 있어요. 더 정확하게는 세포의 핵 안에 DNA가 들어 있지요. DNA에는 남자인지, 여자인지, 쌍꺼풀이 있는지 없는지, 머리 색, 눈동자의 색, 피부색 등 인간의 모든 생김새 정보가 담겨 있습니다.

DNA는 이중나선 구조로 되어 있고, A(아데닌), T(티민), C(시토신), G(구아닌)의 4가지 염기가 배열되어 있어요. 이 배열에 따라 생물의 모습과 특성이 결정된답니다.

● DNA의 구조

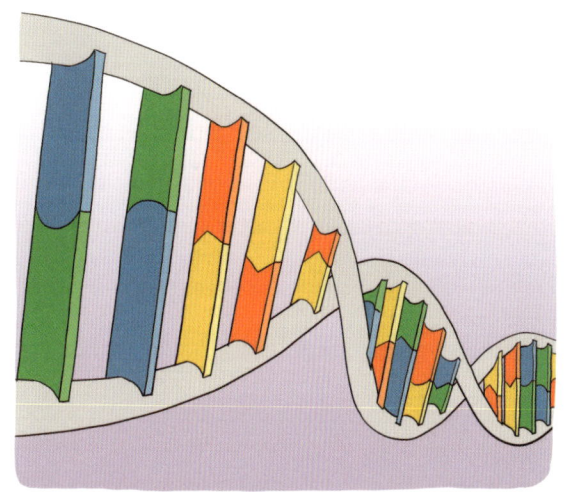

### 잠깐 과학실
### 과학수사대는 핏자국을 어떻게 찾을까요?

겉으로 보이지 않는 핏자국을 찾기 위해 과학수사대는 루미놀 용액을 이용해요. 아무것도 보이지 않는 어두운 바닥에 루미놀 용액을 뿌려 놓지요. 루미놀 용액은 혈액 속 헤모글로빈과 반응해 형광 빛을 냅니다. 아주 적은 양의 혈액에도 반응하기 때문에 우리 눈에 보이지 않는 핏자국도 찾을 수 있어요.

 왓슨과 크릭은 'DNA가 이중나선 구조로 구성되어 있다'는 것을 밝혀내고 노벨상을 수상했어요. 하지만 이중나선 구조를 밝혀내는 데 결정적인 역할을 한 로잘린드는 안타깝게도 노벨상을 타지 못한 채 생을 마감했습니다.

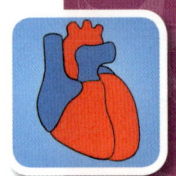

# 단단한 뼈를 통째로 삼켜 알아낸 것은?

- **소화** 음식에 들어 있는 영양분을 몸에 흡수하기 쉽도록 잘게 분해하는 과정.

교과서 6학년 2학기 4단원. 우리 몸의 구조와 기능 | 핵심 용어 소화

## 무엇이든 꿀꺽 삼켜 보았어요

이탈리아 과학자 스팔란치니는 호기심 많은 탐구자였습니다. 사람이 어떻게 음식물을 소화시키는지 궁금해서, 직접 여러 가지 물질을 삼켜 보기로 했답니다. 처음에는 천 주머니에 씹어서 뱉은 빵을 담아 삼켰어요. 빵 주머니 무게를 미리 재고, 배설한 후 무게를 비교했지요. 그다음에는 구멍을 뚫은 나무토막 안에 송아지 고기를 넣고 천 주머니에 담아 꿀꺽 삼켰어요. 나무토막은 22시간 만에 몸 밖으로 나왔답니다. 똥이 나오는 항문으로 말이지요. 뼈도 삼켰는데, 하루 반 만에 그대로 똥으로 나와 통뼈는 삼키면 안 된다고 결론을 내렸어요. 냄새는 지독했지만 소화가 되는 과정을 알아내는 중요한 실험이었어요.

## 음식을 잘게 부수고 흡수하는 소화

우리 몸은 영양분이 필요합니다. 영양분으로 에너지를 내고, 몸을 만들고, 몸의 기관을 조절한답니다. 이런 영양분은 음식 속에 들어 있어요. 몸에서 음식 속 영양분을 흡수하기 쉽게 잘게 부수지요. 이 과정을 **소화**라고 합니다. 소화는 입, 식도, 위, 소장, 대장에서 일어나요. 이로 씹고, 장이 꿈틀대며 음식물을 밀어내기도 하고, 침이나 위액으로 음식물을 잘게 부수기도 합니다. 입으로 삼킨 음식은 소화 기관에서 잘게 부서져 혈액으로 흡수되고, 온 몸 구석구석으로 운반되어 유용하게 쓰입니다. 남은 것은 똥으로 나오지요.

● **사람의 소화 기관**

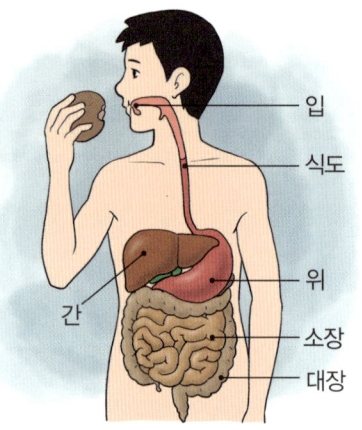

### 변비는 왜 생길까요? [잠깐 과학실]

몸속 소화 기관에서는 각 기관마다 소화하는 영양분이 다르답니다. 입안에서는 녹말을, 위에서는 단백질을, 소장에서는 단백질과 녹말, 지방의 영양소를 모두 잘게 잘라요. 그런데 대장에서는 물을 흡수할 뿐 다른 영양분을 소화하지는 않아요. 그러니까 똥을 제때 누지 못하면 대장에서 똥이 오래 머무르며 물을 흡수해 점점 딱딱해져서 변비에 걸려요.

스팔란치니는 비둘기 심장을 씹어 먹었을 때와 씹지 않았을 때, 단단한 포도알과 말랑말랑한 포도알을 씹어 삼킬 때, 동물의 혈관이나 물렁뼈를 삼켰을 때 똥에 어떤 변화가 있는지를 관찰했습니다. 한 가지 조건을 바꾸어 가며 여러 번 실험해서 의미 있는 결과를 얻었어요. 하지만 아무것이나 삼키면 위험할 수 있으니 함부로 따라 하지 마세요.

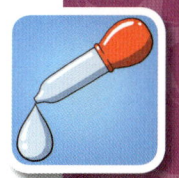

# 공기의 부피가 커졌다 작아졌다 하는 이유는?

• **보일의 법칙** 일정한 온도에서 기체의 압력과 부피는 반비례해, 압력이 커질수록 기체의 부피는 작아진다는 법칙.

교과서 6학년 1학기 3단원, 여러 가지 기체 심화  **핵심 용어** 보일의 법칙

## 공기가 줄어들었을까요?

아일랜드 과학자 보일은 기체의 특성을 알고 싶었어요. 어느 날 보일은 커다란 지팡이 유리관을 거꾸로 세우고 한쪽 지팡이 끝부분에 공간이 남도록 수은을 넣었어요. 수은 높이는 손잡이 끝 쪽과 긴 막대 쪽이 항상 같게 유지되었어요. 여기에 수은을 더 넣으면 어떻게 될까요? 수은을 더 넣으면 수은의 높이는 높아져야 하지요. 그렇다면 지팡이 손잡이 끝에 남았던 공기는 어떻게 될까요?

보일이 예상하는 대로 지팡이에 수은을 채울수록 수은 높이는 높아졌고, 지팡이 손잡이 끝에 남았던 공기가 점점 줄어드는 것을 알 수 있었어요. 공기가 빠져나갈 수 없었는데도 말이에요. 이 사실 덕분에 공기의 부피가 작아진다는 것을 알아냈습니다. 스펀지나 용수철을 누르면 그 부피가 작아지는 것과 같아요. 반대로 공기를 누르는 힘을 작게 하면, 공기의 부피가 커져요.

## 보일의 법칙

기체는 활발히 움직이기 때문에 기체 알갱이 사이의 거리가 멀어요. 그런데 압력이 커지면 기체 알갱이 사이의 거리가 좁아져서 부피가 줄어들어요. 보일은 이 사실을 미리 예측하고, 실험을 해서 이와 같은 결론을 얻었어요. '기체는 일정한 온도에서 압력이 커지면 부피가 작아진다'고 말이지요.

기체의 특성을 알고 싶어.

### 과자로 진공 실험을 해 봐요  ▶ 잠깐 과학실

공기가 많으면 공기의 압력이 커집니다. 반대로 공기를 빼내면 공기의 압력이 줄어들어요. 마시멜로와 진공 용기를 이용해 실험하면 공기의 압력과 부피를 쉽게 이해할 수 있어요. 마시멜로가 든 초코파이를 대신 써도 돼요. 마시멜로 안에는 수많은 공기 구멍이 있거든요. 진공 용기 안에 초코파이를 넣고 펌프로 공기를 빼내어 보세요. 초코파이 크기가 어떻게 되었나요?

잠수부가 꼭 지켜야 하는 법칙이 있어요. 바로 깊은 바다에서 물 위로 올라올 때 천천히 올라와야 한다는 거예요. 깊은 바다에서 물 위로 올라올 때는 바닷물이 누르는 힘이 줄어들어요. 그러면 혈액 속에 녹아 있던 질소가 공기 방울을 만드는데, 이것이 잠수부의 생명을 위험하게 할 수도 있어요.

# 아름다운 눈 결정은 누가 발견했을까요?

- **눈** 온도가 낮아지면서 구름에서 땅으로 떨어지는 얼음 결정.
- **함박눈** 결정 여러 개가 눈송이를 이뤄 함박꽃처럼 굵게 내리는 눈.

교과서 5학년 2학기 3단원, 날씨와 우리 생활  **핵심 용어** 눈, 함박눈, 진눈깨비

## 구름 속 결정과 눈 결정 모양이 같아요

추운 겨울날 내리는 하얀 눈송이를 자세히 본 적 있나요? 미국의 윌슨 벤틀리는 어릴 때부터 눈을 정말 좋아했어요. 선물로 받은 현미경으로 눈송이 모양을 관찰했지요. 그 후 벤틀리는 눈만 찾아 다녔어요. 눈덩이를 가져와 몇 시간 동안 가장 완벽한 모양인 눈송이를 골라내 빠르게 그렸어요.

1885년에는 현미경에 사진기를 대고 눈 결정을 찍는 데 성공합니다. 그 후 평생 5,000점이 넘는 눈송이 결정 사진을 찍으면서 눈 결정이 모두 다르고, 눈 결정은 구름에서 나온다고 추측했지요. 구름 속 결정을 사진으로 찍을 수 있다면 자신이 찾은 눈 결정과 같은 모양일 것이라 했지요. 훗날 기술이 발달해 벤틀리의 생각이 맞다는 것이 확인되었어요.

## 얼음 결정처럼 눈 모양도 가지각색

**눈**은 구름에서 땅으로 떨어지는 얼음 결정이에요. 구름 속 작은 물방울은 온도가 낮아지면 얼음 알갱이가 되거든요. 얼음 알갱이에 수증기가 달라붙어 점점 커지다 무거워지면 눈이 되어 떨어져요. 눈 결정 크기는 보통 2mm예요. 모두 육각형 구조이지만 기온이나 습도 등이 조금이라도 달라지면 얼음 결정의 생김새도 달라져요. 그래서 자연에서 만들어진 눈은 단 하나도 같은 모양이 없습니다.

● 눈의 생성 원리

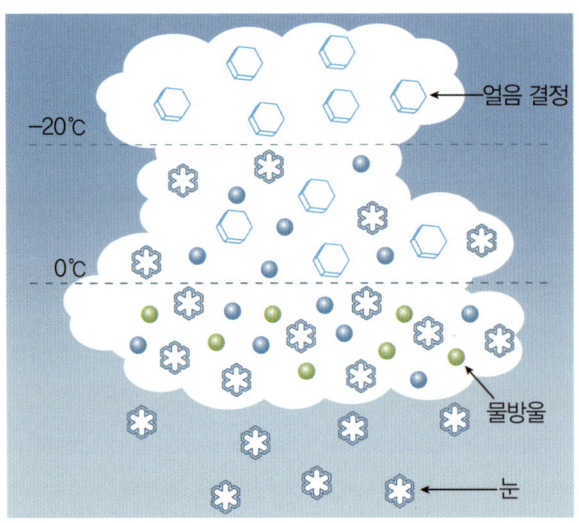

### 눈 내린 크리스마스 트리 만들기  잠깐 과학실

플라스틱 컵과 물, 꽃가게에서 파는 비료인 요소만 있으면 눈이 내린 크리스마스 트리를 만들 수 있어요. 먼저 종이를 접어 오려 크리스마스 트리를 만들어요. 그다음 플라스틱 컵에 물과 요소를 섞습니다. 먼저 만들어 둔 크리스마스 트리를 플라스틱 컵 안에 넣고 하룻밤 잡니다. 일어나 보면 물이 증발하고 요소만 남아 하얗게 눈이 내린 트리를 볼 수 있어요.

 함박눈은 결정 여러 개가 눈송이를 이뤄 함박꽃처럼 굵게 내리는 눈이에요. 싸라기눈은 빗방울이 갑자기 찬바람을 만나 쌀알처럼 얼어 떨어지는 눈입니다. 함박눈이 생길 때보다 추울 때 만들어집니다.

# 번개 치는 날만 기다린 발명가

- **벼락** 구름과 땅 사이에 서로 다른 전기가 모여 전류가 흐르는 것.
- **피뢰침**은 전류를 땅으로 안전하게 흘려보내 벼락을 피하게 해준다.

교과서 6학년 2학기 1단원, 전기의 이용  **핵심 용어** 전압, 번개, 구름, 전위차

## 번개 치는 날 연을 날린 사람

미국 발명가이자, 과학자였던 벤자민 프랭클린은 궁금한 것이 많았어요. 폭풍우가 몰아치던 날 밤 연을 들고 교회 첨탑에 올라가 번개를 기다렸습니다. 번개가 치는 곳에 가장 빠르고 가까이 접근하기 위해서였지요. 연에는 긴 줄을 달고, 줄 끝에는 금속 열쇠를 매달았습니다.

얼마 뒤 먹구름이 지나가면서 늘어졌던 줄이 하늘 쪽으로 서기 시작했어요. 줄에 달린 금속 열쇠에 주먹을 갖다 대었더니 전기 불꽃이 생겼답니다. 위험천만한 이 실험으로 번개의 정체가 전기라는 사실을 알아냈지요. 그리고 번개가 칠 때 집을 안전하게 지킬 피뢰침을 발명했어요. 번개 치는 날 높은 곳으로 올라가면 매우 위험하니 따라 하지 마세요!

## 번개는 어떻게 생겨요?

번개는 보통 소나기구름(적란운)에서 만들어집니다. 구름 안에 있는 작은 물방울이나 작은 얼음들이 서로 부딪치면서 전기를 띠지요. 윗부분에는 (+)전하가, 아랫부분에는 (-)전하가 모입니다. 이렇게 윗부분과 아랫부분의 전압 차이가 어느 정도 벌어지면 전류가 흐릅니다. 구름 속에서 일어나는 이런 현상을 **번개**라고 해요.

### 피뢰침은 어떤 역할을 하나요? 잠깐 과학실

번개는 전압이 약 5억 볼트로 아주 높아요. 벼락은 온도가 태양 표면의 4배가 넘는 약 2만 7,000℃입니다. 그렇기 때문에 벼락을 맞는 것은 아주 위험합니다. 전기는 뾰족한 곳을 좋아해요. 벼락이 건물로 떨어지는 것을 막기 위해 뾰족한 피뢰침을 설치합니다. 벼락은 피뢰침을 따라 땅속으로 들어가지요. 그래서 밖에 있는데 벼락이 치면 안전한 건물이나 자동차로 들어가거나, 납작하게 엎드려야 해요.

피뢰침

구름과 땅 사이에도 서로 다른 전기가 모여 전류가 흐를 때가 있는데, 이것은 **벼락**입니다. 이렇듯 전기가 흐르려면 (+)전하와 (-)전하의 위치에너지의 차이, 즉 전위차가 필요합니다. 전기를 흐르게 하는 능력이지요. 이것을 **전압**이라고 합니다. 전압이 높을수록 전류가 잘 흘러요.

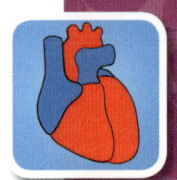

# 우리 눈은 어떻게 볼 수 있을까요?

- 눈은 빛을 받아들여 물체를 볼 수 있게 해 주는 감각 기관이다.
- 동공으로 들어온 빛은 수정체를 지나 굴절해 망막에 상이 맺힌다.

교과서 6학년 2학기 4단원, 우리 몸의 구조와 기능  핵심 용어 동공, 홍채, 망막, 잔상 효과

## 눈에 빛이 들어와야 볼 수 있어요

눈앞에 펼쳐지던 밝은 세상도 눈을 감으면 사라져 버려요. 과학자 알하젠은 빛이 눈으로 들어오기 때문에 우리가 볼 수 있다고 생각했지요. 그래서 맑은 날 두꺼운 커튼을 치고 커튼에 아주 작은 구멍을 냈어요. 나무에서 반사한 빛은 커튼 구멍을 통해 캄캄한 방 안에 들어와 벽에 나무 모양을 만들었어요. 나무 꼭대기에서 반사한 빛은 구멍을 통해 벽의 아랫부분에, 나무 밑동에서 반사된 빛은 구멍을 통해 벽의 윗부분에 닿아 나무 모양을 만들었어요. 빛이 직진하기 때문이었죠. 알하젠은 이처럼 물체에 반사된 빛이 눈에 들어와서 물체를 볼 수 있다고 했어요.

## 카메라와 닮은 눈의 구조

눈은 카메라 구조와 비슷해요. 눈알 한가운데에는 '동공'이라 불리는 검은 눈동자가 있지요. 홍채는 카메라 조리개처럼 동공으로 들어오는 빛의 양을 조절하는 역할을 해요. 동공으로 들어온 빛은 렌즈 역할을 하는 수정체를 지나 굴절해 망막에 상을 맺습니다. 이때 수정체와 망막 사이에 있는 유리체를 통과하지요. 유리체는 어둠상자 역할을, 망막은 필름 역할을 해요. 망막에는 밝기를 감지하는 세포와 색을 감지하는 세포가 있어서 상에 대한 정보를 느껴요. 이런 정보는 시신경을 통해 뇌로 전달되어 우리가 어떤 물체를 보았는지 알 수 있어요.

## 바늘구멍 사진기로 실험해요

우리 눈에 상이 비치는 모습을 바늘구멍 사진기로 확인할 수 있어요. 검은색 직육면체 종이상자의 한쪽 면 가운데에 바늘로 구멍을 내고 맞은편의 면을 잘라내요. 잘라낸 면에 기름종이를 붙이면 바늘구멍 사진기가 완성되지요. 바늘구멍 앞에 인형을 두고 빛을 비추면, 기름종이에 인형의 모습이 거꾸로 비칠 거예요. 우리 눈이 물체를 보는 원리도 이와 같지요. 모두 빛이 곧게 나아가기 때문이에요.

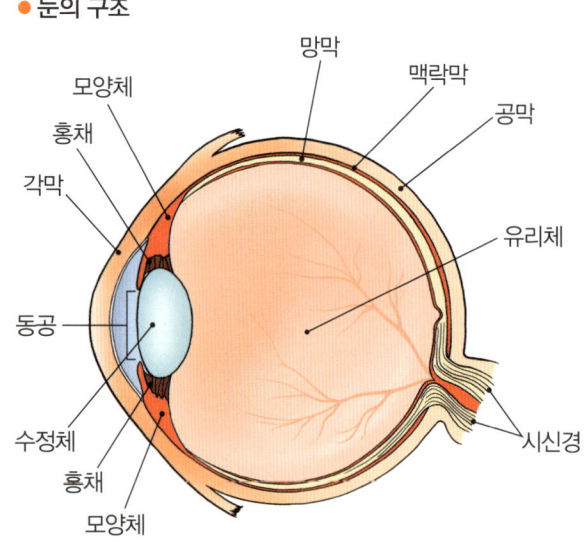

● 눈의 구조

알하젠은 눈의 기능을 더 알기 위해 황소의 눈을 가지고 실험했어요. 황소 눈의 어떤 부분이 물체를 볼 수 있게 하는지 찾아냈어요. 이 실험으로 눈은 빛을 받아들여 물체를 볼 수 있게 해 주는 감각 기관이라는 것을 밝혀냈습니다.

**실험 돋보기**

## 잔상 효과를 체험해요

**준비물**
종이
CD
색연필
구슬(지름 20mm 크기)
본드
딱풀

**이렇게 해 봐요**

1. 종이를 CD 크기로 자르고 색연필로 그림처럼 회오리 무늬를 촘촘히 그립니다.
2. CD에 딱풀로 회오리 그림을 붙이고 가운데에 본드로 구슬을 끼워 고정합니다. 본드를 다룰 때에는 눈에 들어가지 않도록 주의하고, 어른의 도움을 받으세요.
3. CD를 돌리고 1분 정도 바라봅니다.
4. 바로 다른 그림을 봅니다.

**어떻게 될까요?**

회오리 그림의 잔상 때문에 나중에 본 다른 그림이 오므라들었다 펼쳐졌다 하듯이 보입니다.

**왜 그럴까요?**

밝은 곳에 있다가 눈을 감으면, 조금 전 보았던 장면이 뇌에 남습니다. 빛을 감지하는 시각 세포는 빛이 들어오면 자극을 전달하기 위해 화학 변화를 일으키고 전기를 띠어 흥분하는데, 이 상태가 바로 없어지지 않고 잠시 유지되기 때문이에요. 회오리 무늬를 오래 보면 무늬가 돌아가면서 머리도 어지러워요. 그런 다음 다른 그림을 보아도 회오리 무늬가 돌아가는 모습이 겹쳐져 그림이 오므라들었다 퍼졌다 하는 것처럼 보여 어지럽지요. 이 현상은 잔상 효과 때문입니다.

# 코르크 조각에서 발견한 것은?

- **세포** 생물을 이루는 기본 단위.
- **핵** 유전 정보를 담고 있는 세포 중심 부분.
- **세포막** 핵과 세포를 보호하는 막.

교과서 6학년 1학기 4단원, 식물의 구조와 기능  **핵심 용어** 세포, 핵, 세포막

## 코르크 속에서 발견한 작은 방

생물은 무엇으로 이루어져 있을까요? 영국 과학자 로버트 훅이 생물을 이루는 기본 단위를 발견한 것은 1665년이었어요. 로버트 훅은 작은 것들에 관심이 많았어요. 현미경으로 이, 벼룩과 같은 작은 벌레, 식물을 관찰해서 그림으로 그렸습니다.

어느 날 무거운 나무토막처럼 생긴 코르크 조각이 물에 뜨는 것을 보고, 그 구조가 궁금했어요. 현미경으로 보니 코르크 조각 안에는 작은 방들이 수없이 많았습니다. 훅은 이 방들이 마치 수도원의 작은 방들 같다고 생각했어요. 그래서 '셀'(cell)이라 이름 지었어요. '작은 방'을 뜻하는 라틴어(cellua)에서 유래한 말이었지요. 훗날 훅이 발견했던 빈 방들은 세포벽이라는 것이 밝혀졌어요. 코르크는 속이 비어 세포벽만 남은 세포가 규칙적으로 배열된 것이었어요.

## 생물의 기본 단위 세포

세포는 생물을 이루는 기본 단위입니다. 세포마다 모양과 크기가 다양해요. 신경 세포는 길이 1m를 넘기도 하고, 세균은 보통 0.2~5㎛(마이크로미터. 1m의 100만 분의 1)이지만 달걀처럼 눈으로 볼 수 있을 만큼 큰 세포도 있습니다. 세포 안에는 유전 정보를 담은 핵과 세포를 보호하는 세포막, 세포 내 에너지를 만드는 미토콘드리아가 있습니다. 식물 세포와 동물 세포의 모양은 달라요. 식물에는 세포벽과 엽록체가 있지만 동물 세포에는 없습니다.

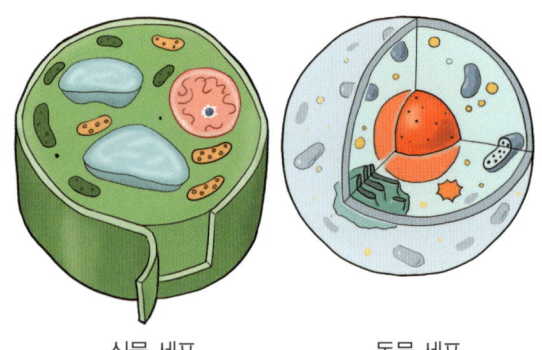

식물 세포 　　　　　 동물 세포

### 현미경은 얼마만큼 크게 볼 수 있어요?

**잠깐 과학실**

현미경은 렌즈 2개로 두 번 확대해 보기 때문에 작은 물체를 크게 볼 수 있어요. 보통 사용하는 '광학 현미경'은 가시광선을 이용하는 현미경으로 25배에서 1000배까지 확대해 볼 수 있습니다. '전자 현미경'은 파장이 짧은 전자선을 이용해 확대해 볼 수 있어요. 흑백으로만 볼 수 있지만 수백만 배까지 확대해 볼 수 있습니다.

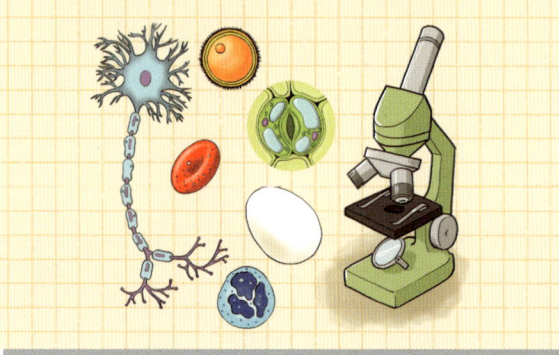

 우리 주변에도 세포 하나로 이루어져 있는 것들이 있어요. 대장균, 세균, 아메바, 짚신벌레처럼 몸 전체가 세포 하나로 이루어진 단세포 생물 말고도, 달걀, 타조알, 적혈구, 백혈구, 뉴런 등이 세포 하나로 이루어져 있어요.

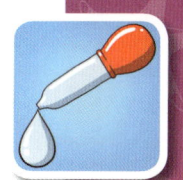

# 납을 금으로 바꿀 수 있을까요?

- **물질** 나무, 물, 철, 플라스틱처럼 사물을 이루는 것.
- **원소** 수소, 산소, 철처럼 물질을 이루는 기본 성분.

교과서 3학년 1학기 2단원, 물질의 성질 심화  핵심 용어 물질, 원소

## 연금술사의 주장을 반박한 라부아지에

유럽 중세 시대에 많은 사람들은 오랫동안 금을 만들기 위해 노력했어요. 주로 흔한 납을 금으로 바꾸는 연구를 했답니다. 이런 사람들을 '연금술사'라 부릅니다. 연금술사는 만물이 물, 불, 흙, 공기의 4원소로 이루어져 있다고 믿었어요. 그래서 이 기운을 잘 이용하면 납을 금으로 만들 수 있다고 생각했어요. 하지만 시간이 흘러 물질이 수많은 입자로 이루어져 있다고 주장하는 과학자들이 나타났어요. 대표적인 사람이 프랑스 화학자 라부아지에입니다.

## 원소는 다른 원소로 바뀔 수 없어요

라부아지에는 금속을 연소해 보면서 이 사실을 실험했습니다. 꼭 닫은 유리그릇에 금속을 넣고 불을 붙였지요. 유리그릇의 질량은 변화가 없었지만 금속의 질량이 증가한 것을 알 수 있었습니다. 공기 중에 있던 산소가 금속과 결합을 한 것이라고 결론 내렸지요. 이 실험을 계기로 라부아지에는 물질을 이루는 성분이 있다고 생각했어요. 그것을 바로 **원소**라고 했답니다. 원소는 다른 원소로 바뀔 수 없다는 사실도 밝혀냈어요. 연금술사들은 아마도 많이 슬펐을 거예요. 이제 결코 납이 금이 될 수 없다는 것을 알게 되었으니까요.

### 라부아지에의 실험으로 더 알아낸 것은?

잠깐 과학실

라부아지에의 실험에서 주목할 것이 두 가지 있어요. 먼저 라부아지에는 정확한 측정을 통해 실험했다는 점입니다. 질량을 잴 때, 실험을 할 때도 여러 번 반복해서 정확한 결과를 얻었어요. 또 하나는 금속의 연소 실험으로 물질의 반응 전과 후에 총 질량은 바뀌지 않는다는 사실을 알아낸 것입니다.

라부아지에의 실험 장치

물질은 우리 주변의 사물을 이루고 있어요. 나무, 물, 철, 플라스틱, 고무 등이 '물질'입니다. 이런 물질을 이루는 기본 성분이 바로 '원소'입니다. 원소에는 수소, 산소, 금, 은, 철, 황 등이 있습니다. 현재 원소 110여 종이 밝혀졌어요. 원소는 일반적인 경우에 다른 원소로 바뀌지 않습니다. 원소는 서로 반응해서 화합물을 만들기도 하고, 화합물은 원소로 분해되기도 합니다.

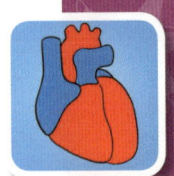

# 두근두근 심장을 처음 들여다본 사람은?

- **심장** 피를 온몸 구석구석으로 보내는 기관. 2심방 2심실로 이루어져 있다.
- **순환** 몸 구석구석에 산소를 운반하고 노폐물을 받아 오는 과정.

교과서 6학년 2학기 4단원, 우리 몸의 구조와 기능  **핵심 용어** 심장, 순환

## 심장의 구조가 궁금했던 포르스만

의사들은 가슴을 두드리거나, X선 촬영 등을 통해 심장의 문제를 알아내곤 했습니다. 하지만 이 방법으로는 심장에 어떤 문제가 있는지 정확히 알아내기가 어려웠어요. 독일 외과의사 포르스만은 심장의 정확한 구조가 궁금했어요. 오줌이 나오는 관에 넣는 작은 관을 자신의 동맥에 직접 꽂고 그 관을 스스로 밀어 올려 심장까지 닿도록 넣었습니다. 동맥에서 심장으로 향하는 길을 알아냈지요. 이 위험천만한 실험으로도 부족했던 포르스만은 심장 사진을 정확하게 찍고 싶었어요. 결국 자신의 심장에 관을 꽂고 그 속에 색소를 넣었습니다. 색소 덕분에 혈액이 심장으로 흘러들어 가는 모습을 촬영할 수 있었어요. 이렇게 알아낸 심장 구조는 정확한 치료를 하는 데 큰 도움이 되었습니다.

## 콩닥콩닥 심장은 어떻게 생겼나요?

심장은 2심방 2심실로 이루어져 있습니다. 폐와 연결된 혈관으로 산소를 가득 채운 피가 심장으로 들어오면 심장은 강한 펌프로 피를 온몸으로 보냅니다. 온몸을 거쳐 산소를 주고 이산화탄소를 받아서 심장으로 들어온 혈액은 폐로 보내져 다시 산소와 이산화탄소를 교환합니다. 이렇게 우리 몸 구석구석에 산소를 운반하고 노폐물을 받아 오는 과정을 **순환**이라고 합니다.

• 심장의 구조

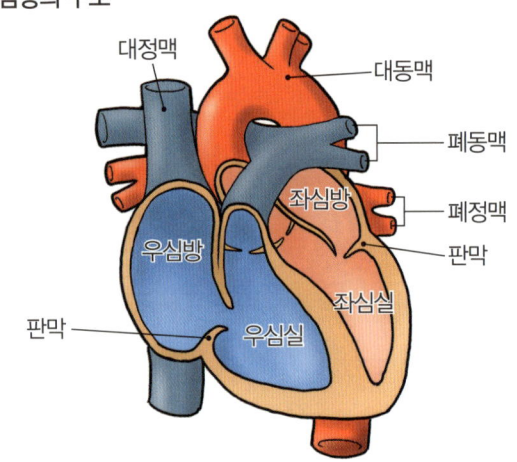

### 심장은 하루에 몇 번을 뛸까요? [잠깐 과학실]

심장은 보통 1분에 60~100회(성인 기준) 뜁니다. 하루에 약 10만 번 뛰는 셈입니다. 심장을 뛰게 하는 근육은 우리가 조절할 수 없어요. 그래서 잠을 잘 때도 다른 일에 집중할 때도 혼자 잘 움직입니다. 심장은 한 번 박동할 때 약 80mL의 피를 내 보냅니다. 한 사람의 피는 대략 5L 정도로, 피가 온몸을 한 바퀴 도는 데 약 1분이 걸려요.

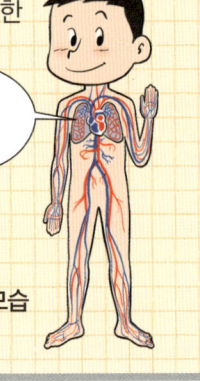

"나는 1분에 60~100회 뛴답니다."

피가 온몸을 순환하는 모습

---

피는 한 방향으로만 순환해요. 정해진 방향으로 순환해야 온몸의 세포에 산소를 공급할 수 있어요. 그렇기 때문에 심장에는 피가 거꾸로 흐르는 것을 막는 '판막'이 있습니다. 좌심방과 좌심실 사이, 우심방과 우심실 사이, 좌심실과 대동맥 사이, 우심실과 폐동맥 사이에 판막이 있어서 피가 다른 방향으로 흐르지 않도록 합니다.

# 핀치새의 부리는 왜 섬마다 다를까요?

- **진화** 지구의 생물들이 살아가면서 환경에 적응하는 과정.
- 영국 생물학자 다윈은 《종의 기원》에서 진화론을 체계화하였다.

교과서 4학년 1학기 1단원, 과학자처럼 탐구해 볼까요?  **핵심 용어** 진화

## 비글호를 타고 떠난 여행

영국 생물학자 찰스 다윈은 자연에 관심이 많았어요. 5년 동안 비글호를 타고 갈라파고스 군도에 가서 지금껏 보지 못한 생물을 많이 발견했습니다.

섬들을 다니며 새로운 생물의 그림을 그렸어요. 핀치새도 관찰했는데, 섬마다 핀치새의 부리 모양이 다 달랐어요. '같은 새의 부리 모양이 왜 섬마다 다를까?' 하고 의문을 품은 다윈은 핀치새가 현재와 같은 모습으로 각기 태어난 것이 아니라 같은 조상을 가졌을 거라 생각했어요.

핀치새가 원래 한 종류였고 각 섬에서 살아남기 유리하도록 새의 부리 모양이 변화해 왔을 거라고 추측했지요. 그 후 같은 생각을 가진 영국의 윌리스와 함께 《종의 기원》을 집필해 인류 역사에 큰 충격을 주었답니다.

## 환경에 적응하며 변화해요

지구의 생물들은 환경에 적응하며 살아갑니다. 생존 경쟁에서 유리한 종만 살아남고 이 형질이 대대로 대물림되는 것이지요. 오랜 시간이 지나고 보면 결국 자연에서 살아남기 좋은 형태로 변한 모습을 볼 수 있어요. 이 과정을 **진화**라고 합니다.

● 갈라파고스의 핀치새

### 잠깐 과학실

**사람의 조상이 원숭이 조상과 같을까요?**

많은 증거가 발견된 진화론은 현재 많은 과학자들이 받아들이는 이론입니다. 하지만 모든 사람들이 진화론을 믿는 것은 아니었어요. 주로 신학자들이 진화를 통해 생물이 변화해 왔다는 사실을 믿지 않았어요. 모든 생명들은 지금 모습 그대로 신이 창조했다고 여겼지요. 그래서 1996년 교황이 다윈의 진화론을 인정한다고 발표하기 전까지 다윈을 조롱하고 비웃기도 했답니다.

거봐, 내 말이 맞지?

진화의 증거는 화석을 찾아보면 가장 잘 알 수 있어요. 아주 오래전 각 시대별 생물이 어떻게 변화해 왔는지 알 수 있지요. 생물은 지금도 진화하고 있습니다. 지금도 꾸준히 새로운 종이 생겨나거나 사라져요. 돌연변이로 우수한 형질이 생겨나면 아주 빠른 시간 안에 진화가 이루어지기도 합니다. 진화론에 따르면 아주 오래전 인류는 유인원과 같은 조상에서 시작되었대요.

# 원자 폭탄은 어떻게 만들어졌을까요?

• **핵분열** 무거운 원자핵에 중성자를 때리면 분열해 중성자나 다른 입자를 내는 현상. 핵분열 반응으로 전기에너지를 만드는 것이 원자력 발전이다.

교과서 6학년 2학기 5단원, 에너지와 생활 심화  핵심 용어 핵분열

## 핵분열을 발견한 사람들

1944년 노벨화학상은 '원자핵 분열'을 연구한 오토 한에게 주어졌습니다. 우라늄과 같은 무거운 원자핵을 중성자로 때리면 다른 원자핵으로 분열하고 그 과정에서 질량이 줄어들고, 줄어든 질량만큼 엄청나게 큰 에너지가 나온다는 사실을 밝혀냈지요. 이는 원자력 발전과 원자 폭탄의 원리가 되는 아주 중요한 사실이었어요. 이 연구를 이용해 원자 폭탄이 개발되었습니다. 이후 1945년 히로시마에 첫 원자 폭탄이 떨어졌어요. 결국 일본이 항복하고 제2차 세계대전이 끝났지만, 너무 많은 사람이 목숨을 잃거나 끔찍한 고통을 받았어요.

## 꼬리를 물고 이어지는 핵분열 반응

우라늄과 같이 무거운 물질에 중성자 같은 다른 입자를 때리면 원자핵은 다른 원자핵과 중성자로 분열합니다. 분열할 때 원자의 질량이 줄어들어요. 줄어든 질량만큼 엄청나게 큰 열과 에너지가 발생하지요. 그리고 분열할 때 방출된 중성자가 또 다른 핵을 분열하게 만듭니다. 원자핵은 꼬리에 꼬리를 물고 계속 분열하지요. 분열하는 속도는 매우 빨라서 순식간에 폭발적으로 일어나요. 이때 많은 열과 에너지를 내어서 원자 폭탄으로 개발되었어요. 하지만 이 반응을 천천히 일어나게 조절하면 우리가 유용하게 이용할 수 있는 전기에너지를 만들 수 있어요.

• **핵분열 반응**

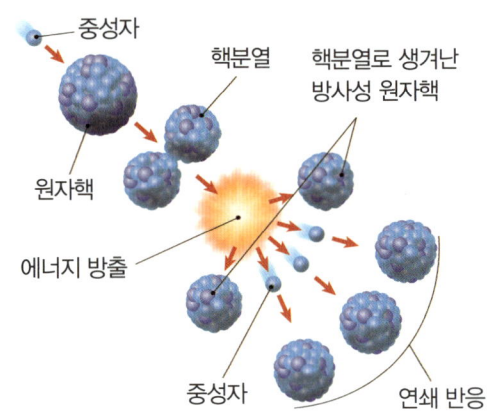

### 원자력 발전을 하려면?  잠깐 과학실

원자력 발전을 하려면 핵분열 반응을 천천히 일어나게 하는 것이 중요합니다. 핵분열로 방출된 중성자는 너무 빨라서 속도를 늦춰야 해요. 그러기 위해 물을 사용합니다. 물이 가득 담긴 수조 안에 연료봉을 넣고 중성자의 속도를 늦추거나 온도를 낮추는 데 쓰입니다. 보통은 바닷물, 지하수 등의 경수를 사용해요.

**원전 내부 모습**

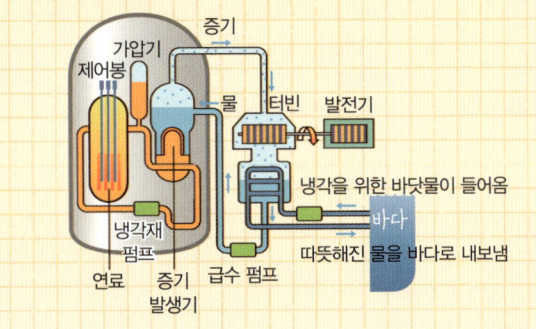

 1944년 오토 한이 노벨화학상을 탈 동안 그 곁에는 리제 마이트너가 있었어요. 리제 마이트너는 오토 한과 함께 40여 년간 함께 연구한 동료였어요. 하지만 리제 마이트너는 동료의 배신으로 노벨화학상을 함께 타지 못했답니다.

# 지구가 공전한다는 것을 어떻게 알았을까요?

• **공전** 지구가 태양 주위를 도는 것처럼 한 천체가 다른 천체의 둘레를 도는 운동.

교과서 6학년 1학기 2단원, 지구와 달의 운동  핵심 용어 공전, 윤년

## 지구가 돈다고 믿은 갈릴레이

이탈리아 과학자 갈릴레이는 망원경으로 우주의 별을 관찰했어요. 처음 관찰한 태양 표면에는 까만 점들이 불규칙하게 움직이고 있었어요. 달과 행성을 관찰하며 목성에 위성 4개가 있다는 것을 알아냈지요. 금성의 모양이 변한다는 사실도 발견했어요. 갈릴레이가 관측한 우주에서 지구는 중심이 아니었습니다. 모든 별이 움직였어요. 하지만 무시무시한 교회 재판에 넘겨진 갈릴레이는 우주에 대한 자신의 생각이 틀렸다고 거짓 서약을 했어요. 하지만 지구가 돈다는 생각을 바꾸지는 않았습니다.

## 지구는 어떻게 공전할까요?

지구는 태양을 중심으로 1년에 한 바퀴 서쪽에서 동쪽으로 공전합니다. 별이나 태양을 매일 관찰해 보면 동쪽에서 서쪽으로 1°씩 움직여요. 사실 별이 움직이는 것이 아니라 지구가 움직이는 것이지요. 멀리 있는 별을 관찰하면 6개월 간격으로 일정 영역을 왔다 갔다 하는 것을 볼 수 있어요. 매달 태양 주변의 별자리가 바뀌는 것도 알 수 있습니다. 지구는 자전축이 기울어진 채로 태양을 공전하기 때문에 어떤 지역은 태양열을 많이 받아 여름이 되고, 어떤 지역은 태양열을 적게 받아 겨울이 돼요. 지구의 공전과 기울어진 자전축 때문에 계절의 변화가 일어납니다.

● **태양의 고도**

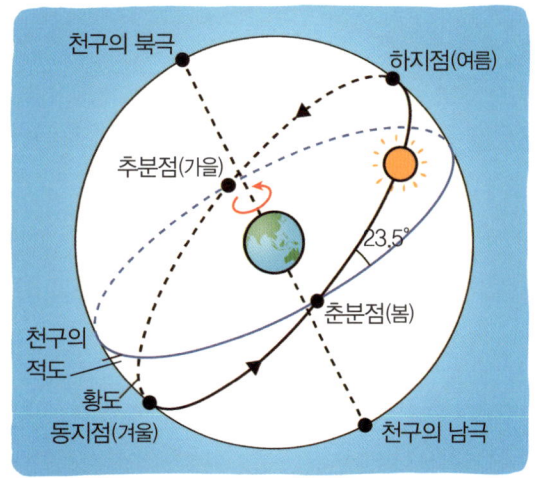

### 2월 29일은 왜 있나요? — 잠깐 과학실

지구의 공전 주기는 정확히 365.2422일이에요. 그래서 1년을 365일로 계산하고 0.2422일을 4년마다 1일로 계산하여 윤년으로 해요. 윤년은 자연 현상과 일상의 달력을 맞추기 위해 넣는 날입니다. 로마 시대의 달력은 3월부터 시작했기 때문에 마지막인 2월을 28일로 했어요. 그리고 4년마다 한 번씩 29일을 넣었지요.

사람들은 오랫동안 지구가 우주의 중심이라서 움직이지 않는다고 생각했어요. 교회도 마찬가지였습니다. 교회의 권력이 셌던 유럽 중세 시대에 이런 생각을 거스르는 것은 위험했어요. 코페르니쿠스는 지구가 태양 둘레를 돌고 있다고 발표했지만 교회에서는 받아들이지 않았어요. 코페르니쿠스의 생각은 신 중심이 아닌 인간 중심의 생각이었거든요.

# 철을 다루는 자가 세계를 얻는다!

• **철** 광채가 나는 은백색 금속. 광물 상태에서는 보통 붉은색. 순수한 철은 무르지만 우리가 사용하는 철은 탄소를 넣어 합금하기 때문에 단단하다.

교과서 3학년 1학기 2단원, 물질의 성질 　**핵심 용어** 철

## 언제부터 철을 사용했을까요?

철은 자연에 붉은색 철광석으로 존재해요. 철광석을 제련해야 단단한 철을 만들 수 있어요. 철광석과 숯을 넣고 높은 온도로 가열하다가 식히면서 산소를 빼기 위해 여러 번 두드려요.

　기원전 1400년 전 메소포타미아의 히타이트 사람들은 단단한 철로 만든 무기로 여러 나라를 빠르게 정복했습니다. 중국에서는 더 강한 선철을 만드는 법을 알아냈고, 진시황은 선철로 만든 농기구와 무기를 이용해 중국 대륙을 최초로 통일했지요. 시간이 흐른 뒤 유럽에서는 강철로 된 증기 기관을 만들어 내면서 산업혁명을 이끌었어요. 그 후 강철은 모든 건축물의 뼈대가 되었지요. 파리 에펠 탑부터 뉴욕 엠파이어스테이트 빌딩, 두바이 부르즈 칼리파 빌딩까지 시멘트 벽 속 강철이 건물을 지탱해요.

에펠 탑　　엠파이어스테이트 빌딩

## 광채 나는 은백색 금속 철

철은 광채가 나는 은백색 금속이에요. 광물 상태에서는 보통 붉은색을 띱니다. 자연에서 철은 산소와 결합한 상태(산화)이기 때문이에요. 또한 철은 보통 탄소를 넣어 합금해 사용하는데, 이때 탄소 비율에 따라 철이 단단한 정도가 달라집니다. 탄소 함유량이 3.0~4.5%이면 너무 단단해서 잘 부서지는 선철이 돼요. 강철은 탄소 함유량이 0.02~2.0%이며 단단하고 잘 부러지지 않아요.

### 철은 왜 붉은색일까요? 　잠깐 과학실

처음 지구가 만들어졌을 때 철은 바다에 녹아 있었어요. 바닷속 남세균이 처음 만든 산소가 가장 먼저 철과 만났지요.

2,400년 전, 인도에서는 최초의 신소재 금속인 우츠 강철을 만들었어요. 그리고 기원후 300년경에는 이 우츠 강철로 전설의 검으로 불리는 다마스쿠스 검을 만들었어요. 이를 이용해 사산 왕조 페르시아는 동로마 제국을, 이슬람 세력은 사산 왕조 페르시아를 무너뜨릴 수 있었습니다.

# 대포알과 총알을 동시에 떨어트리면?

• **자유낙하 운동** 일정한 높이에서 정지해 있던 물체가 중력을 받아 점점 빨리 떨어지는 운동.

교과서 5학년 2학기 4단원, 물체의 운동 심화   핵심 용어 자유낙하 운동

## 갈릴레이의 실험

대포알과 총알 중 어떤 것이 먼저 떨어질까요? 이 궁금증을 직접 실험해 본 사람은 바로 이탈리아 과학자 갈릴레이였습니다. 갈릴레이는 넘어질 듯 기울어진 피사의 사탑에서 대포알과 총알을 동시에 떨어뜨리는 실험을 했습니다. 사람들은 더 무거운 대포알이 더 빨리 떨어질 것이라고 생각했지요. 하지만 놀랍게도 대포알과 총알은 거의 동시에 떨어졌습니다. 갈릴레이의 예상과 꼭 같았지요. 이 실험 덕분에 사람들은 질량이 다른 물체도 같은 속력으로 떨어진다는 것을 알았어요. 그러니까 같은 높이에서 떨어지는 코끼리와 개미는 서로 얼굴을 보며 똑같이 떨어질 수 있답니다! 물론 공기 저항이 없다는 가정이 필요해요.

## 점점 빨리 떨어지는 자유낙하 운동

힘이 작용하면 물체의 운동 상태가 변합니다. 그래서 물체의 속력이 바뀌거나 운동 방향이 바뀌면 어떤 힘이 작용했다고 생각할 수 있어요. 높은 곳에서 떨어지는 물체는 지구가 잡아당기는 힘, 즉 중력을 받습니다. 그래서 물체의 속력이 점점 빨라져요. 1초에 9.8m씩 더 빨리 떨어집니다. 비스듬히 던져 올린 물체도 중력 때문에 속도가 변합니다. 처음에는 점점 느리게 올라갔다가 꼭대기에서 다시 내려올 때는 속력이 점점 빨라진답니다.

### 무엇이 먼저 떨어질까요?   잠깐 과학실

실제 지구에는 같은 높이에서 떨어지는 모든 물체가 같은 속력으로 떨어지지 않습니다. 공기 저항이 있기 때문입니다. 공기가 물체의 운동을 방해하지요. 그래서 포탄과 깃털을 같은 높이에서 떨어뜨리면 공기 저항을 많이 받는 깃털이 천천히 떨어집니다.

공기가 없을 때 | 공기가 있을 때

공기가 있을 때 떨어지는 물체의 속도는 점점 빨라집니다. 지구가 잡아당기는 중력 때문이지요. 그래서 분필같이 작은 물체라도 높은 곳에서 떨어지면 누군가를 다치게 할 수 있으니 주의해야 해요.

# 열기구는 어떻게 하늘로 올라갈까요?

• **샤를의 법칙** 압력이 일정하면 기체의 부피가 온도에 비례해, 온도가 올라갈 때마다 기체의 부피가 커진다는 법칙.

교과서 6학년 1학기 3단원, 여러 가지 기체  **핵심 용어** 샤를의 법칙

## 열기구가 하늘로 올라가요

뜨거운 공기는 위로 올라가요. 열기구는 큰 주머니 안의 공기를 따뜻하게 만들어 하늘로 띄워 올리는 장치예요. 과학자 로지에와 다란드는 자신들이 만든 열기구를 타고 500m 높이로 올라가 25분 동안 9km나 날아갔어요. 이 소식을 반갑게 들은 것은 바로 프랑스 과학자 샤를이었습니다. 샤를은 온도가 올라가면 기체의 부피가 어떻게 되는지 연구 중이었거든요.

샤를은 공기 주머니에 수소 기체를 채운 열기구를 만들었어요. 온도를 높이니 열기구가 더 멀리 날아갈 수 있었지요. 약 100m까지 올라가 2시간 동안 43km를 날아갔어요. 또한 샤를은 온도에 따라 기체의 부피가 얼마나 늘어나는지 연구해서 사람들에게 알렸어요. 이렇게 기체 연구를 한 덕분에 열기구가 더욱 발달했어요. 열기구로 시작된 사람들의 관심은 비행선과 비행기로 이어졌답니다.

## 샤를이 밝혀낸 법칙

압력이 일정할 때 온도가 올라가면 기체의 부피는 커집니다. 온도가 올라가면 기체를 이루는 입자들의 운동이 활발해지거든요. 움직임이 활발해진 기체가 넓은 공간으로 퍼져 기체의 부피도 커져요. 주변 공기보다 가벼워진 공기는 위로 올라가지요.

반대로 온도가 낮아지면 기체의 부피는 작아집니다. 샤를은 온도가 올라갈 때마다 기체의 부피가 얼마만큼 커지는지도 밝혀냈어요. 모든 기체는 온도가 1℃ 올라갈 때마다 0℃일 때 부피의 $\frac{1}{273}$만큼씩 부피가 증가한답니다.

공기 온도가 올라가면 부피가 커져요.

열기구를 처음 띄워 올린 사람은 프랑스의 몽골피에 형제예요. 그들은 화롯불의 뜨거운 연기가 위로 올라가는 것을 보고 영감을 받았어요. 종이 장사를 하던 몽골피에 형제는 종이로 커다란 주머니를 만들고 밀짚과 나무로 불을 피웠어요. 주머니 속 공기가 더워지면서 기구는 하늘로 떠올랐어요. 10분 만에 약 2,000m나 올라갔어요. 곧바로 추락하기는 했지만요.

🔍 **실험 돋보기**

## 빨대 속 공기는 어떻게 될까요?

**이렇게 해 봐요**

1. 굵은 빨대를 준비합니다. 어른의 도움을 받아 한쪽 빨대 끝을 다리미로 눌러 막습니다.
2. 빨대를 눕힌 채로 긴 피펫을 이용해 밀봉한 부분에서 1cm 높이까지 물을 넣습니다.
3. 다른 한쪽 빨대 구멍을 손으로 막고 빨대를 이리저리 기울여 물이 빨대 중간에 머무르도록 합니다. 물의 위아래에는 똑같이 공기가 차 있어요.
4. 더운물에 빨대를 밀봉한 쪽을 담그고 물의 위치가 어떻게 변하는지 관찰합니다.

**준비물**
굵은 빨대
다리미
더운물이 든 컵
피펫

**어떻게 될까요?**

더운물에 빨대를 담그면 빨대 중간에 고인 물이 위로 올라갑니다.

**왜 그럴까요?**

더운물에 빨대를 담그면 빨대 아래쪽 공기의 온도가 올라갑니다. 그러면 빨대 아래쪽 공기의 부피가 팽창하면서 빨대 중간에 머무른 물이 위로 올라가요.

물에 담그는 부분

**주의!** 다리미는 위험하니 어른의 도움을 받으세요.

# 해로운 공기를 직접 마시며 알아낸 것은?

- **호흡** 숨을 들이마셔 산소를 들이마시고, 숨을 내쉬면서 이산화탄소를 내쉬는 과정. 우리가 살기 위해서 호흡은 반드시 필요하다.

교과서 6학년 2학기 4단원. 우리 몸의 구조와 기능 **핵심 용어** 호흡

## 몸을 바쳐 호흡을 알아낸 과학자

영국 생리학자인 존 홀데인은 호흡이 어떤 작용으로 이루어지는지 궁금했어요. 오염된 공기가 담긴 나무 상자에 직접 들어가 8시간 동안 토하고 새파랗게 질려 가면서 몸에 해로운 공기를 연구하기도 했습니다. 무모해 보이는 이 실험으로 공기는 산소가 부족할 때가 아니라 이산화탄소가 너무 많을 때 해롭다는 사실을 알아냈어요. 이를 잠수함 승무원에게 알려 잠수 활동 중에 생기는 문제를 해결할 수 있게 했습니다.

또한 존 홀데인은 탄광에서 일하는 광부에게 일산화탄소가 해롭다는 것을 알고, 자신이 직접 일산화탄소를 마시며 실험하기도 했어요.

## 코에서 폐로, 다시 코로 나가요

생물이 산소를 들이마시고, 이산화탄소를 내쉬는 과정을 **호흡**이라고 합니다. 쉽게 말해 숨을 쉰다고 하지요. 코로 들어온 공기는 기관지를 거쳐 폐로 이동해요. 폐에서 산소를 혈관에 전달하고, 온몸을 돌고 온 혈액 속에 담긴 이산화탄소를 폐에서 다시 코를 통해 밖으로 내보냅니다. 호흡을 해야 에너지를 얻을 수 있어요. 살기 위해서 호흡은 반드시 필요해요.

● 호흡 기관과 원리

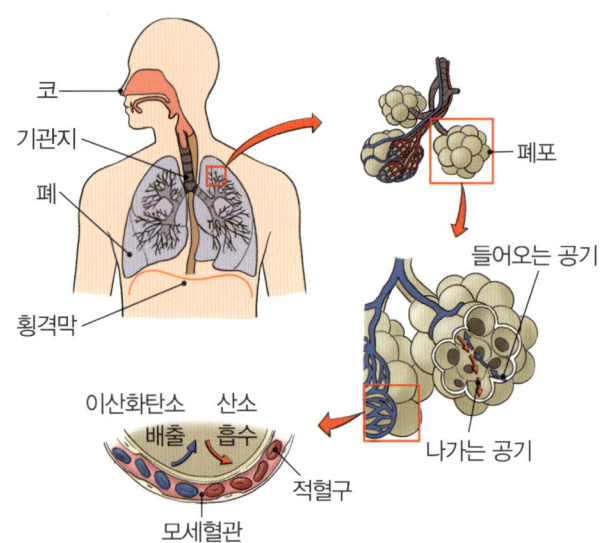

### 세포는 어떻게 호흡해요? [잠깐 과학실]

숨을 들이마시고 내쉬는 것 말고도 세포 안에서 하는 호흡도 있습니다. 세포 안에서는 산소와 영양분을 이용해 몸에 필요한 에너지를 만들고 이산화탄소를 내보냅니다. 이 과정은 세포 안의 발전소 미토콘드리아에서 이루어지고, 이 과정을 '내호흡'이라고 해요.

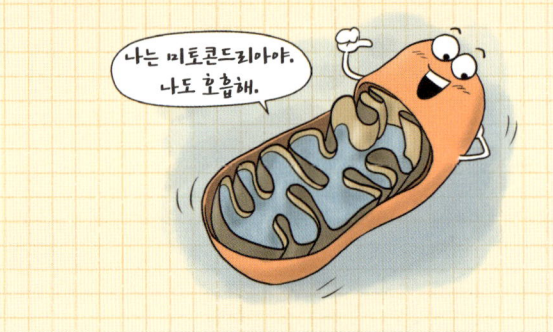

 온몸 구석구석에 퍼져 있는 모세혈관은 아주 얇은 한 겹의 세포로 이루어져 있어요. 그래서 우리 몸의 다른 세포에 혈액 속 산소와 영양분을 전해 주고 노폐물을 받아 오기 좋아요.

# 번개가 칠 때 개구리가 왜 움찔할까요?

- **전기** 전기를 띤 입자들의 움직임 때문에 생기는 에너지.
- **전해질** 물에 녹아 전류를 흐르게 할 수 있는 물질.

교과서 6학년 2학기 1단원, 전기의 이용  **핵심 용어** 전기, 정전기

## 살아 있는 생명은 어떻게 움직일까요?

18세기 과학자들은 생명이 어떻게 움직일 수 있는지 관심이 많았습니다. 이탈리아 과학자 갈바니도 마찬가지였지요. 메스를 개구리 신경에 가져다 대었더니 개구리 뒷다리 근육이 오므라들었습니다. 그래서 갈바니는 생명체가 움직이는 것이 전기와 관련 있을 거라 생각했어요. 놋쇠 갈고리에 걸어 놓은 개구리 뒷다리는 다른 맑은 날에도 움찔했거든요.

하지만 유리와 같은 물질에 개구리 뒷다리를 걸어 놓았을 때는 움찔하지 않았답니다. 이 오싹한 실험 끝에 갈바니는 동물의 움직임이 전기 때문에 일어난다는 중요한 사실을 알아냈어요.

## 전기 신호를 타고 전달되는 감각

공을 만졌을 때 손끝에서 느낀 감각은 신경을 타고 뇌로 전달됩니다. 뇌에서는 '공을 잡아.'라는 명령을 손가락 근육에 전달하지요. 뜨거운 것을 만졌을 때는 척수에서 근육으로 '손을 떼.'라고 신호를 보내요. 감각이 순식간에 전달되기 때문에 우리는 몸을 보호할 수 있고, 활동할 수 있습니다. 감각이나 운동 명령은 신경에서 전기 신호로 전달해요.

● 갈바니의 실험

### 개구리 뒷다리를 실험에 이용한 계기는?

**잠깐 과학실**

갈바니가 살았던 시절에는 환자들에게 개구리 수프를 끓여 먹였어요. 당시 갈바니는 아픈 아내를 간호하다 개구리 뒷다리를 금속 접시 위에 두었는데, 제자들이 어쩌다가 여기에 정전기를 일으켰습니다. 이것을 본 갈바니는 개구리 뒷다리를 실험에 이용했어요.

갈바니는 개구리 근육이 수축한 이유가 개구리 안에서 만들어진 전기 때문이라고 생각했어요. 그래서 '동물 전기'라는 이름을 붙였죠. 훗날 볼타가 갈바니의 주장이 틀렸다고 밝혀냈습니다. 전기는 금속과 전해질만 있으면 생물 안에서도, 밖에서도 발생할 수 있어요.

# 천왕성과 해왕성을 어떻게 발견했을까요?

- **행성** 중심 별의 주위를 도는 천체로, 스스로 빛을 내지 못하고 중심 별의 빛을 받아 반사한다.
- 태양계에는 8개의 행성이 있다.

교과서 5학년 1학기 3단원, 태양계와 별  **핵심 용어** 행성

## 예전에는 행성이 5개인 줄 알았어요

옛날 사람들은 태양 주위를 도는 행성이 지구를 제외하고 수성, 금성, 화성, 목성, 토성 이렇게 5개라 생각했어요. 하지만 7번째, 8번째 행성을 발견하면서 태양계 가족이 더 늘어났지요. 이 행성들은 어떻게 찾았을까요?

1781년 음악가였던 허셜은 잡동사니로 만든 망원경으로 하늘을 관찰하다가 천천히 움직이는 행성을 찾았습니다. 처음에는 혜성인 줄 알았는데 알고 보니 태양계의 7번째 행성, 즉 천왕성이었어요. 맨눈이 아닌 망원경으로 처음 발견한 행성이지요.

허셜이 천왕성을 발견한 후 과학자들은 또 다른 행성이 있을지 모른다고 생각했어요. 영국 수학자 애덤스와 프랑스 수학자 르베리에가 각각 해왕성의 위치를 계산했고, 훗날 르베리에가 예측했던 지점과 1° 정도 떨어진 곳에서 해왕성을 찾았습니다.

## 크기와 대기가 비슷해요

2016년 미국 항공 우주국(NASA)이 한 발표에 따르면 천왕성은 반지름이 약 25,559km로 지구보다 약 4배 큽니다. 천왕성의 대기는 청색과 녹색을 반사하기 때문에 청록색으로 보여요. 특이하게도 다른 행성들과 달리 누운 상태로 자전한답니다.

해왕성은 반지름이 약 24,764km로 천왕성과 크기가 비슷해요. 대기의 구성 성분도 비슷해서 해왕성도 청색으로 보입니다.

### 해왕성의 이름은 어떻게 붙였을까요?

**잠깐 과학실**

해왕성의 영어 이름인 넵튠(Neptune)은 로마 신화에 나오는 바다의 신 이름입니다. 그리스 신화의 포세이돈과 비슷합니다. 해왕성 곁에서 공전하는 위성 트리톤의 이름은 포세이돈의 아들이자 바다의 작은 신 트리톤에서 유래했어요. 또 다른 위성 네레이드는 바다의 요정인 네레이드의 이름을 땄어요.

 천왕성의 영어 이름은 로마 신화에서 주피터(Jupiter, 목성의 영어 이름)의 할아버지이자 새턴(Saturn, 토성의 영어 이름)의 아버지인 '우라누스'(Uranus)입니다.

# 다르게 생긴 엄마와 아빠가 결혼하면?

- **유전** 부모의 고유한 특성이 자손에게 대물림되는 것.
- **멘델의 유전 법칙** 멘델이 찾은 '완두콩 형질에 관한 유전 규칙'

교과서 5학년 2학기 2단원, 생물과 환경 심화   핵심 용어 유전, 멘델의 유전 법칙, 유전학

## 멘델은 왜 완두콩을 키웠을까요?

오스트리아의 그레고어 멘델은 과학자가 되고 싶었지만, 가난한 형편 때문에 수도사가 되어야 했어요. 하지만 꿈을 놓지 않고 수도원 정원에서 완두콩을 길렀어요. 둥근 완두와 주름진 완두를 교배해 꽃을 피우고 완두콩을 수확했어요. 어떤 모양인지도 유심히 관찰했지요. 멘델은 그렇게 수확한 둥근 완두콩끼리 교배해 또 완두콩을 수확했어요.

멘델은 어떤 모양의 콩이 얼마만큼 열렸는지 수확한 완두콩의 수를 비교했어요. 정확한 결과를 얻기 위해 여러 번 거듭해 완두콩을 길렀지요. 그 결과 어미 완두콩에게 물려받은 모양과 색, 즉 형질에 따라 자손 완두콩의 모양이 결정되고, 교배한 완두콩에 따라 그 수의 비율이 일정하다는 것을 알아냈어요. 수도사였던 멘델의 연구는 30년이나 묻혀 있었지만, 훗날 여러 과학자에게 인정받았어요.

## 부모의 고유한 특성을 대물림 받아요

부모의 고유한 특성이 자손에게 대물림되는 것이 **유전**이에요. 머리카락 색, 피부색, 쌍꺼풀 등과 같은 특성을 부모에게서 물려받는 것이지요. 그렇다면 쌍꺼풀이 있는 아빠와 쌍꺼풀이 없는 엄마와 결혼해 낳은 나는 어떤 눈을 물려받을까요? 이런 유전 규칙을 완두콩 연구에서 찾아낸 것이 **멘델의 유전 법칙**이랍니다.

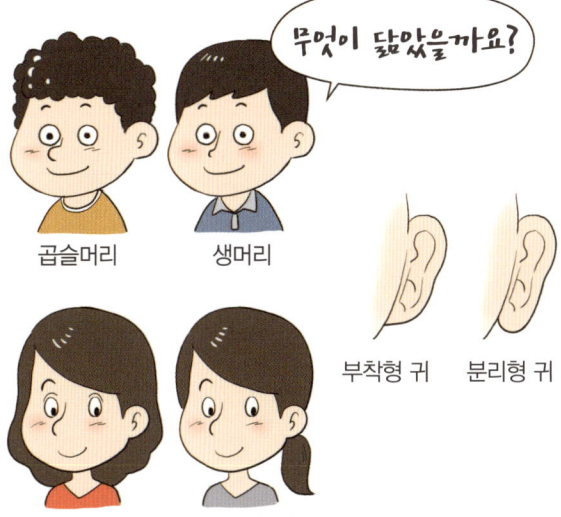

무엇이 닮았을까요?

곱슬머리 / 생머리
부착형 귀 / 분리형 귀
쌍꺼풀 있는 눈 / 쌍꺼풀 없는 눈

### 완두콩이 실험 재료로 쓰인 이유는?  〔잠깐 과학실〕

멘델이 완두콩을 선택한 이유는 간단합니다. 완두콩은 기르기 쉽고, 한 세대가 짧아서 다음 자손을 수확할 때까지 오래 기다리지 않아도 된답니다. 또한 특정 형질이 뚜렷한 모양으로 드러나지요.

 영국 생물학자 베이트슨이 멘델의 논문을 읽고, 앞으로 유전학이 가져올 힘이 대단할 것이라 예측했어요. '유전학'(genetics)이란 이름도 그가 지었는데, 그리스어로 '낳다'라는 뜻을 가진 '게노'(genno)에서 따왔지요.

# 아버지와 아들이 함께 그린 날씨 지도

- **일기도** 기온, 기압, 풍향 등의 날씨 요소를 일기 기호로 지도에 나타낸 것.
- 일기도를 분석하면 날씨를 예측할 수 있다.

교과서 5학년 2학기 3단원, 날씨와 우리 생활  **핵심 용어** 일기도, 등압선

## 일기 예보는 어떻게 시작했을까요?

우리나라의 여름 날씨를 잘 알려면 태풍을 알아야 하듯, 유럽과 북아메리카에서 날씨를 잘 알려면 열대 저기압인 사이클론이 어떻게 발달하는지 알아야 해요. 미국 기상학자 야콥 비에르크네스는 노르웨이 기상학자 빌헬름 비에르크네스의 아들이었어요. 아버지와 아들은 사이클론이 어떻게 커지고 움직이는지 알고 싶어서 노르웨이 전 지역에 기상 관측소를 설치하고 자료를 수집했어요. 이 과정에서 비에르크네스 부자는 날씨를 예측하기 위해서 날씨를 나타내는 지도를 그렸어요. 지도 위에 기압, 기온, 습도를 다 일일이 손으로 표시했지요. 이 덕분에 일기 예보의 기틀이 만들어졌어요.

## 일기도를 읽어 봐요

**일기도**는 기온, 기압, 풍향, 풍속 등의 날씨 요소를 일기 기호로 지도에 나타낸 것이에요. 구름의 양은 작은 원 안에 표시하고, 바람이 불어오는 풍향은 깃대 위치로 나타냅니다. 풍속은 깃발로 표현해요. 기압이 같은 지점을 연결해 등압선을 그립니다. 일기도를 분석해 보면 날씨를 예측할 수 있어요.

● 일기도

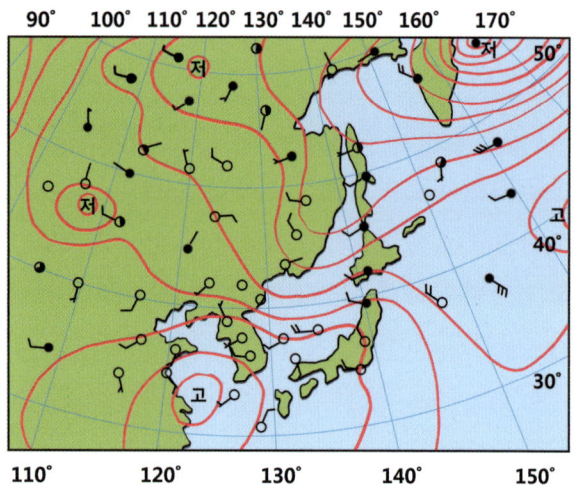

### 우리나라 일기 예보가 어려운 이유는?

**잠깐 과학실**

우리나라는 3면이 바다이고, 산악 지형이 많습니다. 육지와 바다의 경계면 등에서 날씨 변화가 자주 일어나요. 그러다 보니 공기 흐름이 비연속적이라, 일기 예보를 정확히 하기가 어려워요.

일기도 위의 복잡한 선들은 바로 '등압선'이에요. 기압이 같은 부분을 연결한 선이지요. 등압선은 1013mb(밀리바. 기압의 단위)를 기준으로 4mb 간격으로 그린답니다. 주변보다 기압이 높은 곳은 '고'를 써넣어 고기압을, 주변보다 기압이 낮은 곳은 '저'를 써넣어 저기압을 표시해요. 바람은 고기압에서 저기압으로 부는데, 등압선 간격이 좁을수록 바람 세기가 세요.

# 생물에게 꼭 필요한 기체는?

- **산소** 생물이 호흡하는 데 꼭 필요하며, 맛, 색, 냄새가 없는 기체.
- 식물은 광합성을 해서 산소를 만들어낸다.

교과서 6학년 1학기 3단원, 여러 가지 기체 | **핵심 용어** 산소

## 박테리아가 만든 산소

산소가 없는 세상을 상상할 수 있나요? 산소는 생물에게 꼭 필요해요. 사람뿐 아니라 동물과 식물도 산소로 호흡하며 살아갑니다. 지구가 처음 만들어졌을 때는 대기가 수증기와 이산화탄소로 가득 차서, 산소가 충분하지 않았어요. 이때는 땅에 동물이 살고 있지 않았지요.

지구 대기에 산소를 채운 것은 작은 박테리아랍니다. 얕은 바다의 바위에 붙어 자라는 박테리아가 광합성을 해서 산소를 만들었어요.(70쪽 참조) 이후 녹색식물이 자라면서 지구에는 생물들이 숨 쉴 수 있는 산소가 충분해졌어요.

## 프리스틀리가 산소를 발견했어요

처음에 사람들은 산소를 잘 알지 못했어요. 불타게 하는 어떤 기운이 있을 거라고만 생각했습니다. 그러다가 수은을 연구하던 영국 과학자 프리스틀리가 우연히 산소를 발견했어요. 식물이 광합성을 해서 산소를 만든다는 사실을 밝혀냈지요. 이렇게 녹색식물이 만들어 낸 산소는 높은 온도에서 열과 빛을 내며 다른 물질과 반응하기도 하고, 물질을 천천히 녹이 슬게 한답니다.

● 연소 반응

### 산소를 만들어 봐요 — 잠깐 과학실

비커(또는 깡통)와 산소계 가루 표백제, 뜨거운 물, 모기향을 준비해 산소를 만들어 보세요. 단, 실험 재료를 다룰 때 조심하세요. 우선 비커에 산소계 가루 표백제를 1cm 높이로 넣습니다. 그 다음 뜨거운 물을 비커의 $\frac{1}{5}$ 높이로 부어요. 태우는 모기향에 불을 붙여 비커 입구에 가까이 가져가세요. 모기향의 불꽃은 어떻게 되나요?

산소는 색, 냄새, 맛이 없고, 공기의 약 21%를 차지하는 기체예요. 물에 전기가 통하는 전극을 넣으면 산소 기체를 얻을 수 있어요. 자연에서는 녹색식물이 광합성을 해서 얻을 수 있지요. 산소는 물에 녹기 때문에 육지 생물뿐만 아니라 물속 생물도 호흡할 수 있습니다. 산소는 불이 잘 타게 도와주는 특징이 있어요. 어떤 불꽃에 기체를 가까이 했는데 불이 더 커진다면 그 기체는 바로 산소예요.

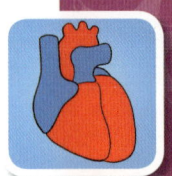

# 소 췌장에서 발견한 당뇨병 치료 방법

- **호르몬** 몸이 일정한 상태로 유지되도록 하는 화학 물질. 혈액 속에 흐른다.
- 호르몬은 적은 양으로도 몸을 일정한 상태로 유지할 수 있도록 돕는다.

교과서 6학년 2학기 4단원, 우리 몸의 구조와 기능  **핵심 용어** 호르몬, 인슐린

## 당이 소변으로 배출되는 당뇨병

당뇨병은 음식을 먹고 소화한 포도당이 에너지로 사용되거나 저장되지 않고 소변으로 배출되는 질병이에요. 설탕처럼 단 소변을 보지요. 여러 가지 합병증을 일으킬 수 있어요. 동물도 마찬가지입니다.

1889년 메링과 민코브스키는 췌장을 제거한 개의 소변 주위에 파리들이 몰려든 것을 보았어요. 소변이 달콤하기 때문이었지요. 이를 보고 췌장이 당뇨병을 억제하는 역할을 한다는 사실을 알았어요. 그 후 과학자들은 췌장에서 당뇨병을 치료할 수 있는 물질을 찾기 위해 노력했어요.

## 췌장의 인슐린이 혈당을 조절해요

1921년 벤팅이 개와 소로 실험한 끝에 췌장에서 당뇨병을 억제하는 물질을 찾았어요. 췌장의 랑게르한스섬에서 '인슐린'이라는 물질을 찾았지요. 혈당을 일정한 농도가 되도록 조절하는 호르몬으로, 인슐린 주사를 당뇨병 환자에게 놓으니 병세가 좋아졌어요. 벤팅은 이 발견으로 1923년 노벨생리의학상을 받았습니다.

호르몬은 아주 적은 양으로 몸을 일정한 상태로 유지할 수 있도록 돕는 물질이에요. 우리 몸에는 혈당량을 조절하는 호르몬, 뼈의 성장을 돕는 성장호르몬, 아기를 낳을 때 나오는 호르몬 등 여러 가지 호르몬이 있어요.

● 기관별로 만드는 호르몬의 종류

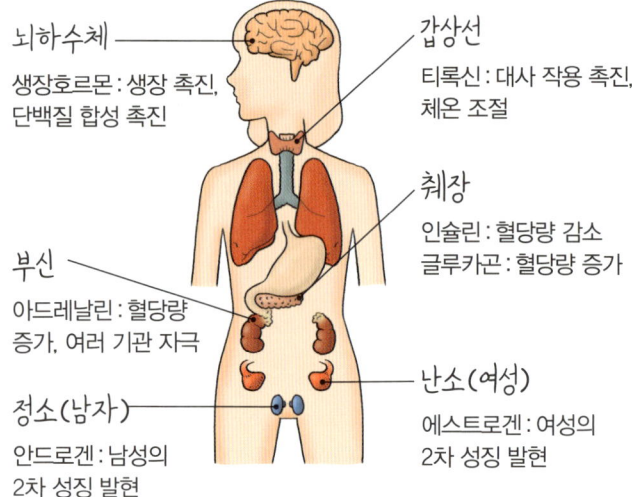

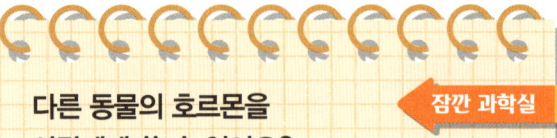

### 다른 동물의 호르몬을 사람에게 쓸 수 있어요?  잠깐 과학실

호르몬은 같은 포유류끼리 성분이 같습니다. 그래서 소나 돼지 췌장에서 추출한 호르몬인 인슐린을 사람의 당뇨병을 치료할 때도 사용할 수 있어요.

 호르몬은 우리 몸에서 분비되며 혈관이나 림프관을 통해 온몸으로 퍼져요. 하지만 특정한 곳에서만 작용하지요.

# 화성과 목성 사이에서 소행성을 찾아라!

- **소행성** 화성과 목성 사이에서 태양 둘레를 공전하는 작은 행성.
- **혜성** 태양계 주변을 떠도는 작은 천체로, 포물선 궤도로 돈다.

교과서 5학년 1학기 3단원, 태양계와 별　**핵심 용어** 행성, 소행성, 혜성

## 화성과 목성 사이에 있는 작은 행성

오래전부터 사람들은 하늘의 별 사이에 규칙이 있을 거라 믿었어요. 과학자 보데는 태양에서 행성까지 거리를 계산하는 규칙을 찾아, 화성과 목성 사이에 다른 행성이 있을 것이라 예언했습니다. 과학자들이 보데의 규칙을 근거로 행성을 찾기 시작한 후, 1801년 피아치가 우연히 움직이는 밝은 점을 찾아내 '세레스'라 이름 붙였습니다. 보데의 규칙에 딱 맞았지요. 세레스는 달 크기의 약 $\frac{1}{3}$로 작았어요. 그 뒤 화성과 목성 사이에서 작은 행성을 많이 발견했어요. 이렇게 화성과 목성 사이에서 태양 둘레를 공전하는 행성을 **소행성**이라고 해요.

## 소행성과 혜성은 어떻게 생겼나요?

태양계를 구성하는 천체에는 태양처럼 스스로 빛을 내는 항성과 지구 같은 행성, 소행성, 혜성이 있어요. '소행성'은 크기가 다양해요. 어떤 큰 소행성은 위성이 있을 정도랍니다. '혜성'은 태양계 주변을 떠도는 얼음과 먼지 덩어리 천체예요. 태양 주변을 긴 타원 모양 궤도로 돕니다. 태양에 가까워지면 얼음이 기체로 변해 구름을 만들고, 먼지와 가스가 날리면서 태양 반대쪽으로 꼬리를 만듭니다.

혜성이나 소행성이 가끔 궤도를 이탈하고 지구로 떨어질 때가 있어요. 지구 대기를 통과하며 불에 타 소멸하면 '별똥별'(유성)이 되고, 다 타지 못하고 지구로 떨어지면 '운석'이 됩니다.

● **소행성 궤도와 혜성**

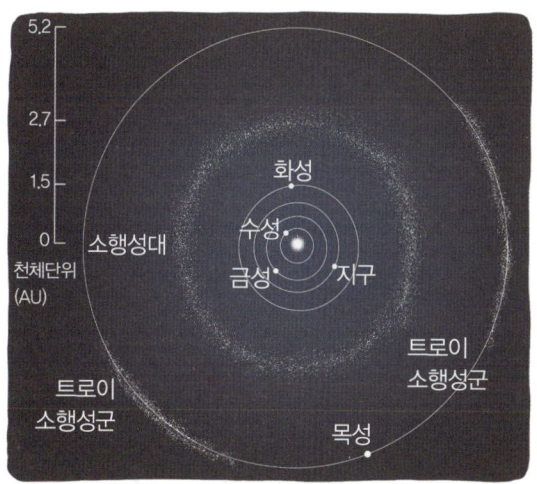

### 유성우를 관찰해 봐요! <small>잠깐 과학실</small>

별똥별이 비처럼 쏟아질 때가 있어요. '유성우'라 불리는 이 현상은 혜성과 소행성이 지구 궤도로 들어와 일어나요. 1년에 3~4번 볼 수 있어요. 페르세우스자리, 사자자리, 오리온자리, 쌍둥이자리 유성우가 유명합니다. 유성우가 일어날 거라 발표된 시각에 관측하면 별똥별을 볼 수 있어요.

 지금까지 발견된 소행성 중에 가장 큰 소행성은 피아치가 발견한 '세레스'입니다.

# 햇빛은 어떤 색일까요?

- **빛의 분산** 빛이 프리즘을 통과하며 여러 가지 빛의 색으로 나뉘는 현상.
- 햇빛이 프리즘을 통과하면 꺾이는 정도에 따라 무지갯빛 띠가 나타난다.

교과서 6학년 1학기 5단원, 빛과 렌즈   **핵심 용어** 빛의 분산, 볼록렌즈

### 세상에서 가장 아름다운 실험

중력을 발견한 것으로 유명한 뉴턴은 빛에도 관심이 많았어요. 프리즘으로 빛을 실험했지요. 먼저 검은 종이에 구멍을 뚫고, 이 구멍을 통과한 빛을 삼각기둥 모양의 프리즘에 통과시켰어요. 빛이 프리즘을 통과하자, 무지갯빛 띠가 나타났지요. 프리즘을 통과한 빛은 색에 따라 꺾이는 정도가 달랐고, 모두 각각 꺾인 방향으로 나아갔어요.

그렇다면 햇빛은 무지갯빛으로 이루어진 것일까요? 이것을 알기 위해 뉴턴은 프리즘을 통과해 만들어진 빛의 띠를 볼록렌즈에 통과시켰어요. 그러자 빛이 모두 한 곳에 모이며 흰색이 되었지요. 뉴턴의 생각대로 햇빛은 여러 가지 색의 빛이 합쳐진 것이었어요.

### 빛은 색에 따라 꺾이는 정도가 달라요

빛은 곧게 나아갑니다. 그러다가 다른 물질을 만나면 꺾여서 곧게 나아갑니다. 물질을 통과할 때 색에 따라 빛이 꺾이는 정도가 다르기 때문입니다. 일반적으로 빨간 빛이 가장 적게 꺾여요. 햇빛은 여러 색의 빛이 합쳐진 것입니다. 빛을 모두 합치면 흰색으로 보이지요. 햇빛이 프리즘을 통과하면 빛마다 꺾이는 정도가 달라서 무지갯빛 띠가 나타납니다.

### 무지개 색은 왜 일곱 가지?  *잠깐 과학실*

흔히 무지개 색을 '빨주노초파남보' 일곱 빛깔로 표현하지요. 프리즘을 통과한 빛은 여러 색이 섞인 띠로 나타나지만, 프리즘 색도 일곱 빛깔로 나타냅니다. 뉴턴이 음악에서 한 옥타브가 음 7개로 이루어졌다는 사실을 눈여겨보고, 프리즘 색도 빨주노초파남보 7가지로 표현했기 때문입니다.

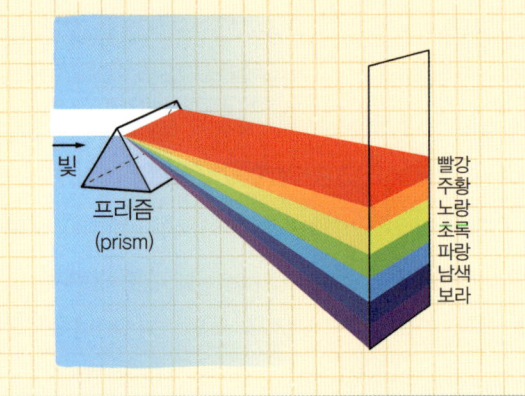

 태양빛이 프리즘을 통과하면 여러 가지 색으로 나뉩니다. 이것을 **빛의 분산**이라고 해요.

# 지진이 얼마나 강한지 어떻게 나타낼까요?

- **지진** 큰 힘을 받은 지층이 끊어지면서 땅이 흔들리는 현상.
- **규모** 지진 세기를 나타내는 단위로 '리히터 규모'라고도 한다.

교과서 4학년 2학기 4단원. 화산과 지진　**핵심 용어** 지진, 지진파, 규모

## 어마어마한 피해를 입힌 동일본 대지진

2011년 3월, 일본 동북부 지역에 지진이 일어났어요. 지진 규모 9로 사람들에게 엄청난 피해를 입혀 '동일본 대지진'으로 불립니다. 지진이 생긴 후 지진 해일이 해변 도시를 덮쳐 건물과 집이 무너지고, 2만여 명이 넘는 사람들이 목숨을 잃거나 실종되었어요. 또한 후쿠시마현 원자력 발전소가 파손되어 방사능이 아주 많이 누출되었습니다. 근처에 살던 사람들은 다른 곳으로 이주해야 했지요.

일본은 지진이 자주 일어납니다. 일본 대륙이 유라시아판, 필리핀판, 태평양판, 북아메리카판과 같이 커다란 판 4개가 만나는 곳에 있기 때문이에요. 지구 표면은 여러 판으로 이루어져 있어요. 판과 판이 밀거나 당겨지면서 지진이 생깁니다.

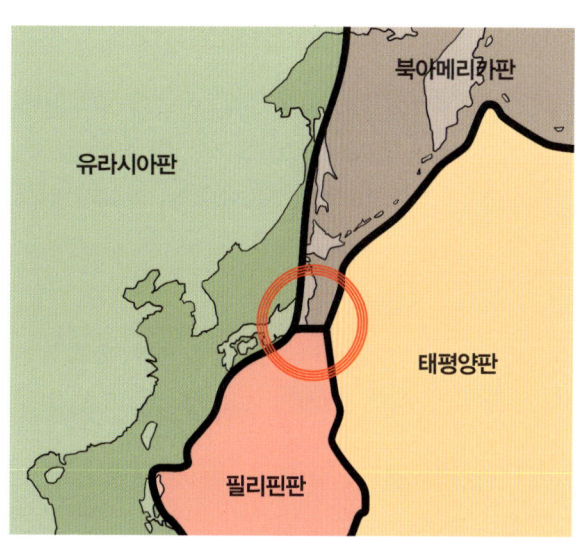

## 지진의 세기를 나타내는 규모

땅이 흔들리는 지진을 느끼는 정도는 사람마다 달라요. 그래서 지진의 세기를 수치로 나타냅니다. **규모**는 지진의 세기를 나타내는 단위입니다. 미국 지질학자 리히터가 제안해서 **리히터 규모**라고도 해요. 소수 첫째 자리까지 나타내며 숫자가 클수록 강합니다. 규모 1만큼 커질수록 지진 세기는 약 32배 커져요. 지진 규모 1.0은 폭약 60톤이 터질 때의 세기에 해당하고, 규모 6.0은 1945년 히로시마에 떨어진 원자 폭탄의 힘과 비슷한 세기입니다.

### 간단하게 만드는 지진계　　잠깐 과학실

지진계가 작동하는 원리를 알아볼까요? 두꺼운 도화지, A4 용지, 고무찰흙, 실, 펜을 준비하세요. 먼저 두꺼운 도화지로 지진계의 틀을 만들고, 아래에 기록용 A4용지를 붙입니다. 고무찰흙으로 추를 만든 다음, 추에 펜을 끼워요. 추를 지진계 틀 천장에 실로 고정해 마무리합니다. 이제 지진계를 흔들어 지진파를 관찰해 보세요.

 **지진**은 땅속 깊은 곳에서 큰 힘을 받은 지층이 끊어지면서 땅이 흔들리는 현상입니다. 땅속의 힘이 물결처럼 땅 위까지 전달되는 것이 '지진파'입니다.

# 혀 속에 전지를 넣어 알아낸 것은?

- **전지** 전기에너지를 공급하는 장치.
- **전해질** 물에 녹아 전류를 흐르게 할 수 있는 물질.

교과서 6학년 2학기 1단원, 전기의 이용  **핵심 용어** 전지, 전해질, 볼타 전지

## 전지는 볼타가 처음 만들었어요

18세기 이탈리아 과학자 볼타는 금속과 전기에 관심이 많았어요. 사람 몸에서도 전기가 흐를 수 있는지 궁금했지요. 그래서 구리 동전과 철제 동전에 전선을 연결하고 전선을 혀 아래에 집어넣었습니다. 전류가 흘러 혀가 얼얼했지만 다행히 더 세게 느껴지는 않았어요. 그다음 두 동전 사이에 소금물이나 약산성 물질에 적신 헝겊을 넣어도 찌릿한 전기가 느껴졌습니다.

확인해 보니 한쪽은 양의 전기를, 다른 한쪽은 음의 전기를 만들었어요. 이 실험으로 전기를 일정하게 공급할 수 있는 방법을 찾은 것이지요. 이것이 바로 세계 최초의 전지인 **볼타 전지**입니다.

## 전등에 불을 밝히는 전지

전지는 전기에너지를 공급하는 장치입니다. 전지가 있어야 전등에 불을 밝히고, 선풍기 날개를 돌리고 라디오 소리도 들을 수 있어요. 이런 전지를 처음으로 만든 사람이 바로 볼타입니다.

어떤 금속은 전자를 더 많이 내놓고, 어떤 금속은 그렇지 않습니다. 전자를 더 많이 내놓는 금속에서 전자가 떨어져 나와 (+)극으로 이동하며 전류가 흘러요. 이런 볼타 전지를 시작으로 다양한 전지가 만들어졌습니다.

## 1차 전지와 2차 전지

전극을 다 사용하고 나면 다시 쓰지 못하는 전지를 1차 전지라 합니다. 대표적인 1차 전지인 알칼리 전지는 아연 가루를 (-)극으로, 이산화망간을 (+)극으로 하고 수산화포타슘 전해질을 사용합니다.

2차 전지는 전기에너지를 가해서 다시 충전해 사용할 수 있는 전지를 뜻해요. 납축전지, 니켈카드뮴 전지, 니켈수소 전지, 리튬이온 전지 등이 있어요.

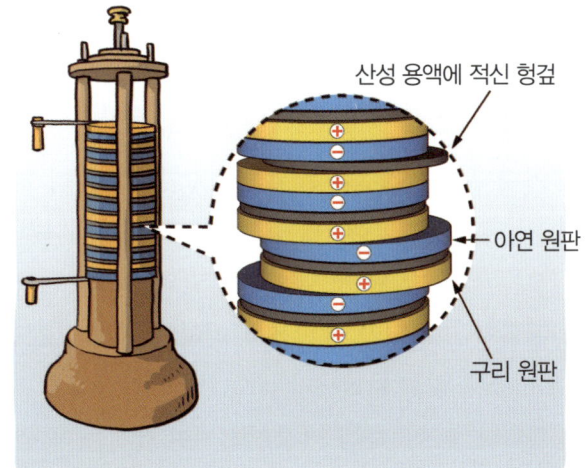

● 볼타 전지

전지를 만들려면 소금물이나 약산성 물질, 침 등 전류가 흐를 수 있는 물질이 필요해요. 이러한 물질을 **전해질**이라고 합니다.

🔍 **실험 돋보기**

## 레몬으로 전지를 만들어요

**준비물**
레몬 1개
아연판 2개
구리판 2개
사포
실험용 LED 전구
집게 전선 3개

**이렇게 해 봐요**
1. 레몬을 반으로 자릅니다.
2. 아연판과 구리판을 사포로 문지릅니다.
3. 집게 전선 하나로 아연판과 구리판을 연결하여, 그림처럼 아연판과 구리판을 각각 레몬에 꽂습니다.
4. 다른 집게 전선으로 남은 아연판과 구리판을 연결합니다. 이때 3번과 달리 그림처럼 가운데에 LED 전구를 연결하고, 아연판과 구리판을 각각 레몬에 꽂습니다.
6. 전구에 불이 들어오는지 관찰합니다.

**어떻게 될까요?**
전선을 모두 이으면 전구에 불이 들어옵니다.

**왜 그럴까요?**
레몬즙은 전해질 역할을 해요. 레몬에 꽂은 아연판에서 아연 이온이 녹아 나오면 전자가 전선을 통해 구리판으로 이동합니다. 전자가 이동해 전류가 흐르면서 전구에 불이 켜져요.

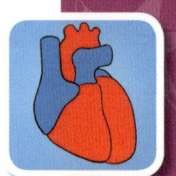

# 맛의 종류는 모두 몇 가지일까요?

- 몸에서 맛을 느끼는 감각 기관은 혀이다.
- 미각 세포가 맛의 정보를 신경을 통해 대뇌로 전해야 맛을 느낄 수 있다.

교과서 6학년 2학기 4단원. 우리 몸의 구조와 기능  **핵심 용어** 미각, 유두, 맛봉오리

## 짠맛, 단맛, 신맛, 쓴맛, 감칠맛?

소금의 '짠맛', 설탕의 '단맛', 레몬의 '신맛', 한약의 '쓴맛'. 우리가 흔히 말하는 맛의 종류는 이렇게 네 가지입니다. 그런데 1985년 공식적으로 한 가지 맛이 더 추가되었어요. 바로 '감칠맛'입니다.

감칠맛을 처음 발견한 것은 오래전이에요. 1908년 일본 과학자 이케다 기쿠나에가 다시마 육수의 특이한 맛을 내는 물질을 분리해 그 맛을 감칠맛(우마미)이라 했어요. 감칠맛을 내는 물질에는 대표적으로 글루탐산이 있습니다. 글루탐산은 고기 맛이 나는 성분으로 치즈, 토마토소스, 육수에 들어 있어요. 사람들이 고기를 좋아하는 이유도 바로 감칠맛 때문이지요.

## 맛을 어떻게 느낄까요?

몸에서 맛을 느끼는 감각 기관은 혀입니다. 혀 표면에 좁쌀같이 오돌토돌하게 난 돌기(유두) 옆면에 장미꽃 봉오리 모양의 맛봉오리가 있어요. 이곳에 맛을 감지하는 미각 세포가 있지요. 녹아서 액체 상태가 된 물질이 맛봉오리에 닿으면 미각 세포가 맛의 정보를 신경을 통해 대뇌로 전해 맛을 느낄 수 있어요. 하지만 미각 세포는 혀에만 있는 것이 아니에요. 입천장과 목구멍의 후두나 인두에도 미각 세포가 있어요. 그래서 암 수술로 혀를 잘라 낸 사람도 맛을 느낄 수 있답니다.

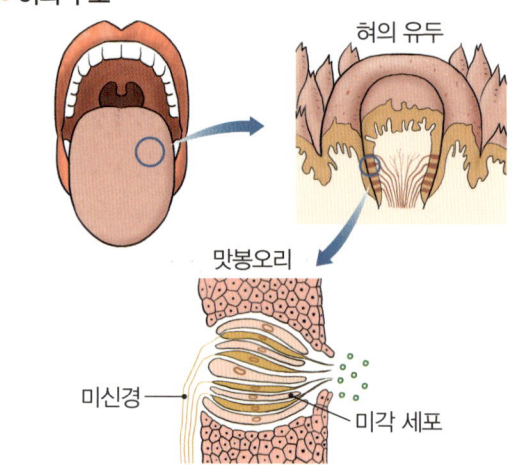

• 혀의 구조

### 사람마다 맛을 다르게 느낄까요?

> 잠깐 과학실

사람들이 맛을 느끼는 정도는 인종과 사람마다 크게 달라요. 유전자 영향으로 맛봉오리 수가 다르기 때문입니다. 또한 나이가 들면 맛봉오리의 미각 세포가 40대 중반쯤부터 퇴화하기 때문에 미각이 둔해져요. 바이러스로 큰 병에 걸리면 미각을 잃기도 합니다. 친구 또는 가족과 여러 가지 음식을 맛보고, 누가 어떤 맛을 더 잘 느끼는지 실험해 보세요.

맛을 느끼는 감각이 미각입니다. 혀의 맛봉오리에서 5가지 기본 맛을 느낄 수 있어요. 예전에는 '혀의 부위마다 느낄 수 있는 맛이 다르다'고 알려졌지만 현재 미각 세포는 '부위에 상관없이 모든 맛을 느낄 수 있고, 부위마다 더 잘 느끼는 맛이 있다'고 밝혀졌어요.

# 물질을 쪼개고 쪼개면?

- **원자** 물질을 이루는 기본 입자.
- **원자핵** 원자의 중심을 이루는 입자.
- 원자핵 주변에는 전자가 확률 분포로 구름처럼 흩어져 있다.

교과서 3학년 1학기 2단원, 물질의 성질 심화  **핵심 용어** 원자, 원자핵, 원소

## 원자에 대고 총을 쏘면?

물질을 쪼개고 쪼개면 더 쪼갤 수 없는 물질, 즉 원자가 나옵니다. 과학자들은 원자가 어떻게 생겼는지 연구했어요. 러더퍼드와 가이거는 원자를 가운데 두고 총을 쏘는 방법을 사용했습니다. 가운데에 얇은 금속박을 두고 방사선 중 하나인 알파선을 쏘았어요. 알파선은 대부분 금속박을 통과했지만 가끔 알파선이 금속박에서 다시 튕겨져 나왔습니다. 이는 금속박 안에 무엇인가 알파선과 같은 전기를 띤 물질이 있다는 것을 의미했습니다. 이 실험으로 원자 안에는 (+)전하를 띤 입자가 있다는 사실이 밝혀졌어요. 그것이 '원자핵'이었지요.

## 과학자들이 알아낸 원자의 구조

물질을 이루는 기본 입자인 원자의 모습을 알아내는 데는 오랜 시간이 걸렸어요. 처음에 데모크리토스나 돌턴은 눈에 보이지 않는 아주 작은 입자라고 했습니다. 그 후 톰슨은 원자 안에 전자가 여기저기 박혀 있다고 했지요. 러더퍼드는 가운데에 원자핵이 있고 그 주변에 전자가 있다고 했어요. 보어는 원자핵 주변에 양파 껍질 같은 여러 겹의 궤도가 있고 그 궤도에서 전자가 원 운동한다고 했습니다. 원자핵은 양성자와 중성자로 이루어져 있고요. 현재는 원자 중심에 원자핵이 있고, 원자핵 주변에 전자가 구름처럼 흩어져 있다는 것이 밝혀졌어요.

● 원자의 모형과 개념은 이렇게 바뀌었어요

돌턴 ➡ 톰슨 ➡ 러더퍼드 ➡ 보어 ➡ 현재 모형

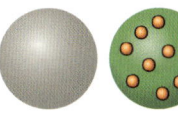

**돌턴** : 단단하고 더는 쪼갤 수 없는 작은 공과 같은 모양이다.
**톰슨** : 원자핵의 개념이 없고 알갱이가 든 푸딩 모양이다.
**러더퍼드** : 태양 주위를 도는 행성과 같은 모습이다.
**보어** : 전자는 원자핵 주위에서 불연속적인 원 궤도를 그린다.
**현재 모형** : 핵 주위의 전자를 확률 분포에 따라 나타내는 전자 구름 모형이다.

### 원소와 원자는 무엇이 달라요? [잠깐 과학실]

원소는 물질을 이루는 기본 성분을 말합니다. 원자는 그 입자를 말하지요. 예를 들어 둥근 공에는 축구공, 농구공 등 여러 가지 공이 있어요. 여기에서 여러 가지 공들은 모두 생김새가 '둥근 공'이라는 점이 같지요. 마찬가지로 원소들은 모두 입자인 '원자'라는 점이 같아요. 또한 축구공, 농구공 등과 같은 '각각의 공'은 수소, 헬륨과 같은 '각각의 원소'에 빗댈 수 있어요.

공이라는 원자 안에 여러 원소가 있다.

러더퍼드의 스승이었던 톰슨은 음극선 실험으로 전자가 있다는 것을 밝혀냈어요. 원자 안에 전자가 건포도처럼 박혀 있다고 했지요. 러더퍼드도 스승인 톰슨의 원자 모형처럼 금속박에 알파선을 쏘면 모두 통과할거라 생각했어요. 알파선은 크고 전자는 아주 작았거든요. 하지만 이후 러더퍼드는 원자핵을 밝혀내고 스승이 틀렸다는 것을 알았답니다.

# 흑연과 다이아몬드가 같은 성분?

- **광물** 암석을 이루는 작은 알갱이.
- **모스 경도계** 광물 10개를 서로 긁어 보아 상대적인 굳기를 측정한 것.

교과서 3학년 1학기 2단원, 물질의 성질 | 핵심 용어 광물, 모스 경도계, 강도

● 모스 경도계

| 경도 1 | 경도 2 | 경도 3 | 경도 4 | 경도 5 | 경도 6 | 경도 7 | 경도 8 | 경도 9 | 경도 10 |
|---|---|---|---|---|---|---|---|---|---|
| 활석 손톱으로도 쉽게 긁힘 | 석고 손톱에 긁힘 | 방해석 동전에 긁힘 | 형석 주머니칼로 긁힘 | 인회석 주머니칼로 어렵게 긁힘 | 정장석 주머니칼로 긁히지 않으며, 유리로 어렵게 긁힘 | 석영 유리를 쉽게 긁음 | 황옥 유리를 매우 쉽게 긁음 | 강옥 유리를 자를 수 있음 | 다이아몬드 유리 절단기로 사용됨 |

※손톱(2.2) 구리동전(3.2) 주머니칼(5.1) 유리판(5.5) 강철심(6.5) 조흔판(7.0)

## 땅속 깊은 곳에서 만들어져요

다이아몬드는 오랫동안 사람들의 사랑을 받아 온 보석입니다. 처음 아프리카에서 발견된 후로 왕실의 약혼이나 결혼 반지로 쓰이면서 다이아몬드를 원하는 사람이 늘었어요. 이 때문에 아프리카에서는 피를 부르는 끔찍한 전쟁이 일어나기도 했지요.

하지만 전쟁에서 많은 사람들을 죽게 만들었던 다이아몬드가 사실, 연필심을 이루는 흑연과 같은 탄소로만 이루어졌다는 사실을 알고 있나요? 까맣고 금방 부러져 버리는 흑연과는 달리, 다이아몬드는 잘 다듬으면 아름다운 광채를 뿜는 단단한 보석이에요. 다이아몬드는 탄소가 땅속 약 150km 깊이에서 매우 높은 온도와 압력을 받아 만들어져요.

## 모스 경도계

암석을 자세히 보면 작은 알갱이인 광물로 이루어져 있습니다. 1812년 모스는 광물을 서로 긁어 보면서 단단한 순서를 밝혀냈습니다. 긁히는 광물은 무른 광물이고, 긁히지 않은 광물은 더 단단한 광물입니다. 이렇게 광물 10개를 서로 긁어 보아 상대적인 굳기를 측정한 것을 **모스 경도계**라고 합니다. 모스 경도계에 따르면 경도 1인 활석이 가장 무르고 경도 10인 다이아몬드는 가장 단단해요. 하지만 경도와 달리 강한 정도를 뜻하는 '강도'를 측정하면 더 강한 물질도 있기 때문에 다이아몬드를 큰 망치로 내려치지는 않는 게 좋아요.

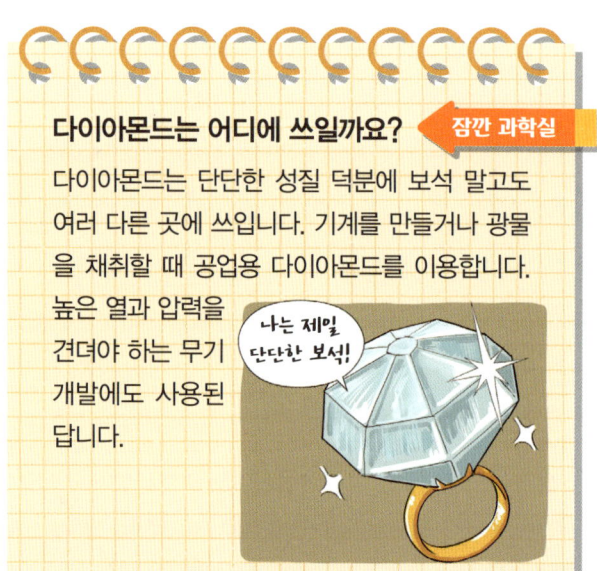

### 다이아몬드는 어디에 쓰일까요? — 잠깐 과학실

다이아몬드는 단단한 성질 덕분에 보석 말고도 여러 다른 곳에 쓰입니다. 기계를 만들거나 광물을 채취할 때 공업용 다이아몬드를 이용합니다. 높은 열과 압력을 견뎌야 하는 무기 개발에도 사용된답니다.

다이아몬드와 같은 탄소로 이루어졌지만, 구조가 다른 물질이 더 있답니다. 바로 탄소나노튜브와 풀러렌, 그래핀이죠. 탄소를 벌집 모양으로 배열해 튜브 형태로 말아 놓은 탄소나노튜브, 탄소를 공 모양으로 배열한 풀러렌과 얇은 한 겹의 탄소층으로 만들어진 그래핀도 각각 독특한 성질을 띠어서 우주 개발이나, 신약 개발에 이용하려고 연구 중이에요.

# 핵무기에 쓰인 아인슈타인의 법칙은?

• **질량에너지공식** 아인슈타인이 발표한 $E=mc^2$ 공식으로, 질량이 에너지가 될 수 있다는 뜻.

**교과서** 6학년 2학기 5단원, 에너지와 생활 심화  **핵심 용어** 질량에너지공식, 핵무기

## 아인슈타인의 연구로 만든 핵폭탄

아인슈타인이 발표한 $E=mc^2$ 공식은 질량이 에너지가 될 수 있다는 사실을 뜻해요. 아인슈타인은 이 원리가 핵무기를 만드는 데 쓰일 수 있다는 것을 알았지요. 방사성 원소의 핵이 붕괴하면서 다른 원자의 핵으로 바뀔 때 질량이 줄어들고, 그 질량만큼 에너지를 낼 수 있다는 원리였지요.

이때 만들어 내는 에너지 양이 엄청나게 크고 연쇄적으로 일어나기 때문에 폭발력은 가히 상상할 수 없을 정도랍니다. 제2차 세계대전 중 아인슈타인은 미국 루즈벨트 대통령에게 적보다 먼저 핵무기 개발을 해야 한다고 알렸어요. 미국은 1945년 8월 6일 일본 히로시마에 핵폭탄을 떨어뜨렸고, 8월 15일 일본은 항복했어요. 하지만 오랫동안 많은 사람들과 자연이 끔찍한 고통을 받았습니다.

## 세상에서 가장 유명한 공식

$E=mc^2$에서 E는 에너지를 말해요. m은 질량, c는 빛의 속도랍니다. 어떤 물질의 질량이 줄어들면 그 줄어든 질량과 빛의 속도의 제곱을 곱한 만큼 에너지를 낼 수 있다는 뜻이에요. 빛의 속도는 엄청나게 크기 때문에 이때 발생하는 에너지 양은 엄청 크답니다. 이 원리는 핵폭탄 말고도 태양이 오랫동안 빛날 수 있는 이유도 설명해 줍니다. 태양의 수소가 헬륨으로 융합하면 엄청난 에너지가 나와요.

### 핵폭탄을 어떻게 생각하나요? — 잠깐 과학실

핵무기는 엄청난 위력과 오랫동안 피해를 주는 방사능 때문에 많은 나라가 그 위험성을 이야기합니다. 앞으로 핵무기 전쟁을 시작하면 인류 모두 위험해질 수 있기 때문이죠. 그래서 세계 여러 나라는 이제 핵무기 개발을 하지 말자고 합의했어요.

현재 핵무기를 가지고 있다고 인정되는 나라는 미국, 러시아, 중국, 영국, 프랑스뿐입니다. 하지만 인도, 파키스탄, 이스라엘, 북한도 핵무기를 가지고 있어요. '핵무기 확산 금지 조약'으로 서로 핵무기 개발을 하지 않도록 견제하고 있어요. 국제원자력기구는 전기를 만드는 것처럼 평화적인 목적으로만 핵을 이용하는지 감시합니다.

# 우리 우주는 풍선처럼 커지고 있어요

- **우주** 지구와 태양계 등 모든 천체가 있는 공간.
- 빅뱅이 일어난 우주가 계속 팽창하고 있다는 것이 '우주 팽창론'이다.

교과서 5학년 1학기 3단원, 태양계와 별 심화　**핵심 용어** 우주

## 우주가 팽창한다고요?

아주 옛날, 과학자들은 우주가 변하지 않는다고 생각했어요. 하지만 벤틀리는 "만약 중력이 서로 끌어당기는 힘으로만 작용한다면 우주 안의 모든 것들은 서로 끌어당겨 우주가 붕괴할 것이다."라고 했지요. 올버스는 "밤하늘은 왜 어두운가?"라고 질문했어요. 만약 끝없는 우주에 골고루 별이 있다면, 어느 쪽으로 봐도 끝없이 별이 있기 때문에 밤하늘의 끝은 어두울 수가 없다고 말했습니다. 이 두 가지 질문은 우주의 모습을 연구하던 과학자들을 괴롭혔어요. 고정된 우주로는 설명할 수 없었지요.

1912년 베스토 슬라이퍼는 은하들이 아주 빠른 속도로 지구에서 멀어지고 있다는 사실을 발견했어요. 허블은 은하 24개를 관측해서 멀리 있는 은하일수록 더 빠른 속도로 멀어진다는 사실을 확인했어요. 풍선을 불면 풍선 위 점들이 서로 멀어지듯, 우리 우주도 팽창한다고 말했지요.

## 우주의 미래는 어떤 모습?

빅뱅이 일어난 우주는 팽창하고 있어요. 우주는 계속해서 팽창할까요? 앞으로 우주가 어떤 모습일지는 3가지 형태의 우주로 생각해 볼 수 있어요. 계속 팽창하기만 하는 '열린 우주', 팽창하다가 어느 순간 멈추고 수축하는 '닫힌 우주', 팽창하는 속도가 점점 느려져 언젠가는 팽창을 멈추지만 수축하지도 않는 '평평한 우주'가 있습니다.

● 우주 팽창

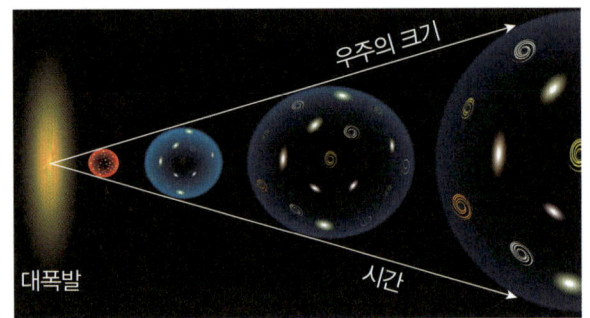

※ 자료: Shutterstock.com

● 프리드만의 우주 모형

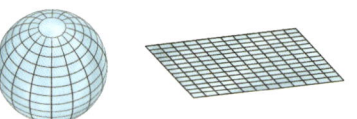

닫힌 우주　　평평한 우주　　열린 우주

### 우주는 어떻게 팽창할까요? <잠깐 과학실>

고무풍선과 스티커만 있으면 우주가 팽창하는 모습을 알 수 있어요. 우선 고무풍선에 스티커를 여러 개 붙입니다. 고무풍선을 불어서 고무풍선이 커지면, 스티커 사이의 간격이 어떻게 변하는지 확인해요. 고무풍선이 커질수록 스티커 사이의 간격은 어떻게 되는지 살펴보세요. 점점 멀어지나요?

 아인슈타인은 우주가 변하지 않는다 생각했어요. 하지만 허블의 연구로 우주가 팽창하고 있다는 것이 드러나자 아인슈타인은 자신이 틀렸다는 것을 인정했어요.

# 목욕을 하다가 발견한 사실은?

- **부력** 물이나 공기 중에서 물체가 뜰 수 있게 하는 힘으로, 중력과 반대 방향으로 작용.
- 부력은 중력과 반대 방향으로 작용.

교과서 4학년 1학기 4단원, 물체의 무게 심화  **핵심 용어** 부력

## 유레카! 유레카!

아르키메데스는 왕에게 임무를 하나 받았어요. 왕관이 순금인지, 은이 섞였는지 밝혀내란 임무였지요. 고민하던 아르키메데스는 목욕탕 안에 들어갔다가 탕 속의 물이 밖으로 넘치는 것을 보고 "유레카!"를 외치며 뛰쳐나갔어요. 물속에 잠겼던 자기 몸의 부피만큼 목욕탕의 물이 넘쳐나간 것을 보고 해결 방법이 떠올랐어요.

아르키메데스는 물을 가득 채운 통에 금을 넣고 밖으로 넘친 물의 양을 측정했어요. 그만큼이 금의 부피였죠. 같은 방법으로 금관의 부피도 측정했어요. 은이 금보다 가볍기 때문에 같은 무게라면 부피가 더 커야 했어요. 그래서 금관에 은이 섞였다면 금관의 부피도 더 커야 했지요. 측정 결과 금관의 부피가 금보다 컸어요. 금관에는 은이 섞였던 거예요.

## 물체를 떠오르게 하는 힘 부력

물에 물체를 넣어 보세요. 물체는 물을 밀어냅니다. 그래서 물체의 무게는 같은 부피의 물만큼 가벼워집니다. 이때 물체가 물을 밀어내는 힘을 **부력**이라고 합니다. 부력은 중력과 반대 방향으로 작용해요. 그래서 부력이 물체의 무게보다 크면 물체는 뜹니다. 반대로 부력보다 물체의 무게가 크면 물체는 가라앉아요.

### 물체마다 무게가 달라요  잠깐 과학실

금과 은이 같은 부피에서 무게가 다르듯이, 모든 물체는 같은 부피에서 무게가 다릅니다. 그렇기 때문에 이러한 성질은 물질 고유의 특성이 될 수 있어요. 이 성질 때문에 기름이 물 위에 둥둥 뜰 수도 있고, 돌멩이가 물속으로 가라앉을 수도 있어요.

 부력은 물뿐 아니라 공기 같은 기체에서도 작용합니다. 물체가 밀어낸 공기의 무게만큼 물체를 떠받치는 부력이 발생합니다. 하늘에 열기구가 가만히 뜰 수 있는 것도 부력 덕분이지요.

# 원소 줄 세우기를 어떻게 했을까요?

- **원소** 물질을 이루는 기본 성분으로, 다른 물질로 분해되지 않는다.
- **주기율표** 원소를 성질에 따라 분류해 놓은 표.

교과서 3학년 1학기 2단원, 물질의 성질 심화  **핵심 용어** 원소, 주기율표

## 원소들의 자리는 어디일까?

19세기 러시아 과학자 멘델레예프는 원소의 성질을 연구했어요. 원소의 이름과 성질을 기록한 카드를 만들고 비슷한 성질끼리 모았지요. 리튬, 소듐, 포타슘과 같은 원소는 무르지만 물을 넣으면 아주 크게 반응했어요. 불소, 염소, 브로민, 아이오딘과 같은 원소는 금속과 만나 소금 같은 물질을 만들었습니다. 멘델레예프는 원소의 성질이 원자량과 관련 있다는 것을 알았어요. 원자량 순서대로 원소를 다시 줄 세웠지요. 하지만 아직 부족하다고 생각하던 차에 모든 원소들이 정확한 자리에 있는 꿈을 꾸었어요. 꿈에서 본 원소들을 그대로 옮겨 적었지요. 원소를 원자량대로 줄 세우니 주기적으로 성질이 반복되는 표가 만들어졌어요. 이제껏 없었던 가장 합리적인 주기율표가 세상에 나왔습니다.

## 원소를 줄 세우는 주기율표

멘델레예프는 원자량 크기 순으로 비슷한 성질의 원소들이 반복되어 나타나도록 **주기율표**를 만들었어요. 하지만 훗날 모즐리가 더 정확한 주기율표를 만들었어요. 원자를 원자 번호 순으로 늘어놓는 주기율표이지요. 이렇게 원자 번호가 커지는 순서대로 가로줄을 구성하고, 성질이 비슷한 원소들을 세로줄로 맞추어 쓰면, 주기율표의 세로줄이 같은 화학적 성질을 나타냅니다.

멘델레예프가 주기율표를 만들 당시 원소는 63개 밖에 알려지지 않았어요. 원자 번호 2번인 헬륨(He)은 64번째 발견한 원소로 멘델레예프의 주기율표에는 들어가지 못했어요. 하지만 멘델레예프는 갈륨, 스칸듐, 저마늄의 자리를 비워 두고 들어맞는 원소가 있을 거라 예측했어요.

주기율표의 첫 번째 세로줄에 있는 원소들 중 공통 성질을 가지는 원소에는 리튬(Li), 소듐(Na), 포타슘(K), 루비듐(Rb), 세슘(Cs)이 있어요. 이들 원소는 금속 광택을 띠지만 아주 무릅니다. 물과 격렬히 반응해서 수소를 만들고, 공기 속 산소나 물과 쉽게 반응하기 때문에 석유나 벤젠 속에 넣어 보관합니다. 하지만 수소(H)는 같은 세로줄에 있는 나머지 원소들과 성질이 달라요.

# 공중에 떠서 달리는 자기부상열차의 비밀

- **저항** 물체에 전류가 흐르는 것을 방해하는 성질.
- **도체** 저항이 작아서 전류가 잘 흐르는 물질. 철, 구리, 은 같은 금속.

교과서 6학년 2학기 1단원, 전기의 이용  **핵심 용어** 저항, 도체, 부도체, 초전도체

## 저항이 없는 완벽한 초전도체

공중에 떠서 달리는 기차를 본 적 있나요? 공중에 떠서 가는 자기부상열차는 바닥면과 마찰이 없어서 훨씬 빠른 속도로 달릴 수 있습니다. 공중에 떠서 갈 수 있는 비밀은 바로 초전도체에 있어요. **초전도체**는 아주 낮은 온도에서 전기 저항이 완벽히 없어지는 도체입니다. 바닥면에 초전도체를 부착한 열차는 열차와 선로가 서로 밀어내는 힘을 만들 수 있어요. 그래서 열차가 공중에 떠서 마찰 없이 아주 빠른 속도로 이동할 수 있습니다.

## 도체, 부도체, 반도체

물체에 전류가 흐르는 것을 방해하는 성질을 **저항**이라고 합니다. 저항이 크면 전류가 흐르지 못해요. 이러한 물질을 **부도체**라고 하지요. 고무, 나무, 플라스틱을 예로 들 수 있습니다. 반면에 저항이 작아 전류가 잘 흐르는 물질을 일컫는 **도체**에는 철, 구리, 은 같은 금속이 있어요. 평소에는 전류가 잘 흐르지 않다가 조건을 잘 맞추면 전류가 흐르는 것은 **반도체**입니다. 실리콘이나 저마늄 같은 물질이 반도체랍니다. 반도체는 IC회로와 같은 전자 칩을 만드는 데 꼭 필요해요.

### 참새는 감전되지 않아요? 〈잠깐 과학실〉

참새는 금속 도체인 전깃줄에 비해 몸의 저항이 아주 큽니다. 전선 위에 앉은 참새는 두 발 모두 전선 위에 두어요. 그래서 저항이 큰 참새 몸에는 전류가 흐르지 않고, 전깃줄로만 전류가 흐르기 때문에 참새가 안전할 수 있어요. 사람이 전깃줄을 만진다면, 사람은 발을 땅에 대고 있으므로 전류가 땅으로 흘러 나간답니다. 높은 전류가 우리 몸을 통과하면 생명이 위험하니 조심해야 해요.

 네덜란드 과학자 오너스가 −269.2℃에서 수은의 저항이 사라지는 것을 발견하면서 초전도체가 알려지기 시작했습니다. 초전도체는 아주 낮은 온도에서 저항이 사라지는데, 이때 자석과 서로 밀어내는 힘이 발생해요.

# 고깃국이 100년 넘게 상하지 않았대요!

- **자연 발생설** 생명이 자연에서 저절로 생긴다는 이론.
- **생물 속생설** 생명이 어미가 되는 생명에서 시작된다는 이론.

교과서 5학년 1학기 5단원, 다양한 생물과 우리 생활   핵심 용어 자연 발생설, 생물 속생설

## 생명은 어디서 시작될까요?

옛날 사람들은 생명이 자연에서 저절로 발생한다고 생각했어요. 멀쩡하던 식빵에 곰팡이가 피기도 하고, 오래된 음식에 애벌레가 생기는 것을 보고 그렇게 생각했습니다. 하지만 프랑스 세균학자 파스퇴르는 여기에 의문을 품었어요. 와인 숙성 연구를 하며 허공에 떠다니는 먼지를 바라보다가, 먼지 속에 아주 작은 미생물이 있을 것이라고 생각했어요. 이를 실험으로 확인하고자 했습니다.

## 파스퇴르의 고깃국 실험

먼저 플라스크에 고기 국물을 넣고, 플라스크 입구를 길게 S자로 휘어지게 만들었어요. 공기는 통하지만 먼지는 걸러지게끔 한 거예요. 그다음 고기 국물이 든 플라스크를 팔팔 끓여 세균을 제거했어요. 오랜 시간이 지나도 플라스크 속 고기 국물은 상하지 않았습니다. 하지만 플라스크의 휜 주둥이를 잘라 내자 고기 국물은 금방 상하고 말았어요. 이 실험으로 고기 국물을 상하게 만드는 미생물은 고기 국물 안에서 자연히 발생한 것이 아니라 공기를 통해 밖에서 들어왔다는 것을 알았어요.

● 파스퇴르의 플라스크 실험

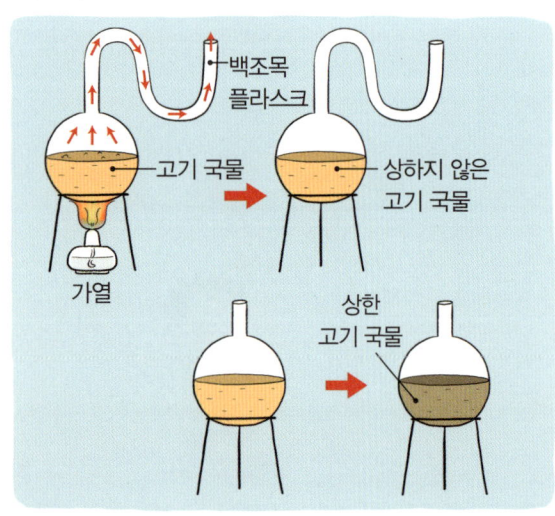

### 잠깐 과학실
### 식품을 더 오래 보관하려면?

식품을 높은 온도로 가열해서 미생물을 죽이면 조금 더 오래 보관할 수 있어요. 하지만 높은 온도로 가열하면 영양분과 맛까지 파괴됩니다. 그래서 식품을 살균하는 온도와 시간이 중요해요. 파스퇴르는 맥주와 우유 같은 식품의 맛은 살리면서 미생물을 죽이는 방법을 알아냈어요. 63℃ 정도의 낮은 온도에서 30분가량 가열하는 '저온 살균법'이랍니다.

생명이 자연에서 저절로 생긴다는 '자연 발생설'은 고대 그리스 철학자 아리스토텔레스가 살던 시대부터 있었어요. 하지만 파스퇴르의 실험으로 생명은 어미가 되는 생명에서 시작된다는 '생물 속생설'이 널리 퍼졌어요.

# 메리 애닝이 발견한 거대 도마뱀은?

• **화석** 오랜 옛날 살았던 생물이 죽어 몸의 일부나 그 흔적이 지층 속에 남은 것. 지층이 만들어진 시대와 환경을 알려준다.

교과서 4학년 1학기 2단원, 지층과 화석  **핵심 용어** 화석

## 거대한 도마뱀의 정체는?

200여 년 전, 영국 바닷가 마을에 살던 12살 소녀 메리 애닝이 바닷가 절벽에서 신기한 돌을 발견했어요. 돌에는 뾰족한 주둥이를 가진 동물 모양이 있었어요. 어떤 돌에는 소라 같은 무늬가 있었습니다. 가난했던 애닝은 이 신기한 돌을 팔아 빵을 샀답니다. 이후 계속해서 찾은 돌에는 동물의 지느러미발, 갈빗대, 콧구멍 같은 모양이 여럿 새겨져 있었어요. 돌을 서로 맞추자 마치 거대한 도마뱀 같았습니다. 콧구멍으로 숨도 쉬고 물도 뿜을 것처럼 보였어요. 지느러미가 있는 것으로 보아 옛날에는 물속에 살던 동물 같았지요.

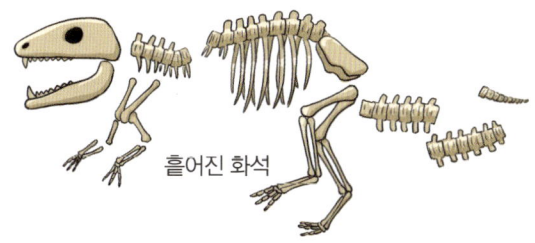
흩어진 화석

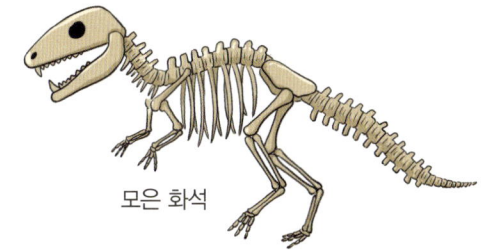
모은 화석

## 화석을 찾아다니며 연구한 애닝

애닝은 발굴한 돌을 해부학자나 지질학자에게 팔았습니다. 그 돌로 학자들이 연구한 결과, 돌에 나타난 동물이 수천만 년 전에서 수억 년 전에 멸종됐을 거라 예측했어요. 이렇게 동물의 흔적이 나타난 돌을 화석이라고 부르고 본격적으로 연구하기 시작했답니다.

학자들은 애닝을 연구에 참여시키지 않았지만 애닝은 평생 고향에서 화석을 발굴하고 연구했습니다. 애닝이 찾아 낸 화석은 사람이 살지 않던 시대에도 많은 생명체가 존재했다는 사실을 알려주는 최초의 증거였어요.

### 화석을 만들어 봐요! · 잠깐 과학실

나만의 화석을 만들어 보세요. 먼저 종이 상자와 찰흙, 조개껍데기, 석고 가루, 물을 준비합니다. 종이 상자에 찰흙을 잘 펴고 위에 조개껍데기를 눌러 모양을 표시해요. 그다음 조개를 떼어 내고 물에 갠 석고를 붓습니다. 석고가 굳은 후 상자에서 분리하면 완성!

**화석**은 오랜 옛날 살았던 생물이 죽어 몸의 일부나 그 흔적이 지층 속에 남아 있는 것입니다. 하지만 모든 동식물이 화석이 되는 것은 아니에요. 단단한 부분이 있는 생물이 죽어서 호수나 바다 밑에 묻히면 그 위에 퇴적물이 쌓여 지층을 이룹니다. 그러다가 지구 내부 힘 때문에 그 지역이 솟아오르고 바람과 물에 돌이 깎여 화석이 드러납니다.

# 나침반 바늘이 움직이는 이유는?

- **자기장** 자석이나 전류, 지구 주변처럼 자기가 미치는 공간.
- 도선에 전류가 흐르면 주변에 자기장이 발생한다.

교과서 6학년 2학기 1단원, 전기의 이용  **핵심 용어** 자기장, 자기

## 전기와 자기는 밀접한 관계가 있어요

"이거 보셨어요? 분명히 움직였다고요!" 실험실에 있던 덴마크 과학자 외르스테드가 외쳤어요. 분명 움직인 것 같은데 자신만 본 것인지 의심스러웠거든요. 외르스테드는 눈을 비비고 다시 살펴보았어요. 외르스테드 앞에는 전선에 전류가 흐르고 있었고, 그 밑에 있던 나침반 바늘이 돌아가는 것이 확실했어요. 외르스테드조차 예상하지 못한 결과여서 깜짝 놀랐답니다.

이때까지 과학자들은 전기와 자기가 서로 관련이 없을 것이라 생각했습니다. 하지만 외르스테드는 전류가 흐르면 주변에 자기장이 생긴다는 것을 밝혀냈어요.

## 전류 때문에 생기는 자기장

사람들은 아주 오래전부터 전기 현상과 자기 현상을 알고 있었어요. 하지만 전기와 자기가 서로 연관되어 있다는 것을 알게 된 것은 외르스테드 덕분이었습니다.

도선에 전류가 흐르면 주변에 자기장이 발생합니다. 자기장은 자석의 힘이 미치는 공간을 말해요.

외르스테드 덕분에 전기와 자기가 밀접한 관계에 있다는 사실이 알려지자 과학자들은 본격적으로 전기와 자기를 연구했어요. 그리고 생활에 유용한 장치들을 개발할 수 있었어요. 뜨거운 불에 달구었다가 식힌 못에 에나멜선을 감아 전류를 흘려 전자석을 만들었어요. 또한 전류가 흐르는 도선이 자기장 안에서 받는 힘을 이용해 스피커, 전동기 등과 같은 장치를 발명했지요.

반대로 자기장이 있는 곳에서 전류가 흐르게 할 수 있다는 사실을 알아내 발전기를 만들었답니다.

나침반 바늘이 움직이는 것 봤니?

전류가 흐르면 주변에 자기장이 생깁니다. 반대로 자기장이 있는 곳에서 전류가 흐르게 할 수 있지요.

**실험 돋보기**

## 전류와 자석으로 못 팽이 만들기

**준비물**
건전지
에나멜선(전선)
스카치테이프
못
사포
종이
네오디움 자석

**이렇게 해 봐요**
1. 에나멜선의 양쪽 끝 껍질을 벗깁니다.
2. 에나멜선 한쪽 끝을 건전지 한 극에 스카치테이프로 붙입니다.
3. 종이를 별이나 원 등 원하는 모양으로 자릅니다. 못대가리보다 조금 크게 자르세요.
4. 못의 가운데에 종이를 끼웁니다. 그런 다음 사포로 못의 양 끝을 문질러요. 이렇게 하면 나중에 못이 돌아가는 움직임이 잘 보여요.
5. 못대가리에는 네오디움 자석과 건전지에 연결된 에나멜선을 붙이고 못의 뾰족한 부분을 건전지의 다른 극에 붙입니다.

**어떻게 될까요?**
에나멜선의 다른 한쪽 끝을 못에 대었다 떼었다 반복하면 못이 팽이처럼 돌아갑니다.

**왜 그럴까요?**
건전지와 연결해 전류가 흐르는 못 주변에는 자기장이 생깁니다. 네오디움 자석 주변에도 자기장이 생깁니다. 이 두 자기장 때문에 잡아당기는 힘과 밀어내는 힘이 발생하며 못이 회전합니다.

# 굴러 내려온 공은 어디까지 올라갈까요?

• **관성** 물체가 외부에서 힘을 받지 않으면 자신의 운동 상태를 유지하려는 성질.

교과서 5학년 2학기 4단원, 물체의 운동 심화　**핵심 용어** 관성, 마찰, 사고 실험

## 머릿속 생각으로 결과를 예측해요

오목하게 팬 그릇에 공을 굴리면 공은 어떻게 될까요? 이탈리아 과학자 갈릴레이는 경사면 각도를 달리했을 때 굴러 내려간 공이 어디까지 올라올 수 있는지 궁금했어요. 그래서 한쪽 경사면의 기울기를 작게 만들어 공을 굴렸지요. 공은 처음 높이만큼 다시 올라왔어요. 기울기를 더 작게 만들어도 공은 처음 높이만큼 올라왔답니다. 이때 갈릴레이는 바닥 면에 물체의 운동을 방해하는 마찰이 없다면 굴러 내려온 공은 어디까지 갈지 알고 싶었어요. 실제로 마찰이 없는 바닥을 만들 수는 없어서 머릿속으로 실험했지요. 이를 **사고 실험**이라고 해요. 그 결과, 마찰이 없다면 경사면을 굴러 내려온 공은 멈추지 않고 끝없이 굴러갈 것이라고 했답니다.

## 관성의 법칙

버스가 급정거할 때 앞으로 넘어진 적 있나요? 버스가 갑자기 출발해서 몸이 젖혀진 적은요? 또 100m 달리기를 해 봤다면 결승점에서 멈추지 못하고 더 달렸던 경험이 있을 거예요. 모든 물체는 자신의 운동을 유지하려는 성질을 가지고 있습니다. 바로 **관성**이지요. 외부 힘이 없다면 정지했던 물체는 계속 정지해 있고, 운동하던 물체는 자기가 하던 운동을 계속하는 것을 뜻해요. 이런 관성을 갈릴레이가 먼저 생각했지만, 이것을 운동의 법칙으로 정리해 만든 것은 뉴턴이랍니다.

● 갈릴레이의 사고 실험

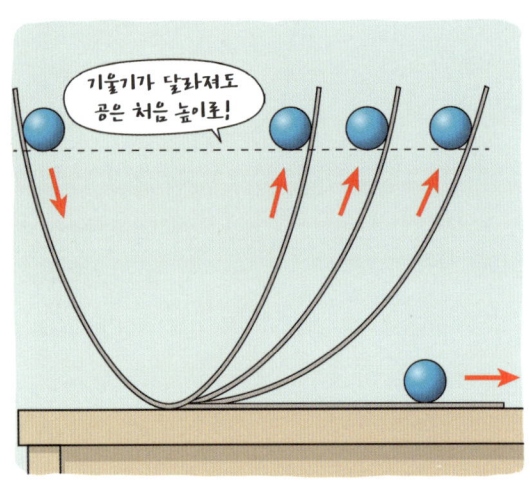

기울기가 달라져도 공은 처음 높이로!

### 어떻게 생각만으로 실험을 할까요?

**잠깐 과학실**

실제로 많은 과학자들이 사고 실험으로 많은 우주 법칙들을 알아냈답니다. 아인슈타인은 '빛의 속도로 움직이면서 내 얼굴을 거울로 보면 어떻게 보일까'를 상상하다가 유명한 '상대성 이론'을 생각해 냈어요. 똑똑한 우리 뇌를 믿으면 된답니다!

지금 실험 중이야.

 뉴턴은 "모든 물체는 관성을 갖는다."라고 했어요. 이것을 **관성의 법칙**이라 합니다. 달리는 자동차가 급정거하면 관성 때문에 자동차에 탄 사람은 앞으로 고꾸라질 수 있어요. 그러니 안전벨트를 꼭 해야 한답니다.

# 3장 호기심 탐구

영화 속 투명 망토를 만들 수 있을까요? 먼 옛날 지구에는 어떤 생물이 살았을까요? 식물에게도 사람처럼 콧구멍이 있을까요? 여러분 머릿속에 샘솟는 호기심을 가만히 묵혀 두지 마세요. 집에서도 밖에서도 직접 탐구할 수 있는 방법이 많답니다!

# 미끌미끌 비누는 어떻게 만들까요?

- **염기** 물에 녹아 수산화 이온을 만드는 물질.
- 염기성 물질은 쓴맛이 나고, 붉은 리트머스 종이를 푸르게 바꾼다.

교과서 5학년 1학기 4단원, 용해와 용액 심화  **핵심 용어** 염기

## 세상을 바꾼 비누의 발명

비누를 처음 사용한 때는 기원전 2800년경으로 아주 오래전부터입니다. 사람들이 고기를 구워 먹기 시작하면서 고기 기름이 재에 떨어졌고, 그 재를 비누로 사용했어요. 비누는 대표적인 염기성 물질이라, 물과 함께 사용하면 때의 원인인 동물성 지방과 단백질을 분해할 수 있습니다.

18세기 프랑스에서는 이런 비누를 하루 빨리 더 싼 값에 개발하고 싶었어요. 사람들이 자주 씻지 못하고, 세탁도 자주 하지 못해 벌레가 많았거든요. 그러다 보니 섬유 산업도 어려웠지요. 프랑스 정부는 이를 해결하기 위해 세탁비누를 만드는 소다(수산화소듐)를 만드는 사람에게 어마어마한 상금을 준다고 공모했어요. 10년 후, 드디어 과학자 르블랑이 소다를 만들어 사람들이 깨끗한 환경에서 살게 되었답니다.

## 염기성 물질인 비누

물에 녹아서 수산화이온을 만드는 물질을 **염기**라 합니다. 염기성 물질은 보통 쓴맛이 나고, 단백질을 녹여서 만지면 미끈미끈합니다. 붉은 리트머스 종이를 푸르게 바꾸거나 BTB용액을 푸른색으로 바꿉니다. 세제, 비누, 표백제 등이 주변에서 쉽게 볼 수 있는 염기성 물질이에요.

### 두부를 녹여요! — 잠깐 과학실

묽은 수산화소듐(수산화나트륨) 수용액은 염기성 용액입니다. 염기성 용액은 단백질을 녹이는 성질이 있어요. 묽은 수산화소듐 수용액에 두부를 넣고 1~2일이 지난 후 변화를 관찰하면, 단백질로 된 두부가 녹아 있는 것을 알 수 있습니다.

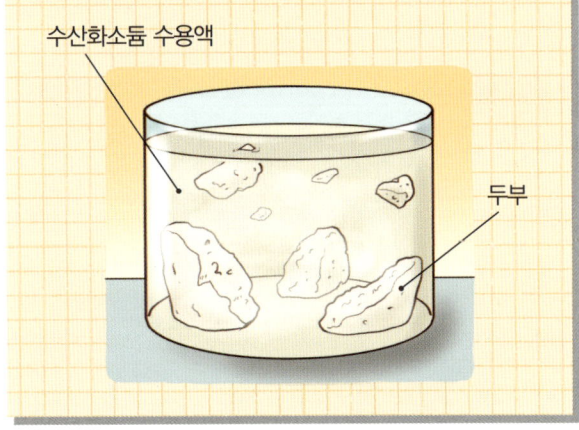

 르블랑은 목탄과 석회석을 넣은 황산소듐을 검은 재로 만들었어요. 이것으로 소다를 만들었답니다. 훗날 이 방법으로 50년 동안 소다를 만들어 비누, 섬유, 유리를 만드는 데 사용했어요.

# 공룡의 후손을 찾아라!

- **중생대** 고생대와 신생대 사이 시기(약 2억 5,000만 년 전~약 6,500만 년 전)
- 중생대에는 도마뱀, 공룡, 거대 곤충이 번성했다.

교과서 4학년 1학기 2단원, 지층과 화석 심화  **핵심 용어** 중생대, 파충류

## 지구에 살던 공룡은 어디로 갔을까요?

따뜻한 중생대에는 키가 큰 고사리 나무가 우거져 숲을 이루었어요. 중생대의 주인은 단연코 공룡이었습니다. 크기와 종류가 다양한 공룡들이 지구의 주인이 되어 살았지요. 고사리 나무에는 크고 작은 도마뱀이 오르내리고, 나무 사이로 초식 공룡인 브라키오사우루스가 풀을 뜯었어요. 무서운 육식 공룡 티라노사우루스가 이들을 노렸습니다. 키는 작지만 무리 지어 사냥하는 벨로키라프토르도 위협적인 육식 공룡이었지요. 바닷속에는 쇼니사우루스 같은 어룡이 있었어요. 무려 몸길이만 15m가 넘었지요. 시조새(아르카이오프테릭스)처럼 깃털 달린 공룡도 살았습니다.

하지만 중생대를 지배하던 공룡들은 이제 찾아볼 수 없어요. 중생대가 끝나면서 지구상에서 사라지고 말았어요. 우주에서 운석이 떨어지며 폭발한 화산이 햇빛을 막아 빙하기가 왔기 때문입니다.

## 공룡의 후손이 살아 있어요

이제 공룡을 볼 수 없다고 너무 슬퍼할 필요는 없습니다. 공룡의 후손이 아직 있기 때문이지요. 바로 조류입니다. 몸에 깃털을 달고 하늘을 날아다니는 새 말이에요. 중생대에 일부 공룡은 몸에 깃털이 나 있었어요. 깃털이 난 공룡은 진화해서 하늘을 나는 새가 되었답니다.

### 공룡의 흔적을 찾아 떠나요! 〔잠깐 과학실〕

우리나라에도 공룡의 흔적을 찾을 수 있는 중생대 유적지가 많아요. 경기 화성 고정리에 있는 공룡알 화석 산지에서는 중생대 공룡의 알 화석을 뚜렷이 볼 수 있어요. 경남 고성에서는 바닷가에 남은 공룡 발자국을 찾아볼 수 있답니다.

중생대는 약 2억 5,000만 년 전부터 약 6,500만 년 전까지 이르는 시기입니다. 도마뱀, 공룡, 거대한 곤충이 번성했어요. 이때에는 지금보다 산소 농도가 낮았기 때문에 곤충이 거대하게 자랐어요. 또한 따뜻하고 온난하며 비가 많이 내리는 기후 덕분에 고사리와 같은 양치식물이 숲을 이루었습니다. 꽃도 처음으로 피었어요.

# 우주의 비밀을 망원경으로 밝혀내요!

- **우주** 지구와 태양계 등 모든 천체가 있는 공간.
- 과학자들은 허블 우주망원경으로 블랙홀이 존재한다는 사실을 알아냈다.

교과서 6학년 1학기 5단원, 빛과 렌즈 심화  **핵심 용어** 허블 우주망원경, 빅뱅

## 망원경이 없었다면?

망원경은 1608년 네덜란드에서 발명했어요. 안경 제작자 한스 리페르세이가 아주 먼 거리에 있는 사물을 가까이 있는 것처럼 볼 수 있는 기구를 만들었지요. 이탈리아의 갈릴레이는 안경알을 조립해 3배 확대해 볼 수 있는 망원경을 만들었어요. 그 후 한스 리페르세이가 만든 안경을 발전시켜 30배율 망원경을 만들었습니다. 이 망원경으로 달을 관측하고, 태양계의 다른 행성도 발견했지요. 사람들은 망원경 덕분에 하늘의 별이 움직이는 존재라는 사실을 깨달았죠. 이렇게 사람들의 세계관이 변해 과학이 발전하는 토대가 되었습니다.

## 허블 우주망원경으로 밝혀낸 것은?

지구 대기권 위 600km 떨어진 곳에 허블 우주망원경이 있어요. 1990년 4월 우주왕복선 디스커버리호에 실려 우주 궤도에 들어갔지요. 과학자들은 허블 우주망원경으로 여러 가지 사실을 알아냈어요. 아주 오래전 빅뱅이 일어난 후 발생한 빛이 지구에 도달한 것을 포착해 우주의 나이를 계산했습니다. 초신성 관측으로 우주가 점점 더 빨리 팽창한다는 것도 알아냈어요. 은하 중심부에 태양보다 수억 배의 질량을 가진 블랙홀이 존재한다는 사실도 밝혀냈습니다. 외계 행성을 관측해 어떤 원소가 존재하는지도 알아냈지요. 2018년 현재는 제임스웹 우주망원경이 허블 우주망원경을 대체할 준비를 하고 있어요. 허블 우주망원경보다 더 먼 150만km 하늘 위로 띄워져서 빅뱅의 흔적을 찾아 초기 우주의 모습을 밝혀내기를 기대하고 있습니다.

이게 내가 만든 갈릴레이 망원경이야.

### 우주망원경이 고장 나면? [잠깐 과학실]

허블 우주망원경처럼 우주에 놓은 망원경도 고장을 일으키면 고쳐야 합니다. 실제로 허블 우주망원경도 여러 번 수리와 업그레이드를 하며 계속 써 왔습니다.

허블 우주망원경

얼른 고치자.

허블 우주망원경은 지름이 2.4m, 렌즈를 연결하는 통 길이가 약 13m, 무게가 12.2톤이나 되지요. 새로 발사할 제임스웹 우주망원경은 지름이 6.5m로 너무 커서, 접은 채로 발사했다가 우주에서 펼칠 계획이에요.

# 수원 화성을 짓는 데 도움이 된 거중기

- **도구** 힘을 적게 들이고 일을 할 수 있게 하는 장치.
- 도르래, 지렛대 같은 도구를 이용하면 힘을 적게 들여 일을 할 수 있다.

교과서 5학년 2학기 4단원, 물체의 운동 심화  **핵심 용어** 도구, 도르래, 지렛대

## 무거운 물체를 쉽게 들어 올려요

1792년 정조 임금의 명으로 화성을 건축할 때 실학자 정약용은 공사 기간이 길어지면 백성들이 힘들 것을 걱정했어요. 성을 쌓을 때 백성들이 무거운 돌을 들어 올리느라 애쓰는 모습을 본 정약용은 거중기를 발명했어요. 거중기는 움직도르래를 여러 개 연결해서, 무거운 물체를 들어 올릴 수 있는 기계입니다. 거중기에는 도르래가 위에 네 개, 아래에 네 개 연결되어 있어요. 아래쪽 도르래에 물체를 매달고, 도르래의 양쪽으로 잡아당길 수 있는 끈을 연결했지요. 끈을 잡아당기면 물레가 돌아가면서 물체가 들어 올려집니다. 거중기 같은 장비와 백성들의 노력으로 수원 화성은 단 2년 만에 지을 수 있었어요.

## 움직도르래와 고정도르래의 원리

도구를 이용하면 힘을 적게 들이고도 일을 할 수 있습니다. 이런 도구에는 도르래, 지렛대, 경사면, 나사 등이 있어요. 도르래에는 두 종류가 있는데, 그중 움직도르래는 도르래에 연결된 두 끈이 물체를 맞드는 원리로 움직입니다. 그러면 물체를 들어 올릴 때 힘이 적게 들어요. 반면에 고정도르래는 도르래에 연결된 끈이 하나라, 물체를 들어 올릴 때 필요한 힘은 그대로입니다. 하지만 줄을 중력이 작용하는 방향으로 잡아당기면 되기 때문에 좀 더 쉽게 물체를 들어 올릴 수 있어요.

### 지구를 들어 올릴 수 있을까요? — 잠깐 과학실

아르키메데스는 "지렛대와 큰 받침대가 있다면 지구를 손가락 하나로 들어 올릴 수 있다."라고 말했습니다. 이게 가능할까요? 허무맹랑해 보이지만 아주 터무니없지는 않답니다. 아주 긴 지렛대를 구할 수 있다면 말이에요.

지렛대는 무거운 물체를 들어 올릴 때 씁니다. 경사면으로 물체를 끌어 올릴 때는 물체를 직접 들어 올릴 때보다 힘을 적게 들일 수 있습니다. 이런 원리를 이용한 예에는 경사면으로 홈이 파인 나사가 있어요.

# 식물의 콧구멍은 어디에 있을까요?

- **엽록체** 식물 잎에 있는 세포 소기관.
- **기공** 식물 잎의 뒷면에 있고 이산화탄소나 산소 같은 기체가 드나드는 구멍.

교과서 6학년 1학기 4단원, 식물의 구조와 기능  **핵심 용어** 엽록체, 엽록소, 기공, 관다발

## 나무는 어떻게 겨울을 대비할까요?

나무는 가을이 되어 낮이 짧아지면 겨울을 맞을 준비를 합니다. 가을이 되어 햇빛을 받을 수 있는 시간이 줄어들면 광합성을 많이 하지 못하기 때문이지요. 그래서 단풍을 만들고, 잎을 떨어뜨려 몸에서 수분과 영양분이 빠져나오는 것을 막습니다.

　나뭇잎과 가지 사이에 코르크처럼 단단한 떨켜가 생기면 나뭇잎은 뿌리에서 물을 더 공급받지 못해요. 잎에서 만들어진 영양분도 다른 곳으로 더 이동하지 못합니다. 영양분을 만들지 못하면 잎에 있는 엽록소가 점점 파괴되어 초록빛 나뭇잎은 노란색이나 빨간색으로 변하지요. 시간이 더 지나면 떨켜가 자라 잎이 떨어진답니다.

## 식물의 콧구멍인 기공

잎의 뒷면은 표피 조직으로 이루어져 있어요. 또한 공변세포로 둘러싸인 기공이 있지요. 공변세포는 기공을 열고 닫습니다. 기공은 식물의 콧구멍 같아요. 광합성과 호흡을 하기 위해 기공으로 이산화탄소나 산소와 같은 기체가 드나들거든요.

　물은 증기 형태로 식물의 몸 밖으로 나가요. 그러면 부족한 물을 끌어 올리기 위해 뿌리에서 물을 빨아들여요. 마치 빨대로 물을 빨아들이면 빨대를 타고 물이 올라오는 것처럼 말이지요.

● 잎의 구조

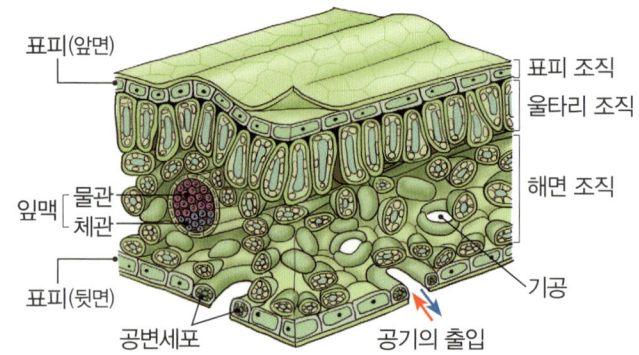

### 잎 모양을 비교해 봐요　　잠깐 과학실

잎 모양은 식물마다 다릅니다. 선인장같이 사막 지역에 사는 식물은 수분을 적게 내보내기 위해 잎이 바늘처럼 좁고 길게 생겼어요. 열대 지역에 사는 식물은 잎 모양이 넓고 크답니다. 우리나라에서도 산 높이나 지역별 기온에 따라 식물의 생김새가 다르니 찾아서 비교해 보세요.

잎의 겉은 표피 조직으로 이루어져 있습니다. 표피 조직과 잎맥을 제외한 나머지 부분은 세포가 규칙적으로 배열된 '책상 조직'과 불규칙적으로 배열된 '해면 조직'으로 이루어졌습니다. 물과 영양분이 이동하는 통로인 '관다발'도 볼 수 있지요. 잎을 이루는 세포에는 엽록체가 있어서 광합성을 하며, 잎이 초록색으로 보인답니다.

# 식초를 뿌렸더니 바위가 갈라졌어요!

- **산** 물에 녹으며 탄산화칼슘과 반응하여 이산화탄소를 내놓는다.
- **염기** 물에 녹아 수산화 이온을 내놓는 물질.

교과서 5학년 2학기 5단원, 산과 염기   핵심 용어 산, 염기

## 전쟁에서 승리를 이끈 식초

식초는 무침이나 초장, 초밥에서 새콤한 맛을 책임지는 대표적인 산입니다. 기원전 218년 카르타고 총독 한니발은 식초를 전쟁에 이용했어요. 로마를 공격하기 위해 떠났을 때 일입니다. 한니발이 이끄는 군대는 따뜻한 지역에서 훈련을 받아, 눈 덮인 알프스 산맥은 익숙하지 않았어요. 엎친 데 덮친 격으로, 알프스를 내려가는 유일한 길이 바위로 막혀 있었지요. 이때 한니발은 가지고 있던 초산이 생각났어요. 당시 강한 초산에 물을 섞어 음료로 마셨거든요.

## 바위를 녹인 초산의 비밀

알프스는 석회석이나 대리석으로 이루어져 있었습니다. 한니발은 부하들을 시켜 바위 주변에 나무를 쌓고 불을 질렀어요. 바위가 매우 뜨겁게 달구어졌을 때 한니발은 가지고 있던 초산을 부었어요. 그러자 바위가 녹아내리고 길이 생겼습니다. 그렇게 험난한 알프스를 지나 로마로 갈 수 있었답니다. 누구도 예상치 못한 길로 공격해 로마 북쪽의 트레비아강은 핏빛으로 물들었어요.

산은 탄산칼슘과 반응해 이산화탄소를 내놓아요. 산이 석회석이나 대리석을 녹이기 때문에 산성비가 대리석 조각품을 녹여요. 한니발은 대리석 성분인 탄산칼슘이 산과 반응한다는 점을 이용했어요.

### 달걀 껍데기를 없애요   잠깐 과학실

대리석처럼 달걀 껍데기도 탄산칼슘 성분으로 이루어져 있어요. 이 점을 이용해 매끈한 달걀을 만들 수 있습니다. 우선 유리병에 식초를 담고 달걀이 잠기게 넣습니다. 뚜껑을 덮고 변화를 관찰해요. 달걀 표면에 생기는 작은 공기 방울은 식초가 달걀 껍데기의 탄산칼슘을 녹이면서 나오는 반응입니다. 며칠 후 달걀을 꺼내어 보면 껍데기가 사라져 있을 겁니다.

산은 신맛이 나고, 금속과 반응해 수소 기체를 만듭니다. 산성 물질은 푸른 리트머스 종이를 붉게 만들어요. BTB용액은 노란색으로, 메틸오렌지 용액은 붉게 바꿉니다. 식초, 레몬, 김치, 위액뿐 아니라 개미 꽁무니에서 나오는 개미산도 산성 물질이에요. 염산이나 황산과 같은 강한 산성 용액은 물질을 녹일 수 있기 때문에 위험합니다.

# 깊은 바다 밑에 누가 살까요?

- **심해 생물** 수심 약 200미터 이상이 되는 곳에서 사는 생물.
- **기압** 공기가 누르는 압력.

교과서 3학년 2학기 2단원, 동물의 생활　**핵심 용어** 기압, 심해 생물

## 깊은 바다에 사는 특이한 생물

바다 깊이 내려갈수록 캄캄해집니다. 햇빛이 닿을 수 있는 바다 깊이가 약 150m이기 때문입니다. 이보다 깊은 바다로 내려가면 햇빛이 닿지 않기 때문에 식물은 살 수 없어요. 심해 물고기를 비롯해 불가사리, 갯지렁이 같은 동물이 산답니다.

빛이 없는 곳에 사는 생물은 다른 감각 기관이 발달했어요. 아주 약한 빛을 이용하는 물고기는 눈이 발달하고, 어떤 물고기는 아예 눈이 기능을 못합니다. 또 어떤 물고기는 스스로 빛을 내는 발광기를 갖고 다녀요.

## 몸을 누르는 압력이 큰 심해

깊은 바다에는 햇빛도 없지만 몸을 짓누르는 물의 무게도 커요. 압력을 견뎌야 하기 때문에 심해 동물은 아주 느리게 헤엄치고, 몸집도 아주 작습니다. 생김새도 아주 특이하지요. 높은 압력 때문에 눈이 툭 튀어나온 물고기가 많습니다.

깊은 바다에는 먹이가 부족해서 바다 아래로 가라앉는 식물성 플랑크톤을 먹기도 해요. 먹을 수 있을 때 한 번에 많이 먹어야 하기 때문에 위가 4배까지 늘어나는 신기한 동물도 있어요.

● 여러 가지 심해 생물

블로브 피시
볼록눈 물고기
뱀파이어 오징어
송곳니 물고기
심해 아귀

### 심해는 어떻게 탐사할까요? [잠깐 과학실]

높은 압력과 차가운 수온이 일 년 내내 유지되는 심해를 탐사하기 위해 과학자들은 심해잠수정을 제작했어요. 심해잠수정 FNRS 3호기는 4,050m까지 들어갔습니다. 그리고 트리에스테 2호기로 바닷속 1만 916m에 들어가는 데 성공했습니다. 이런 잠수정을 개발할 때 가장 큰 어려움은 수압을 극복하는 데 있습니다.

여기까지 내려오다니 대단하군!
초롱아귀

바다 깊이 들어갈수록 태양빛이 들지 않아 차가워요. 물의 양이 많기 때문에 압력도 높습니다. 대략 1km 아래까지 내려가면 그곳부터는 수온이 일정하고 압력만 점점 더 높아집니다. 지표면에서 공기가 누르는 압력이 1기압인데, 이것은 바닷속 10m 아래에서 받는 압력과 같습니다. 이렇게 바다 밑으로 내려갈수록 압력은 커져요.

# 고구려 고분 벽화에 별자리 그림이 있대요!

- **별자리** 별을 몇 개씩 연결해 신화 속 인물이나 동물, 물건의 이름을 붙인 것.
- 계절마다 보이는 별자리가 다르다.

교과서 5학년 1학기 3단원, 태양계와 별  **핵심 용어** 별자리, 천상열차분야지도

## 별자리를 만들고 이야기를 엮었어요

옛날에는 시계나 달력, 나침반, GPS와 같은 장치가 없었기 때문에 절기를 알거나 길을 찾을 때 밤하늘의 별을 많이 이용했어요. 길잡이로 쓰던 별을 기억하기 쉽도록 별자리를 만들고 이야기를 엮었지요. 예를 들면 견우성과 직녀성에는 은하수를 사이에 두고 7월 7석에만 만나는 견우와 직녀 이야기가 담겨 있습니다. 당시 좀생이별로 불렸던 것은 플레이아데스성단입니다. 우리 조상들은 좀생이별이 달과 가깝게 보이면 흉년이 들고, 멀게 보이면 풍년이 든다 믿었답니다.

## 옛 조상들이 별자리를 관측한 흔적

우리나라는 아주 오래전부터 별을 관측하고 이용했어요. 청주에서는 북두칠성과 북극성, 카시오페이아자리가 새겨진 고인돌을 발견했고, 고구려 고분 벽화에서 별자리 그림을 찾았습니다. 또한 조상들은 별자리를 만들어 천문도를 남겼답니다.

천문도에서 조상들은 하늘의 별자리를 마치 땅처럼 구역을 나누어 놓았어요. 적도를 따라 12지역으로 나누었지요. 북극을 중심으로 동그라미를 그리고 그 안에 별 1,464개를 새겨 넣었습니다. 별자리마다 이름을 만들어 넣었어요. 동그라미 둘레에는 예부터 전해 내려오는 28수의 별자리를 놓았어요. 이렇게 그린 하늘의 지도, 즉 천문도가 세계에서 두 번째로 오래된 '천상열차분야지도'랍니다.

천상열차분야지도
자료 : 문화재청

### 우리나라 별자리를 찾아봐요  **잠깐 과학실**

우리나라에서 볼 수 있는 길잡이별이 참 많답니다. 계절마다 어떤 별자리가 보이는지 조사해 보세요.

별자리는 별을 몇 개씩 연결해 신화 속 인물이나 동물 등의 이름을 붙인 것입니다. 나라 또는 지역마다 별자리가 다르기 때문에 1928년 국제천문연맹에서 별자리를 확정했습니다. 태양이 지나는 황도를 따라 12개, 북반구 하늘에 28개, 남반구 하늘에 48개로 모두 88개입니다. 이 중 우리나라에서 보이는 별자리는 67개, 일부만 보이는 별자리는 12개입니다.

# 컬링 스톤은 얼마나 미끄러져 갈까요?

• **마찰력** 물체가 바닥면과 접촉하여 움직일 때 접촉면에서 물체의 운동을 방해하는 힘.

교과서 5학년 2학기 4단원, 물체의 운동 심화  **핵심 용어** 마찰력

## 마찰력을 이용한 스포츠 컬링

빙판에서 빗자루로 바닥을 닦는 스포츠 컬링을 어떻게 하는지 아나요? 얼음판에서 선수 한 명이 둥글고 커다란 돌로 된 '스톤'을 '하우스'라고 불리는 원을 향해 밀어 보냅니다. 나머지 선수 세 명은 스톤을 하우스 안에 세우려고 바닥을 열심히 닦아요. 빗자루 '브룸'으로 바닥을 닦는 '스위핑'하면 스톤과 얼음판 사이에 물로 된 막이 생겨 마찰력이 줄어듭니다. 스톤이 앞으로 쭉 나아갈 수 있어요. 스위핑은 컬링의 승패를 좌우할 가장 흥미로운 전략입니다. 속도와 압력이 중요해요. 그래서 얼음판에 압력을 최대한 가할 수 있도록 브룸의 각도를 조절해 바닥을 빠르게 문지릅니다. 마찰력이 줄어든 스톤은 하우스에 들어가거나 아예 하우스를 지나갈 수 있으니 얼마만큼 문지를지 말지 잘 판단해야 해요.

## 물체의 운동을 방해하는 마찰력

**마찰력**은 물체가 바닥면과 접촉하여 움직일 때 접촉면에서 물체의 운동을 방해하는 힘입니다. 마찰력이 크면 운동을 방해받아 물체가 멀리 나가지 못해요. 반대로 마찰력이 작으면 물체가 멀리 나갈 수 있어요. 마찰력이 전혀 없다면 물체는 멈추지 않고 한없이 같은 속도로 움직일 거예요. 마찰력 크기는 접촉면 성질에 따라 달라요. 접촉면이 거칠면 마찰력이 크고 접촉면이 매끄러우면 마찰력이 작습니다. 또 물체의 무게가 크면 마찰력이 크고 물체의 무게가 작으면 마찰력도 작아요. 물체가 바닥면과 접촉하는 면적과 마찰력은 관계없어요.

### 가장 오래 도는 팽이는? 　잠깐 과학실

CD 가운데 구멍에 구슬을 접착제로 붙여 팽이를 만듭니다. 3개를 만들어 각각 나무 탁자 위, 사포 위, 매끈한 책 표지 위에 놓고 동시에 돌려요. 어떤 팽이가 가장 오래 돌까요? 지식 현미경을 참조하세요.

 바닥의 마찰력이 작은 곳에서 큰 곳 순서로 팽이가 오래 돕니다. 마찰력은 '매끈한 책 표지 < 탁자 < 사포' 순으로 커져요. 팽이는 운동을 방해하는 힘이 가장 작은 매끈한 책 표지 위에서 가장 오래 돌아요.

# 지구의 나이를 알아내는 방법

• **방사성 원소** 방사능을 가지는 원소로, 불안정하여 원자핵이 붕괴되며 방사선을 방출하는 원소.

교과서 4학년 1학기 2단원, 지층과 화석 심화  핵심 용어 방사성 원소

## 지구는 몇 살일까요?

옛날에 과학자들은 처음에 아주 뜨거웠던 지구가 오늘날처럼 식는 데 걸리는 시간만 알면 지구 나이를 알 수 있다고 생각했어요. 그래서 지구의 나이가 2천만 살에서 4억 살 사이라고 생각했지요. 이 주장 때문에 다윈은 꽤 난감해졌어요. 지구가 그렇게 젊다면 다윈이 연구한 생물의 진화가 일어날 수 없기 때문이죠. 생물이 진화하려면 훨씬 더 오랜 시간이 필요하거든요.

## 방사성 원소로 지구 나이를 알아냈어요

1896년 방사성 원소를 발견하면서 기존 과학자들의 생각은 달라졌어요. 지구 내부에 있는 방사성 원소는 붕괴하는 성질이 있어서, 그대로 두면 다른 원소로 바뀝니다. 방사성 원소는 처음 양의 반이 다른 원소로 바뀌는 데 필요한 시간이 일정했어요. 그래서 어떤 암석 안에 든 두 원소 양을 비교해 보면 암석이 얼마나 오래되었는지 알 수 있어요.

러더퍼드는 이 방법으로 지구의 나이를 알아낼 수 있다고 했습니다. 지구에 있는 방사성 원소 우라늄-238은 반으로 줄어드는 시간이 45억 년이었어요. 그러므로 지구의 나이도 45억 년쯤 된다고 주장했어요. 이후 이 사실을 뒷받침하는 화석이 많이 발견되었습니다. 현대 과학자들이 알아낸 지구의 나이는 대략 46억 살이랍니다.

### 잠깐 과학실 — 지구는 어떻게 만들어졌을까요?

가끔 우주에서 작은 미행성이 지구로 떨어집니다. 바로 '운석'이지요. 그런데 오래전 미국에 떨어진 운석과 지구, 태양의 나이가 비슷하다는 것이 밝혀졌어요. 이를 보아 태양이 생길 때 지구도 생겼다고 생각할 수 있어요. 갓 생긴 태양이 회전하면서 남은 암석과 금속 성분이 태양 주변을 돌며 합쳐졌어요. 이때 생긴 덩어리가 점점 크게 성장하면서 주변 다른 미행성과 뭉쳐진 결과, 지구가 되었답니다.

오래된 암석이나 지층에 남은 화석의 나이를 알아낼 때는 '방사성 동위 원소 연대 추정법'을 이용합니다. 방사성 원소의 반이 다른 원소로 변하는 시간인 '반감기'는 원소마다 일정해요. 그래서 암석이나 화석 속 방사성 동위 원소의 비율을 측정하면 얼마나 오래된 암석인지 알아낼 수 있지요.

# 악기가 소리를 내는 법

- **소리의 3요소** 크기, 높낮이, 맵시.
- **진동수** 1초 동안 진동하는 횟수.
- 소리를 내는 물체에 따라 소리 파동의 모양이 달라 각기 다른 소리를 낸다.

교과서 3학년 2학기 5단원, 소리의 성질    **핵심 용어** 소리의 3요소, 진동수, 진폭, 파형

## 악기는 소리를 어떻게 낼까요?

오케스트라는 현악기, 관악기, 타악기처럼 다양한 소리를 내는 악기로 구성되어 있어요. 생김새도 연주 방법도 모두 다르답니다. 바이올린, 비올라 같은 현악기는 팽팽하게 당겨진 줄을 진동시켜서 파동을 만들어 소리를 내요. 바이올린의 현을 켜면 진동이 줄받침과 울림기둥을 타고 음판으로 전해집니다. 그리고 그 진동이 바이올린 안팎의 공기를 진동시켜 소리를 내지요.

플루트, 트럼펫 같은 관악기는 금속이나 나무로 만든 관에 입으로 공기를 넣으면 파동이 생겨요. 플루트 같은 목관 악기는 연주자가 관에 뚫린 구멍을 막았다 열고, 트럼펫 같은 금관 악기는 밸브로 공기 흐름을 조절해 높낮이를 맞춥니다.

물체를 두드리거나 흔들어서 진동시키는 타악기도 알아볼까요? 트라이앵글과 실로폰은 봉을 두드릴 때 생기는 진동으로 소리를 냅니다. 실로폰은 바(bar)의 길이로 음의 높낮이를 조절하지요.

## 소리를 결정하는 크기, 높낮이, 맵시

어떤 소리가 날지 결정하는 3가지 요소가 있어요. 바로 소리의 크기, 높낮이, 맵시이지요. 소리의 크기는 소리의 세기, 즉 진폭을 말해요. 북을 세게 치거나 활을 강하게 그으면 소리가 크게 납니다. 큰 소리는 진폭이 크고 작은 소리는 진폭이 작아요.

소리의 높낮이는 음의 높낮이를 뜻해요. 높낮이는 1초 동안 진동하는 횟수인 **진동수**를 말해요. 진동수가 크면 높은 소리가, 진동수가 작으면 낮은 소리가 납니다.

소리의 맵시는 음색을 말합니다. 같은 계이름 솔을 연주해도 바이올린의 솔과 플루트의 솔은 달라요. 소리를 내는 물체에 따라 소리 파동의 모양인 파형이 달라서 각기 다른 소리를 냅니다.

● **소리의 종류**

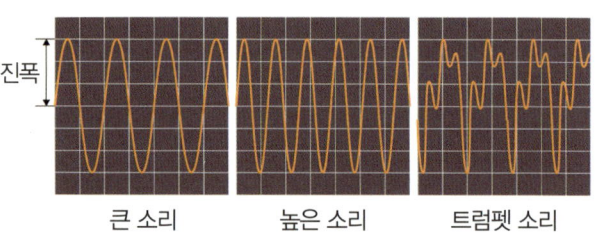

큰 소리        높은 소리        트럼펫 소리

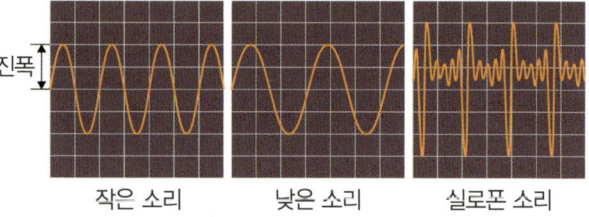

작은 소리        낮은 소리        실로폰 소리

악기들 모두 높은 음을 낼 때는 현, 관, 봉의 길이를 짧게 해서 진동수를 높입니다. 반대로 낮은 음을 낼 때는 현, 관, 봉의 길이를 길게 해서 진동수를 낮춥니다.

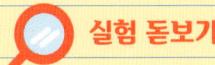 **실험 돋보기**

## 빨대로 팬파이프를 만들어요

**이렇게 해 봐요**

1. 빨대 8개를 나란히 놓고 한쪽 끝을 가지런히 맞춥니다.
2. 빨대 끝을 맞추어 빨대 한쪽 끝에 테이프를 붙여 빨대끼리 고정합니다.
3. 각각의 빨대가 다음 길이가 되도록 빨대를 고정하지 않은 쪽에 자를 대고 눈금을 표시합니다. 아래 표는 빨대 길이 10cm를 기준으로 도레미파솔라시도 소리를 내는 빨대 길이의 비율입니다.

**준비물**
굵은 빨대 8개
가위
테이프
스티로폼(또는 고무찰흙)
자
펜

|  | 도 | 레 | 미 | 파 | 솔 | 라 | 시 | 도 |
|---|---|---|---|---|---|---|---|---|
| 빨대 길이 | 10cm | 8.9cm | 8cm | 7.5cm | 6.7cm | 6cm | 5.3cm | 5cm |
| 비율 | 1 | $\frac{8}{9}$ | $\frac{4}{5}$ | $\frac{3}{4}$ | $\frac{2}{3}$ | $\frac{3}{5}$ | $\frac{8}{15}$ | $\frac{1}{2}$ |

4. 표시한 눈금대로 빨대를 자릅니다.
5. 빨대 가운데 부분과 자른 쪽 부분에 테이프를 붙여 고정합니다. 그 다음 자른 쪽 빨대 구멍을 스티로폼으로 막습니다.
6. 자르지 않은 쪽 빨대 끝 각각을 입에 가까이 대고 세게 붑니다. 길이별로 소리가 어떻게 들리나요? 같은가요?

**어떻게 될까요?**

빨대 길이가 짧을수록 높은 음이 나요. 가장 긴 빨대부터 차례로 불면 도레미파솔라시도 음계를 들을 수 있어요.

**왜 그럴까요?**

소리의 파동을 '음파'라 합니다. 길이가 짧은 관을 지나는 음파는 긴 관을 지나는 음파보다 빨리 진동해요. 진동을 더 많이 하면 높은 음을 낸답니다.

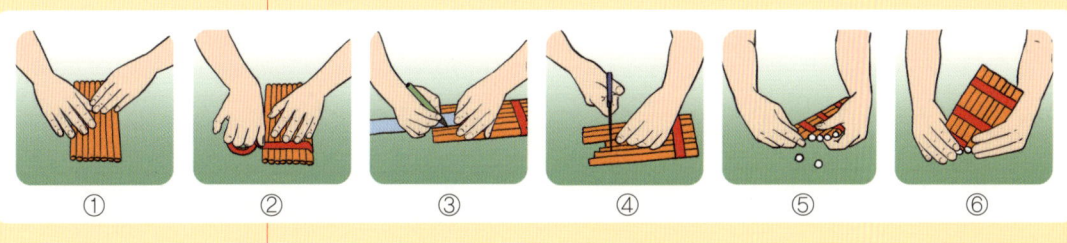

① ② ③ ④ ⑤ ⑥

# 물질을 이루는 가장 작은 입자는?

• **쿼크** 물질과 우주를 구성하는 가장 기본이 되는 입자.

교과서 3학년 1학기 2단원, 물질의 성질 심화  **핵심 용어** 쿼크, 분자, 원자, 원소

## 마지막 기본 입자를 찾았어요

미국 시카고에는 둘레가 6.28km인 커다란 원형 시설물이 있었습니다. 지름이 2km나 되는 이 시설은 페르미 국립 가속기 연구소에 있는 테바트론이에요. 안에서는 물질의 기본이 되는 입자들이 계속 돌았어요. 빠른 속도로 쏘아진 입자들이 원 안을 돌며 점점 빨라지다가 맞은 편에서 오던 입자와 쾅! 부딪혀요. 입자는 아주 아주 강한 힘으로 단단하게 결합되어 있어서 웬만한 충격으로는 쪼개지지 않아요. 어마어마하게 큰 속도로 부딪혀야만 그 충격으로 입자가 쪼개질 수 있답니다.

1995년 이 가속기 속에서 마지막 기본 입자가 발견되었어요. 어마어마한 속도로 달리던 양성자와 반양성자가 달리다가 쾅! 부딪치며, 막내 기본 입자가 눈에 보이지 않는 잠깐 동안 나타났다가 사라졌습니다. 연구원들이 애타게 기다리던 마지막 쿼크인 '꼭대기쿼크'(top 쿼크)였어요.

## 쿼크는 무엇인가요?

물질은 물질의 성질을 그대로 가지는 분자로 이루어져 있습니다. 분자는 원소의 성질을 지니는 원자로 이루어져 있고요. 원자는 원자핵과 전자로 이루어져 있습니다. 원자핵은 중성자와 양성자로 이루어져 있습니다. 중성자, 양성자, 전자와 같은 입자를 이루는 기본 입자가 **쿼크**입니다. 쿼크에는 성질이 비슷한 쿼크끼리 3쌍, 모두 6개가 있습니다. 위쿼크(up 쿼크)-아래쿼크(down 쿼크), 야릇한쿼크(strange 쿼크)-맵시쿼크(charm 쿼크), 꼭대기쿼크(top 쿼크)-바닥쿼크(bottom 쿼크)가 있어요.

● 쿼크

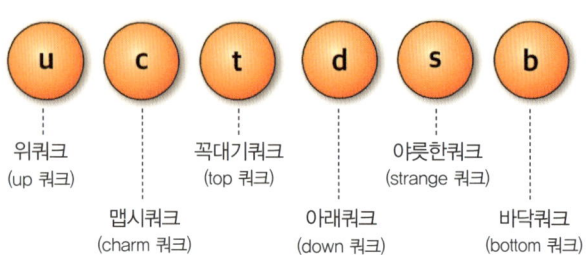

### 잠깐 과학실
**원자보다 작은 입자를 찾으려면?**

입자 가속기는 작은 입자들을 아주 빠른 속도로 가속시켜서 충돌시킬 때 나오는 물질을 관측하는 기기입니다. 원자보다 작은 입자를 관측하는 현미경이라 할 수 있지요. 하지만 원자보다 작은 입자들이 아주 강한 힘으로 묶여 있기 때문에 이들을 관측하려면 아주 큰 입자 가속기가 필요해요. 현재 운영되는 유럽 원자핵 공동 연구소의 대형 강입자 충돌기(LHC)는 둘레가 27km나 되지요.

과학자들은 물질을 이루는 기본 입자가 6개일 것이라고 추측했어요. 1964년 미국의 겔먼이 처음 제시한 후에 과학자들의 오랜 노력으로 1995년 꼭대기쿼크를 발견하면서 30년 만에 기본 입자 쿼크를 모두 확인한 거예요. 쿼크가 모여서 양성자나 중성자를 이루어요.

# 동굴에서 131일 동안 혼자 견딜 수 있을까요?

- **무중력 상태** 중력이 작용하지 않거나 다른 힘과 상쇄되어 무게가 0이 되면서, 물체가 공중에 그대로 뜨는 상태.
- 우주에는 산소가 없어 우주복이 필요.

교과서 6학년 1학기 2단원, 지구와 달의 운동 심화  **핵심 용어** 무중력 상태, 우주 탐사

## 동굴에서 혼자 지낸다면?

우주를 탐사하려면 오랫동안 우주 비행을 견뎌야 합니다. 우주에서는 지구처럼 하루 24시간으로 흘러가지 않아요. 하루의 구분이 없을 때, 사람들은 잘 자고 잘 먹을 수 있을까요?

이를 알아보기 위해 이탈리아의 실내 건축가 스테파니아 폴리니는 1989년 뉴멕시코의 동굴에서 131일 동안 혼자 지내기로 했어요. 동굴 속에는 운동장만 한 공간과 약 3층짜리 집이 있었지요. 날짜와 시간을 알 수 있는 것은 아무것도 없었습니다.

약속된 131일이 되었을 때 폴리니는 깜짝 놀랄 수밖에 없었어요. 시계 없이 혼자 생각한 시간은 아직 두 달이나 남은 줄 알고 있었거든요. 이 실험은 시계도 날짜도 모른 채 생활하던 폴리니의 신체 리듬이 실제와 다르다는 것을 알려 주었어요.

## 우주선에서 생활하기

우주에서 하는 생활은 지구와는 많이 다릅니다. 중력이 없기 때문에 도구 없이는 혼자 설 수도 앉을 수도 없어요. 우주에 산소는 없지만, 우주선 안에 산소 공급 장치가 있습니다. 밀가루, 조미료처럼 가루로 된 식재료는 갖고 갈 수가 없어, 음식은 우주 식량으로 대신합니다. 우주인은 우주선에서 식물이나 동물을 기르는 실험을 하기도 합니다.

### 우주복에는 어떤 장치가 있을까요? — 잠깐 과학실

우주 탐사를 떠나는 사람들에게 우주복은 필수입니다. 우주복에는 생명유지장치와 체온조절장치 등 여러 가지 기능을 갖춘 장치가 필요해요. 외부에서 들어오는 방사선도 막고요.

생명 유지 장치 / 태양광 차단기 / 체온 조절 장치

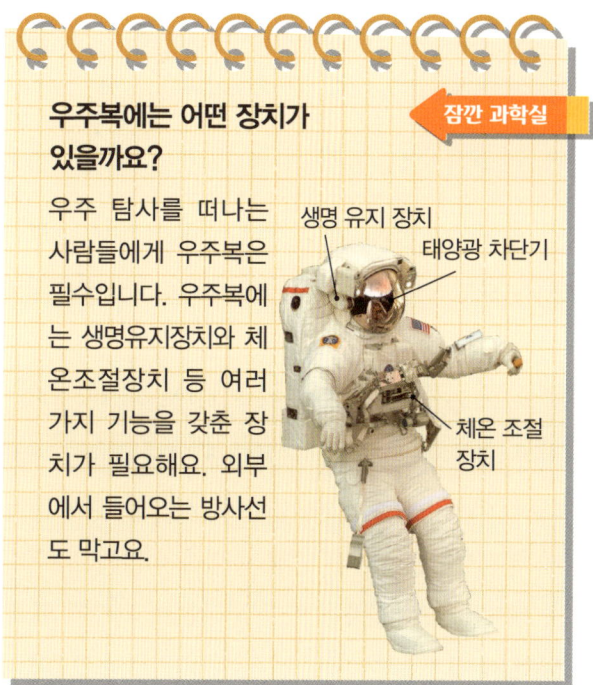

폴리니는 혼자 고립된 생활을 할 때, 규칙적으로 생활하려고 노력했어요. 일어나서 아침을 먹고 운동을 하고 책을 읽는 것처럼요. 그런데 폴리니의 신체 리듬은 점차 깨졌어요. 잠을 푹 자지 못하고 깨는 시간이 많아졌지요. 자지 않고 깨어 있는 시간이 길어지면서 점점 살도 빠졌어요. 물론 매일 혈액 검사와 소변 검사로 건강을 점검했고, 동굴 밖에서는 연구진이 항상 대기했습니다.

# 유전자 재조합 옥수수를 먹어도 돼요?

• **유전자 재조합** 유전자의 배열 순서를 바꾸거나 다른 유전자와 조합해 새로운 유전자를 만드는 기술.

교과서 5학년 2학기 2단원, 생물과 환경 심화  핵심 용어 유전자 재조합, 유전공학

## 옥수수를 해충 없이 기르는 법

쫀득쫀득 옥수수는 우리나라뿐 아니라 많은 나라에서 사랑받는 작물이에요. 그런데 열심히 기른 옥수수에 해충이 생겨서 농사를 망쳐 버리기도 하지요. 고민 끝에 과학자들은 옥수수를 해충 없이 기르는 법을 찾아냈어요. 바로 유전자 재조합 기술입니다.

'나비 세균'이라 불리는 미생물은 곤충에게 해로운 BT 프로토톡신이라는 독성 물질을 만들어요. 과학자들은 '나비 세균'의 독성 물질을 만드는 유전자를 잘라 옥수수 유전자 속에 넣는 기술을 개발했어요. 옥수수의 비슷한 유전자를 잘라 내고 집어넣었기 때문에 겉으로는 옥수수가 달라졌는지 구별하기 어려웠어요.

## 유전자 재조합 옥수수는 안전할까요?

나비 세균과 유전자를 재조합한 옥수수는 잘 자랐고, 예상대로 해충이 꼬이지 않아 옥수수를 많이 길러 낼 수 있었지요. 하지만 문제가 생겼어요. 유전자 재조합 옥수수의 꽃가루를 먹은 제주왕나비과의 애벌레가 죽고 말았거든요. 예상치 못한 문제에 유럽연합은 이 옥수수를 수입하지 않기로 했고, 유전자 재조합 식품을 먹어도 되는지 논란이 일어났어요.

유전자 재조합 식물

### 유전자 복제의 문제점은?  *잠깐 과학실*

1996년 영국에서 복제 양 돌리가 태어났어요. 다른 양들은 난자와 정자가 만난 수정란이 자라 새끼로 태어납니다. 하지만 돌리는 체세포를 배양한 새끼 양이었어요. 같은 방법으로 죽은 동물과 똑같은 동물을 만들거나, 나와 유전자가 똑같은 아기를 태어나게 할 수도 있어요. 하지만 사람의 유전자를 복제하는 것은 인간 존엄성을 훼손할 수 있는 문제예요. 그래서 법으로 엄격하게 제한하고 있답니다.

'유전공학'은 생물의 유전자를 조작하거나 가공해서 실생활에 적용하는 학문입니다. 유전자 재조합 기술에서 시작되었어요. 이는 한 생물에 원하는 특성을 가진 다른 생물의 유전자를 집어넣어 새로운 품종을 만드는 기술이지요.

# 석유는 언제 만들어졌을까요?

• **화석 연료** 아주 오래전에 지구에 살던 생물이 땅에 묻혀 화석처럼 굳어 연료로 사용되는 것.

교과서 4학년 1학기 2단원, 지층과 화석   핵심 용어 화석 연료

## 석유는 언제부터 썼을까요?

땅속에서 나는 검은 기름, 석유를 사람들은 언제부터 사용했을까요? 그 역사는 기원전 5000년쯤, 신석기 시대까지 거슬러 올라갑니다. 샘물처럼 땅에서 조금씩 스며 나오는 검은 액체에 사람들은 불을 붙이거나 방수하는 데 썼어요. 조금 이상하지만 설사할 때 약으로 사용하기도 했답니다. 고대 메소포타미아 지방에서는 석유 찌꺼기를 굳힌 아스팔트로 놀라운 건축물 지구라트를 완성하기도 했어요. 지금은 도로를 누비는 자동차나 하늘을 나는 비행기도 석유 연료로 움직입니다.

● 원유의 분리

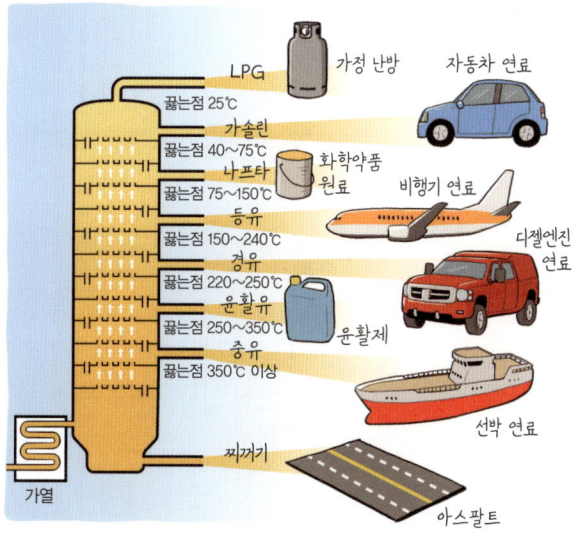

## 석탄과 석유가 만들어진 과정

사람이 나타나기 전에 지구에는 다양한 식물과 동물이 살았습니다. 이때를 '지질 시대'라고 합니다. 지질 시대에 살던 식물이 급속히 땅속에 묻혀서 높은 열과 압력을 받아 검은 돌로 단단하게 변했어요. 이것이 **석탄**입니다. 그리고 공룡 같은 동물의 사체와 식물이 땅에 묻혀 아주 높은 열과 압력을 받아 만들어진 연료는 **석유**이지요.

### 원유는 어떻게 사용할까요? [잠깐 과학실]

땅속에서 방금 솟아나온 따끈따끈한 원유는 여러 가지 성분의 석유가 섞여 있는 혼합물입니다. 사람들은 원유를 아주 높은 온도까지 끓여서 다양한 종류의 기름을 정유해 사용한답니다.

석유와 석탄처럼 지질 시대에 땅속에 묻혀서 화석처럼 굳어 오늘날 연료로 이용하는 물질을 **화석 연료**라고 합니다. 사람들에게 유용하게 쓰여요. 하지만 화석 연료를 사용하는 과정에서 지구 온난화 현상이 일어나고, 매장량이 한정되어 있기 때문에 사람들은 화석 연료를 대체할 연료를 찾고자 노력하고 있습니다.

# 세상에서 가장 빠른 공을 어떻게 쳐요?

• **공기 저항** 공기 속을 운동하는 물체가 공기 때문에 운동을 방해받는 것. 떨어지는 물체가 빠를수록, 떨어지는 쪽의 면적이 클수록 커진다.

교과서 5학년 2학기 4단원, 물체의 운동 심화　**핵심 용어** 공기 저항

## 세상에서 가장 빠른 공은?

축구공, 농구공, 야구공 등 많은 공 중에서 세상에서 가장 빠른 공은 무엇일까요? 바로 배드민턴 셔틀콕입니다. 세상에서 가장 빠른 셔틀콕은 2017년 리 충 웨이 선수가 친 시속 417km의 스매싱이었습니다.(2018년 5월 기준)

셔틀콕은 코르크 헤드에 오리나 거위 깃털이 14~16개 박혀 있어요. 각 깃털은 촘촘히 꽂혀 있어 틈이 잘 벌어지지 않습니다. 공기 저항을 크게 하는 구조이지요. 라켓으로 셔틀콕을 치면 셔틀콕은 그 힘을 받아 점점 더 속도가 빨라집니다. 하지만 빨라지던 셔틀콕은 곧 깃털의 공기 저항 때문에 속도가 천천히 떨어져요. 속도가 줄어들어 일정하게 움직이면 상대 선수가 셔틀콕을 쳐 낼 수 있습니다.

## 무엇이 먼저 떨어질까요?

63빌딩에서 지우개와 깃털을 떨어뜨리면 어떤 것이 먼저 떨어질까요? 공기가 없을 때 지우개와 깃털은 똑같이 떨어집니다. 하지만 공기가 주변을 가득 채운 공간에서는 공기 저항 때문에 떨어지는 물체의 운동이 방해를 받습니다. 공기 저항은 떨어지는 물체가 빠를수록, 떨어지는 쪽의 면적이 클수록 커집니다. 즉, 지우개와 깃털을 동시에 떨어뜨리면 면적이 큰 깃털이 공기 저항을 더 많이 받아 더 천천히 떨어져요.

### 공기 저항을 느껴 봐요!　잠깐 과학실

주변에 아무것도 없는 안전한 시골길에서, 자동차를 타고 갈 때 창문 밖으로 손을 내밀어 보세요. 손바닥이 바닥을 향하게 하여 손 모양을 비행기 날개처럼 해 보았다가, 손바닥을 앞으로 향하게 하여 바람을 느껴 보세요. 손이 뒤로 밀리는 것이 느껴지나요? 이것이 바로 공기 저항입니다. 이 실험을 할 때는 자동차가 천천히 달려야 해요. 어른과 함께하고, 주의하세요.

 배드민턴 셔틀콕의 최고 속도는 최대 시속 305km인 KTX보다도 빨라요.

# 지구 둘레를 어떻게 잴 수 있을까요?

- **공전** 지구가 태양의 주위를 도는 것처럼 한 천체가 다른 천체의 둘레를 도는 운동.
- 지구는 적도 부근이 불룩한 구 모양.

교과서 3학년 1학기 5단원, 지구의 모습  핵심 용어 공전

## 정오에 모든 그림자가 사라지는 곳

지구는 얼마나 클까요? 지구 둘레를 잴 방법이 있을까요? 약 2,000년 전에 지구 크기를 잴 방법을 알아낸 사람이 있어요. 그리스의 수학자이자 과학자인 에라토스테네스입니다.

어느 날 에라토스테네스는 시에네 지역에서 하지 정오에 모든 그림자가 다 사라진다는 얘기를 듣고, 그곳에 가 보았어요. 해가 머리 꼭대기에 있었지요. 긴 막대기를 수직으로 세워 그림자가 생기지 않는 것을 보고, 그다음에는 시에네에서 약 925km 떨어진 알렉산드리아 마을로 가서 하짓날 정오에 박물관의 첨탑을 보았지요. 이번에는 그림자가 생겼어요.

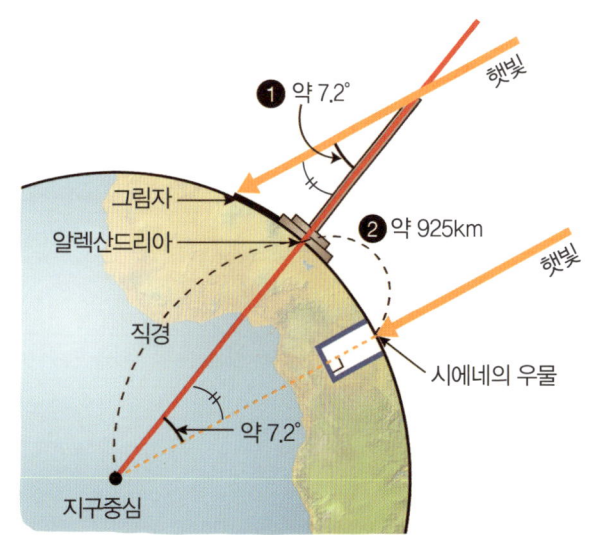

## 그림자 길이로 지구 둘레를 구해요

에라토스테네스는 첨탑의 그림자 길이를 이용해 첨탑과 햇빛이 이루는 각도를 계산했어요. 평행선 사이 엇각이 같다는 것을 이용해 지구 둘레를 구했답니다. 그 길이는 약 46,250km였지요. 오늘날에는 정밀한 각도기와 인공위성에서 측정한 거리를 이용해 실제 지구의 둘레를 측정할 수 있어요. 실제 지구의 둘레는 약 40,008km랍니다. 지구 둘레를 막대기 하나로 측정했지만 실제 둘레와 거의 비슷하지요?

### 실제 지구 둘레와 왜 차이가 날까요?

> 잠깐 과학실

실제 지구 둘레와 에라토스테네스가 측정한 둘레는 정확하게 일치하지는 않았어요. 에라토스테네스의 어떤 방법이 잘못되었기 때문일까요? 에라토스테네스의 실험에는 두 가지 가정이 필요합니다. 햇빛이 평행하게 지구로 들어오고, 지구가 완전히 구형이라는 가정이지요. 하지만 알렉산드리아와 시에네는 같은 경도에 있지 않았고, 지구도 완전히 구형은 아니었어요.

지구의 모양은 적도 부근이 조금 불룩한 구 모양입니다. 지구의 둘레는 40,008km이며 질량은 $5.9742 \times 10^{24}$Kg이에요. 59742에 0을 20개 붙인 값과 같답니다. 자전축이 23.5° 기울어진 채로 약 23시간 56분 4초 주기로 자전해요.

# 사람은 달에 언제 처음 갔을까요?

- **달** 지구 주변을 공전하는 지구의 유일한 위성.
- 달의 중력은 지구의 약 6분의 1이다.

교과서 3학년 1학기 5단원, 지구의 모습  **핵심 용어** 달

## 달에 착륙한 이글호

1969년 7월 20일, 나흘 전 미국에서 발사한 아폴로 11호가 달 근처에 다다랐습니다. 38만km를 날아온 아폴로 11호는 착륙선인 '이글호'를 분리했어요. 이글호에는 암스트롱과 올드린이 타고 있었습니다. 이글호가 천천히 착륙한 곳은 '고요의 바다'로 불리는 달 표면이었어요. 암스트롱과 올드린은 달에서 22시간 동안 머물렀습니다. 달 표면을 걸어 실험 장치를 설치하고 달의 흙과 암석을 가지고 지구로 돌아왔어요.

## 지구의 유일한 위성 달

지구 주변을 공전하는 달은 중력이 지구의 약 $\frac{1}{6}$입니다. 그래서 달에는 대기가 거의 없어요. 달이 잡아당기는 힘이 약하기 때문에 가벼운 공기가 우주 밖으로 날아가 버렸습니다.

달에는 대기가 없기 때문에 생기는 여러 가지 특징이 있어요. 우선 표면이 울퉁불퉁해요. 우주에서 날아오는 운석이나 소행성이 대기에서 타 버리지 못하고 그대로 떨어지거든요. 또 바람이 많이 불지 않아 한 번 표면에 난 자국들이 잘 없어지지 않아요. 온도 변화도 심하답니다.

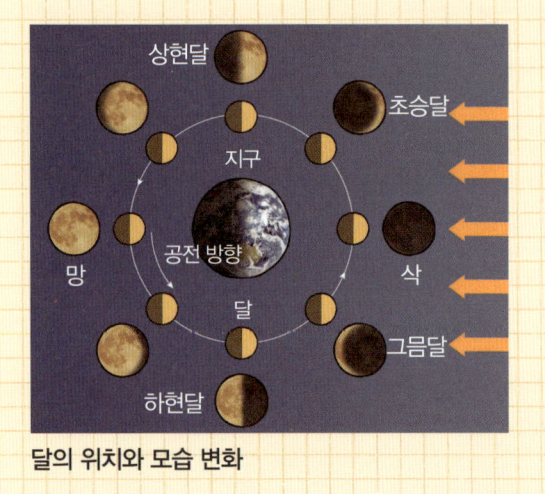

**달 모양을 관찰해요**  잠깐 과학실

매일 같은 시각에 달의 위치와 모양을 기록해 보세요. 달 모양이 규칙적으로 변하는 것을 알 수 있어요.

달의 위치와 모습 변화

 암스트롱은 달 표면으로 내려와 이 장면을 지켜보던 사람들에게 "이것은 한 인간의 작은 발걸음이지만 인류에게는 위대한 도약입니다."라고 말했어요.

# 세상에서 가장 짠 바다는?

- **염도** 바닷물의 짠 정도와 물에 녹아 있는 염분의 양.
- **염호** 염도가 높은 호수.

교과서 3학년 1학기 5단원, 지구의 모습　**핵심 용어** 염도, 염호

## 가장 짠 바다 사해

이스라엘과 요르단의 경계에 표면적 810km², 최대 깊이가 378m인 아주 큰 호수가 있습니다. 북쪽에서 요르단강이 흘러 들어오지만, 흘러 나가는 곳이 없는 호수예요. 사람이 들어가면 둥둥 뜨고 다리를 넣기조차 쉽지 않은 신기한 호수이지요. 게다가 맛은 어찌나 짠지 바닷물의 5배나 짜다고 합니다. 이곳이 호수라 할 수 없는 호수이자 바다라 할 수 없는 바다인 사해입니다. 사해는 짠 호수란 뜻의 염호라 불리기도 해요.

## 바닷물의 짠 정도를 뜻하는 염도

바닷물의 짠 정도는 **염도**로 나타내요. 물에 녹아 있는 염분의 양을 말하지요. 단위로는 바닷물 1kg당 녹아 있는 염분의 질량인 '퍼밀'(‰)이나 '피피엠'(ppm)을 이용합니다. 전 세계 바닷물의 평균 염도는 35퍼밀로, 바닷물 1kg당 35g의 염분이 녹아 있는 셈입니다.

처음 바다가 만들어졌을 때, 바다는 짜지 않았어요. 바다 밑에 있는 바위의 성분이 오랜 시간에 걸쳐 녹으면서 바닷물이 짜진 거랍니다. 보통 바다 염도가 35퍼밀인데 사해 염도는 200퍼밀입니다. 그래서 생물이 거의 살지 못합니다. 또한 염분 때문에 사해에 들어가면 수영을 하지 못해도 몸이 둥둥 떠요.

### 짠 정도를 어떻게 알까요?　　잠깐 과학실

우리 조상들은 오래전부터 간장을 담가 먹었어요. 깨끗한 소금물에 메주를 넣어 발효시켜 만듭니다. 그래서 소금물의 짠 정도가 중요하지요. 소금물에 달걀을 넣어 보면 알 수 있어요. 달걀이 동동 뜨되, 물 위로 500원 동전 키만큼 달걀이 올라오면 간장을 담기에 알맞은 농도라고 해요. 물 1kg에 소금을 얼마나 넣어야 달걀이 물 위로 500원 동전 키만큼 얼굴을 내미는지 실험해 보세요.

사해의 물속에는 유용한 광물이 많이 녹아 있습니다. 특히 브롬과 포타슘이 보통 바닷물보다 100배 정도 많이 녹아서 근처 지역에서는 사해 물을 이용해 포타슘과 브롬을 생산하고 있어요.

# 생물에도 족보가 있어요?

• **생물 분류 체계** 린네가 다윈의 진화론을 반영해 생물을 분류한 것.

교과서 4학년 1학기 1단원, 과학자처럼 탐구해 볼까요? 심화  **핵심 용어** 생물 분류 체계

## 사람과 개, 돼지의 공통점은?

스웨덴 식물학자 칼 폰 린네는 생물을 분류하는 데 관심이 많았어요. 생물 분류는 일정한 특징에 따라 생물을 나누고 이름 짓는 거예요. 린네는 동물을 분류할 때, 사람을 네발짐승으로 분류했습니다. 하지만 18세기 사람들은 린네의 주장에 반대했어요. 사람이 개, 돼지와 같이 털이 난 네발짐승에 속한다니 용납할 수 없었지요. 당시에는 신이 사람을 창조했다고 믿었으니까요.

이후 린네는 사람과 개, 돼지 같은 동물이 모두 '어미에게서 태어나 어미의 젖을 먹는다'는 사실을 강조하며 네발짐승 대신 '포유류'라는 단어를 사용했어요.

## 생물은 어떻게 분류해요?

린네는 생물을 분류하고 나서도 수십 년 동안 다시 고치는 일을 반복했어요. 새로 발견한 동식물이 많았기 때문이지요. 오랜 시간에 걸쳐 완성한 생물 분류 체계는 크게 **계 - 문 - 강 - 목 - 과 - 속 - 종**으로 나눕니다. 가장 큰 범위의 분류가 '계'이고, '종'이 가장 작은 범위의 분류입니다. '종'은 서로 생식해서 자손을 낳을 수 있는 무리를 말합니다. 분류에 따라 종 아래에 '아종'을 두기도 하고, 속 아래에 '족'을 두기도 해요. 사람은 어떻게 분류하는지 위 그림을 살펴보세요.

• **린네의 동물 분류 체계**

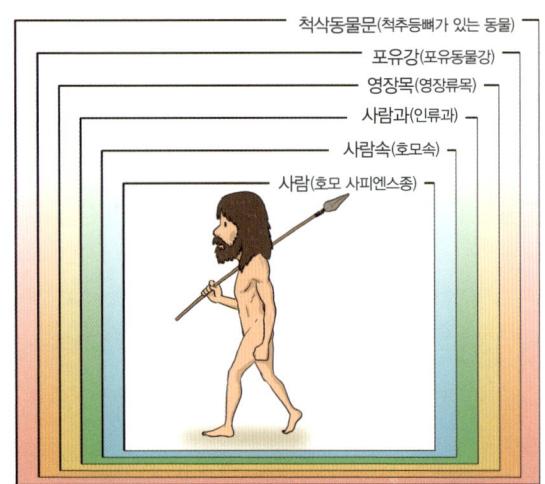

척삭동물문(척추등뼈가 있는 동물)
포유강(포유동물강)
영장목(영장류목)
사람과(인류과)
사람속(호모속)
사람(호모 사피엔스종)

### 몸집이 달라도 같은 '종'일까요? [잠깐 과학실]

치와와는 몸집이 작고 귀여운 개입니다. 이에 반해 그레이트데인은 몸무게가 50kg이 넘고, 사냥을 좋아하며 몸집이 커요. 두 개는 품종은 다르지만 생물학적으로는 같은 '종'입니다. '아종' 단위까지 세세하게 나누어도 같은 '회색늑대의 아종'이지요. 참고로 흑인, 백인을 가르는 인종은 생물학적 분류의 '종'과는 아무 관계가 없어요.

치와와     그레이트데인

린네는 다윈의 진화론을 반영해서 '생물 분류 체계'를 만들었습니다. 어떤 생물과 어떤 생물이 연관되어 있는지 알 수 있는 지구 생물들의 족보이지요. 식물은 꽃의 구조에 따라 약 8,000종으로 분류했어요. 암술과 수술의 위치 같은 특징을 기준으로 했지요.

# 치타와 톰슨가젤 중 누가 더 빠를까요?

- **속력** 일정한 시간 동안 이동한 거리.
- **운동** 처음과 위치가 달라지는 상태.
- **이동 거리** 나중 위치와 처음 위치의 차이.

교과서 5학년 2학기 4단원, 물체의 운동  **핵심 용어** 속력, 운동, 이동 거리

## 치타와 톰슨가젤

평화로워 보이는 아프리카 초원에는 사실 힘없는 동물들을 호시탐탐 노리는 포식자가 있어요. 톰슨가젤을 노리는 치타처럼 말이지요.

치타가 톰슨가젤에게 달려가요. 과연 치타는 톰슨가젤을 잡을 수 있을까요? 치타는 보통 80km에서 최대 130km 속력으로 달릴 수 있어요. 톰슨가젤의 속력은 시속 약 80km이므로 치타가 톰슨가젤보다 빨라요. 하지만 치타가 항상 사냥에 성공하는 것은 아닙니다. 치타는 지구력이 약해서 300m~400m 정도만 달리면 쉽게 지쳐요. 그래서 치타는 톰슨가젤 근처 100m까지 살금살금 다가간 후에 전속력으로 달려간대요.

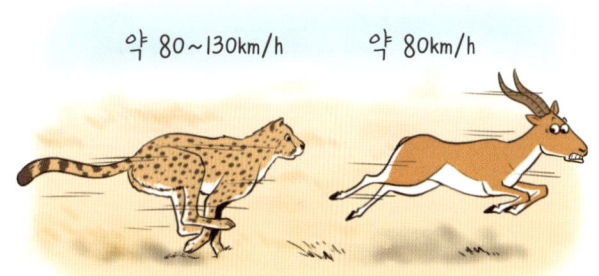

$$속력 = \frac{이동한\ 거리}{시간}$$

## 운동하는 물체의 속력

과학에서 **운동**은 처음과 위치가 달라지는 상태를 말해요. 나중 위치와 처음 위치 차이를 '이동 거리'라 합니다. 그리고 이동 시간을 측정하면, 일정한 시간 동안 이동한 거리인 **속력**을 알 수 있어요. 속력의 단위는 m/s, km/h 등을 사용합니다. 'm/s'는 1초에 이동한 거리를 m로, 'km/h'는 1시간에 이동한 거리를 km로 나타낸 것이지요. 톰슨가젤의 속력인 80km/h는 1시간에 80km를 갈 수 있는 빠르기를 뜻한답니다.

### 하늘을 나는 가장 빠른 동물은? <sub>잠깐 과학실</sub>

육상 동물 중에 가장 빠른 동물은 치타입니다. 그렇다면 하늘을 나는 동물 중에서 가장 빠른 동물은 무엇일까요? 바로 군함조입니다. 군함조는 열대 바닷가에 살아요. 몸길이 1m에 날개 길이는 약 48~56cm입니다. 군함조의 속력은 약 시속 418km로 KTX보다 빨라요.

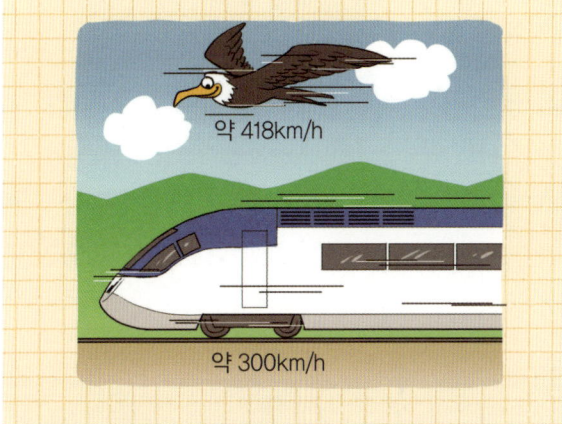

 세상에서 가장 빠른 것은 무엇일까요? 바로 빛이에요. 빛은 초당 약 3억m를 간답니다. 세상에서 가장 빠른 사람인 우사인 볼트는 초당 약 10.4m를 달린대요. 반면 달팽이는 초당 약 0.024m를 움직인다니 차이가 엄청나지요?

# 소금은 어떻게 얻어요?

• **혼합물** 여러 가지 물질이 고유한 성질을 잃지 않고 섞인 것.

교과서 4학년 1학기 5단원, 혼합물의 분리  **핵심 용어** 혼합물, 용해도

## 예부터 소금을 소중하게 여겼어요

소금은 오래전부터 하얀 황금이라 불릴 만큼 사람들이 소중하게 여겼습니다. 고대 이집트에서는 미라를 만들기 위해 소금 교역을 시작했어요. 로마는 소금을 옮기기 위해 소금길을 만들었지요.

왜 이렇게 사람들은 소금을 얻으려 했을까요? 소금은 우리 몸에 꼭 필요한 물질이기 때문이에요. 소금은 물에 녹아 전기 신호를 전달할 수 있습니다. 그래서 우리 몸에 들어온 자극을 신경에 전달하는 아주 중요한 역할을 해요. 또한 소화 기관인 위에서 분비하는 위액을 만드는 데에도 꼭 필요하지요.

## 바닷물에서 소금 얻는 방법

소금은 주로 바다에서 얻을 수 있어요. 바닷물은 소금과 무기염류가 녹아 있는 혼합물입니다. 혼합물에서 물질은 고유 성질을 그대로 띠어요. 이 성질 차이를 이용해 혼합물을 분리합니다.

콩과 좁쌀처럼 크기가 차이 나는 혼합물은 체나 거름종이로 분리할 수 있어요. 물과 식용유처럼 밀도가 다른 두 물질의 혼합물은 기름이 물 위에 뜨기 때문에 스포이트로 분리할 수 있습니다. 소금은 바닷물에서 물을 증발시켜 얻어요. 염전에서 오랫동안 햇빛을 쪼이면 물은 증발하고 하얀 소금이 남지요.

## 천일염을 만드는 과정

'염전'은 바닷물을 막아 모아 놓고 햇빛, 바람으로 바닷물을 증발시켜 소금을 만드는 시설이에요. 우리나라의 염전은 보통 저수지, 누테, 난치, 결정지 등으로 구성되어 있어요. 저수지에서 받은 바닷물을 6단으로 된 누테와 난치에서 증발시키지요. 이렇게 만든 소금이 천일염이에요. 좋은 천일염은 비 내리는 횟수와 양이 적고, 건조하고, 평균 기온이 25°C 정도일 때 잘 만들어진답니다.

 일정한 온도에서 물 100g에 최대로 녹을 수 있는 물질의 양을 **용해도**라고 해요. 물질의 고유한 특성이지요.

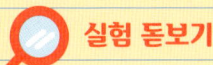 **실험 돋보기**

## 소금물로 소금 결정을 만들어요

**준비물**
소금
물 한 컵
유리컵
접시
거름종이
실
스티로폼 상자
나무젓가락
온도계
고무줄
비닐 랩(또는 비닐봉지)

**이렇게 해 봐요**

1. 40℃ 정도로 끓인 물에 소금이 더 녹지 않을 때까지 녹입니다. 보통 물 100mL에 약 38g 녹이면 돼요.

2. 소금물을 거름종이로 거릅니다.

3. 접시에 소금물을 넣고 뚜껑을 반쯤 덮어 그늘진 곳에 둡니다.

4. 정육면체로 생긴 작은 소금 결정 씨앗이 여럿 만들어지면, 이 중 하나를 실로 묶어 나무젓가락에 매답니다.

5. 1번 방법을 반복하여 소금이 더 녹지 않는 소금물 포화용액을 새로 만듭니다. 이 소금물 포화용액을 유리컵에 담아요.

6. 실로 묶은 소금 결정을 그림처럼 나무젓가락에 연결해 소금물에 담급니다.

7. 컵 윗부분을 그림과 같이 비닐 랩으로 감쌉니다. 이물질이 안으로 들어가지 않도록 고무줄로 묶으세요.

8. 스티로폼 상자에 유리컵을 넣고, 결정이 커지는지 관찰합니다. 스티로폼 상자에 넣으면 진동, 온도, 습도의 변화를 줄이고, 소음을 최대한 줄여서 결정이 커지는 것을 확실히 볼 수 있어요.

**어떻게 될까요?**

하루, 이틀이 지나면서 소금 결정 씨앗이 점점 커지는 것을 관찰할 수 있어요. 그동안 컵이 흔들리지 않았으면 소금 결정은 투명한 정육면체 모양을 유지하며 잘 만들어진답니다.

**왜 그럴까요?**

비닐 랩을 덮어 놓았지만, 시간이 지나면서 물이 조금씩 증발합니다. 물이 줄어들면 소금은 더 녹아 있지 못하고 결정으로 남는데, 남는 소금이 결정 씨앗에 달라붙어 결정이 점점 커집니다.

소금 결정 씨앗

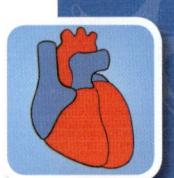

# 오줌으로 손도 씻고 칼도 만든대요!

- **오줌** 신장에서 혈액을 걸러내고 남은 노폐물.
- **신장(콩팥)** 몸속에 쌓인 노폐물을 걸러내 방광으로 내보내는 기관.

교과서 6학년 2학기 4단원, 우리 몸의 구조와 기능  **핵심 용어** 오줌, 신장, 땀샘

## 오줌은 철을 단단하게 만든대요

지린내 나는 오줌도 쓰일 데가 있다면 믿어지나요? 고대 로마인들은 오줌과 표백토를 섞어 비누로 사용했대요. '삼국지 위지 동이전'에 보면 우리 선조도 오줌으로 빨래를 하고 손을 씻었다고 하지요.

오줌은 철을 단단하게 만드는 데도 쓰였어요. 오줌에 있는 요소나 암모니아 성분인 질소가 철과 반응하면 아주 강한 철이 만들어지기 때문이에요. 지금은 오줌 대신에 직접 요소나 암모니아를 넣어요.

## 몸속에서 쓰고 남은 노폐물을 내보내요

몸속에는 강낭콩과 비슷하게 생긴 장기가 있어요. 바로 신장(콩팥)이지요. 신장은 동맥, 정맥과 연결되어 있고, '수뇨관'이라는 긴 관으로 방광과도 연결되어 있어요. 신장은 정수기 역할을 합니다. 몸은 생명 활동을 하면서 혈액 속에 여러 노폐물을 만들어요. 이렇게 생긴 노폐물이 몸에 쌓이면 건강을 해친답니다. 이런 노폐물을 걸러내는 곳이 **신장**이에요.

신장에서는 혈액을 걸러 필요한 물질을 흡수하고, 불필요한 물질을 내보내는 작용을 해요. 그렇게 거른 깨끗한 피는 다시 온몸으로 돌려보내고 노폐물을 모아 방광으로 보낸답니다. 방광에 혈액 속 노폐물과 수분이 모이면 요도를 통해 오줌 형태로 몸 밖으로 배출하지요.

● 신장과 배설 기관의 구조

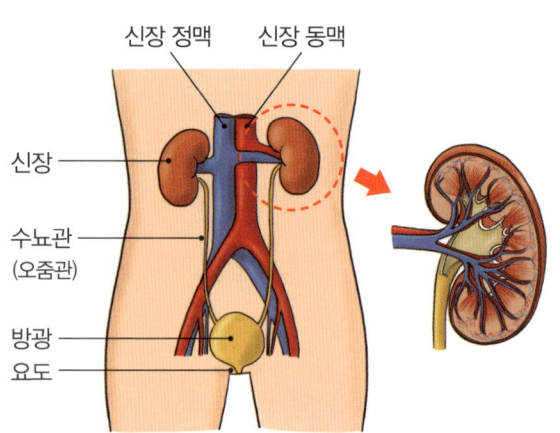

### 노폐물을 내보내는 곳은? [잠깐 과학실]

몸에서 쓰고 남은 노폐물을 내보내는 배설 기관에는 신장 말고도 땀샘이 있습니다. 땀샘에서는 가느다란 관이 실 뭉치처럼 얽혀 있고, 그 주변을 모세 혈관이 감싸고 있어요. 이곳에서 혈액 속 노폐물을 걸러 땀구멍으로 내보낸답니다. 바로 땀으로 말이지요.

**땀샘의 구조**

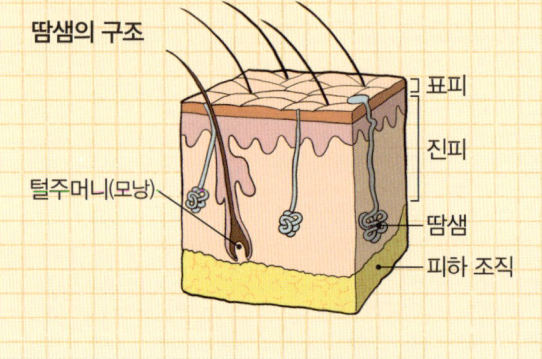

 오줌은 약으로도 쓰였어요. 옛날에는 어린아이의 오줌으로 약을 만들었지요. 하지만 요즘에는 다른 좋은 약이 많아 오줌을 약으로 쓰지 않아요.

# 영화 속 투명 망토를 만들 수 있을까요?

- **빛의 굴절** 빛이 한 물질에서 다른 물질로 들어가며 나아가는 방향이 바뀌는 현상.

교과서 6학년 1학기 5단원, 빛과 렌즈  **핵심 용어** 빛의 굴절

## 투명 망토를 만들고 싶어요

영화나 소설을 보면 투명한 망토로 자기 모습을 숨기거나, 약을 먹고 몸이 투명해지는 내용이 나옵니다. 이것이 실제로 가능할까요?

망토가 우리 눈에 보이지 않으려면 빛이 굴절하는 정도가 공기와 같은 물질로 만들어야 합니다. 자연에는 그런 물질이 존재하지 않지만 인공 물질로 만들 수 있대요. 그런데 투명 망토를 이용하더라도 앞을 볼 수는 없어요. 우리가 눈을 통해 볼 수 있는 것은 눈에 들어온 빛이 망막에 맺히기 때문인데, 투명 망토 때문에 망막에 상이 맺히지 않거든요.

## 빛의 굴절

빛은 한 가지 물질 속에서 곧게 나아갑니다. 그렇지만 빛이 한 물질에서 다른 물질로 들어가면 나아가는 방향이 바뀌어요. 이것을 **굴절**이라고 해요. 물속에 있는 젓가락이 휘어 보이거나, 물속에 있는 물고기가 더 가까이 보이는 것이 바로 굴절 때문입니다. 빛은 우리 눈의 렌즈 역할을 하는 수정체를 통해 눈으로 들어옵니다. 그리고 눈 속을 채운 유리체를 통과해 눈 안쪽 망막에 상이 맺혀요.

● 눈의 구조

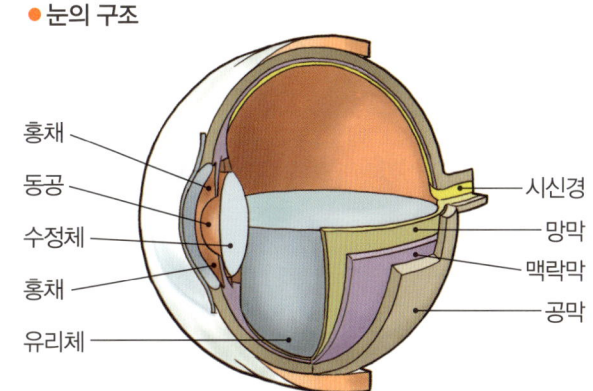

홍채, 동공, 수정체, 홍채, 유리체, 시신경, 망막, 맥락막, 공막

### 굴절률 차이를 이용한 실험? — 잠깐 과학실

유리로 된 인형을 수조에 넣고 물을 부었을 때와 글리세린을 부었을 때, 인형이 잠긴 부분이 각각 어떻게 보이는지 비교해 보세요. 결과는 지식 현미경을 참조하세요.(어른과 함께 실험해 보세요. 글리세린은 약국에서 구할 수 있고, 먹으면 안 됩니다. 만약 글리세린을 구하기 어려우면 식용유로 대신할 수 있어요. 유리 인형이 없다면 글리세린이나 식용유를 채운 유리병으로 대신할 수 있어요.)

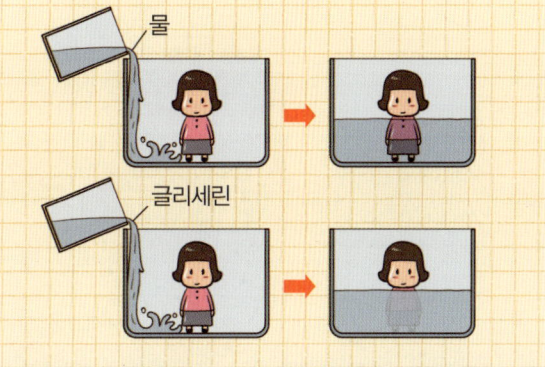

물 / 글리세린

유리로 된 인형을 수조에 넣고 물을 부으면 물과 유리의 굴절률이 달라서 인형이 잠긴 부분은 흐릿하게 보입니다. 하지만 유리 인형을 수조에 넣고 글리세린을 부으면, 글리세린과 유리의 굴절률이 비슷해서 물에 잠긴 유리 인형이 보이지 않아요.

# 인류의 조상은 언제 처음으로 나타났나요?

- **신생대** 중생대 다음 시기로 약 6,500만 년 전부터 현재까지 이르는 기간.
- 신생대에는 영장류와 말, 무소, 낙타의 조상이 나타났다.

교과서 4학년 1학기 2단원, 지층과 화석 심화  **핵심 용어** 신생대

## 포유류의 전성시대

공룡이 지구에서 사라지자, 포유류는 최대 전성기를 누릴 수 있었어요. 현재 포유류의 수가 이때의 포유류 수와 비슷하다고 하니 얼마나 많이 번성했는지 알 수 있어요.

신생대에는 인류의 조상이 되는 영장류도 출현하고 말이나 무소, 낙타의 조상도 나타났지요. 풀을 먹고 사는 작은 포유류도 등장했고, 지금 볼 수 없는 매머드도 지구에 터를 잡고 살았어요. 그러다 약 250만 년 전 인류의 조상이 출현했답니다.

## 푸른 초원을 이룬 신생대

신생대는 약 6,500만 년 전에서 현재까지 이르는 시기입니다. 중생대가 끝나고 신생대에 이르러 바다와 육지의 모습이 지금과 비슷해졌어요. 온난한 기후로 기온이 지금보다 조금 높았지요. 이런 기후 덕분에 씨앗이 씨방에 싸여 있는 속씨식물이 널리 번식했어요. 중생대 이전에는 볼 수 없었던 푸른 초원도 나타났고 중생대에 등장한 꽃도 여러 곳에서 볼 수 있었어요. 푸른 초원에서 노니는 포유류 그림을 본다면, 그 그림에서 표현한 시기는 바로 신생대입니다.

신생대

### 잠깐 과학실

**신생대에 만들어진 우리나라 지형은?**

우리나라 강릉 경포호는 약 1만 8,000년 전 신생대 빙하기를 거치며 만들어진 호수예요. 대표적인 석호 지형으로 유명해요. 석호는 해수면 상승으로 생긴 만에 퇴적물이 쌓여 만들어진 호수를 뜻합니다.

신생대에 만들어진 강릉 경포호

신생대 후반으로 갈수록 날씨는 점차 추워져 약 250만 년 전부터 온도가 내려갔어요. 이렇게 신생대 4기에 들어서면서 4번의 빙하기와 3번의 온난한 간빙기를 거쳤답니다. 그 사이 인류의 조상(사람속)이 나타났어요.

# 식물의 나이가 몇인지 알아볼 수 있나요?

- **외떡잎식물** 싹이 틀 때 떡잎이 한 장만 나오는 식물.
- **쌍떡잎식물** 싹이 틀 때 떡잎이 두 장 나오는 식물.

교과서 6학년 1학기 4단원, 식물의 구조와 기능  **핵심 용어** 쌍떡잎식물, 외떡잎식물, 여러해살이 식물

## 나이를 알려 주는 나이테

나무는 뿌리 끝에서 길이 생장으로 키가 커집니다. 줄기를 가로로 잘랐을 때 보이는 동그란 형성층에서 줄기가 굵어지는 부피 생장도 해요. 그런데 계절에 따라 식물은 생장하는 속도가 달라요. 봄과 여름에는 세포 분열이 활발해서 세포벽이 두껍게 자라지 못하지만 물을 충분히 흡수해요. 그래서 세포의 부피가 크고 색도 연해요. 가을에는 햇빛의 양이 줄어 생장 속도가 감소하면서 세포벽이 두꺼워지고, 세포의 부피는 작아지죠. 대신 색은 진해져요. 이렇게 봄과 여름에 나이테의 테 사이가 벌어졌다가 가을과 겨울에 테 사이가 좁아지면서 연한 조직과 진한 조직이 번갈아 나이테의 줄무늬를 이룹니다. 그러니까 나이테 동그라미 하나는 한 살이지요. 나이테는 여러해살이 식물에서 찾아볼 수 있어요.(48쪽 참조)

## 떡잎이 두 장 나오는 쌍떡잎식물

싹이 틀 때 떡잎이 두 장 나오는 식물이 쌍떡잎식물입니다. 잎이 넓고 잎맥은 그물맥이에요. 꽃잎의 개수는 4나 5의 배수로 나요. 뿌리를 보면 가운데 원뿌리 주변에 곁뿌리가 붙어 있습니다. 줄기를 잘라 보면 관다발이 발달되어 있어요. 물관과 체관 사이를 형성층이 나누지요. 형성층에서 부피 생장을 하면 줄기가 굵어집니다. 쌍떡잎식물에는 완두콩, 복숭아 등이 있습니다.

참고로 벼, 수수처럼 싹이 틀 때 떡잎이 한 장 나오는 식물은 외떡잎식물이라고 해요.(50쪽 참조)

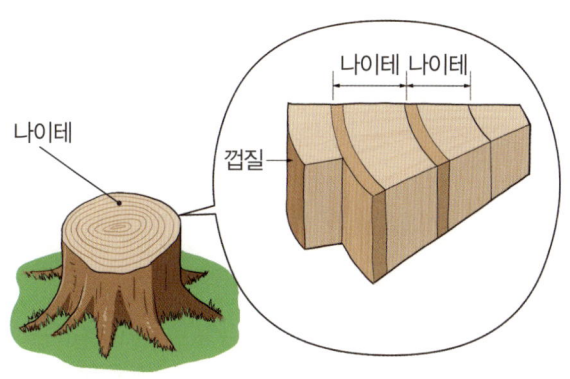

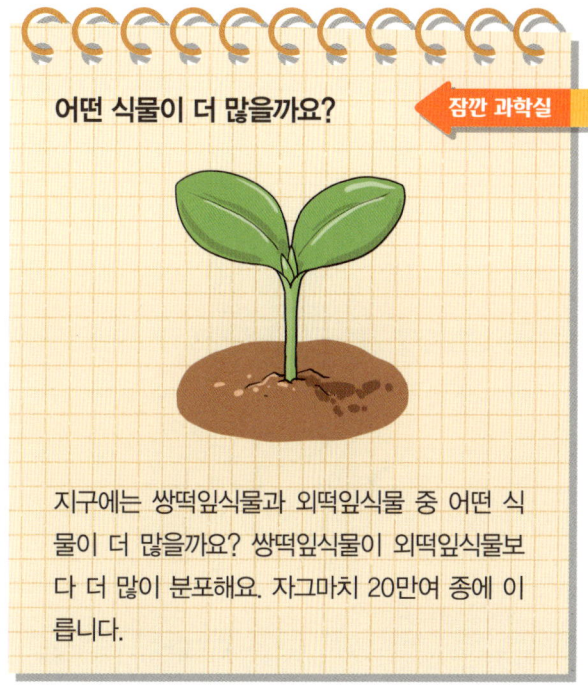

**어떤 식물이 더 많을까요?** 잠깐 과학실

지구에는 쌍떡잎식물과 외떡잎식물 중 어떤 식물이 더 많을까요? 쌍떡잎식물이 외떡잎식물보다 더 많이 분포해요. 자그마치 20만여 종에 이릅니다.

 모든 나무에서 나이테를 볼 수 있는 것은 아니에요. 우리나라처럼 계절 변화가 뚜렷한 곳에서 자라는 나무라면 나이테를 볼 수 있어요. 1년 내내 같은 계절인 나라에서는 나이테가 뚜렷이 나타나지 않습니다.

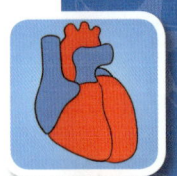

# 배불리 먹은 후에 몸속에서 무슨 일이?

- **효소** 화학 반응을 빨리 일어나도록 돕는 물질.
- **펩신** 위액에서 단백질을 아미노산으로 분해하는 소화 효소.

교과서 6학년 2학기 4단원, 우리 몸의 구조와 기능  **핵심 용어** 효소

## 소화를 돕는 효소

맛있게 삼겹살을 먹었어요. 꼭꼭 씹어 삼킨 삼겹살의 단백질은 위에서 더 잘게 분해해야 해요. 분해한 작은 영양소를 흡수해서 에너지를 내야 하지요. 위에서는 단백질을 어떻게 분해할까요? 단백질이 들어오면 위샘에서 위액이 분비됩니다. 위액에는 펩신이라는 소화 효소가 들어 있어 단백질이 아미노산으로 빨리 분해되도록 돕습니다. 이처럼 몸에는 반응이 빨리 일어날 수 있도록 돕는 효소가 있어요. 이자에서 분비하는 이자액에도 소화 효소가 들어 있지요.

## 효소가 잘 활동하는 온도는?

효소는 화학 반응이 빨리 일어나도록 돕는 물질입니다. 몸에서 작용하는 촉매예요. 효소는 단백질로 이루어져 있지요. 하지만 이 효소가 우리 몸속에서 작용하지 않을 때가 있어요. 바로 비타민, 칼슘, 소듐, 인, 철 등이 부족할 때, 고열이 날 때, 저체온증이 있을 때입니다. 사람 몸의 체온은 36.5℃예요. 몸속에서 작용하는 효소도 체온과 비슷한 온도에서 가장 잘 활동하지요. 체온이 더 높아지면 효소가 활동을 잘 못하고, 체온이 더 떨어져도 효소가 작용하지 않는답니다.

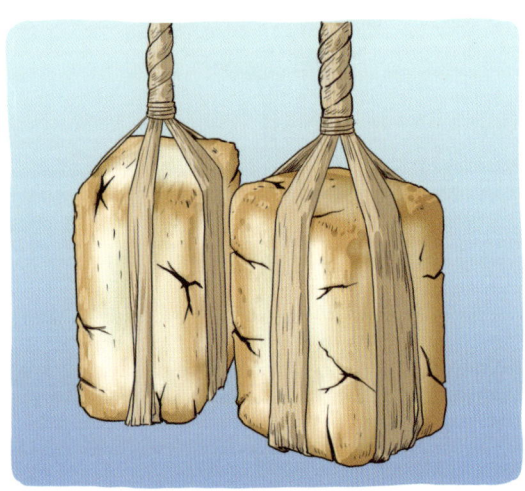

### 과산화수소수로 산소를 만들어요

**잠깐 과학실**

과산화수소수에 이산화망가니즈를 넣고 약 35℃로 가열하면, 공기 방울이 올라오는 것을 볼 수 있습니다. 이 공기 방울은 과산화수소수가 물과 산소로 분해될 때 발생한 산소입니다. 이때 이산화망가니즈는 과산화수소수가 물과 산소로 분해되는 데 참여하지는 않지만, 반응이 잘 일어나도록 도와줘요. 집에서는 과산화수소수에 감자를 잘게 썰어 넣고 관찰하면 산소 방울이 올라오는 것을 볼 수 있습니다.

 효소는 소화뿐 아니라 다른 화학 반응도 빨리 일어나도록 돕습니다. 메주에 넣는 곰팡이나 누룩을 만드는 곰팡이의 효소도 발효가 빨리 일어나게 도와요.

# 밤하늘에서 가장 밝은 별은?

- **별의 등급** 밤하늘의 별을 눈으로 보아 얼마나 밝은지 구분해 놓은 것.
- 별이 띠는 색은 별의 표면 온도에 따라 다르다.

교과서 5학년 1학기 3단원, 태양계와 별  핵심 용어 별의 등급, 겉보기 등급, 절대 등급

## 밤하늘에서 가장 밝은 별 시리우스

겨울철 밤하늘에서 큰개자리를 찾아본 적 있나요? 그리스 신화에서 큰개자리는 오리온의 사냥개였어요. 어느 날 사람을 해치는 아주 빠른 여우가 나타났을 때, 사냥개가 여우를 힘들게 쫓아 잡은 덕분에 하늘의 별자리가 되었대요.

큰개자리의 알파별은 시리우스입니다. 알파별은 별자리를 이루는 별 중에서 가장 밝은 별을 뜻해요. 시리우스는 지구에서 볼 수 있는 가장 밝은 항성이기도 해요.(태양계 천체 제외) 하지만 모든 별을 같은 위치에 놓는다면 사실 시리우스가 보이는 만큼 밝은 별은 아닙니다.

## 반짝반짝 별의 밝기를 비교해요

밤하늘의 별을 눈으로 보아서 얼마나 밝은지 구분해 놓은 것이 **별의 등급**입니다. 그리스 천문학자 히파르코스가 별의 위치를 좌표로 나타내고 밝기를 6개 등급으로 나누었어요. 맨눈으로 보아 가장 밝게 보이는 별을 1등성, 가장 흐릿하게 보이는 별을 6등성이라 했어요. 1등성의 밝기는 6등성 밝기의 100배입니다. 망원경 관측이 시작되면서 6등급보다 어두운 별과 1등급보다 밝은 별로 등급을 넓혔지요. 별의 등급은 숫자가 작을수록 밝아요. '-' 부호와 함께 붙은 숫자는 커질수록 더 밝지요. 허블 우주망원경은 25등급의 별까지 볼 수 있어요.

● 큰개자리의 시리우스

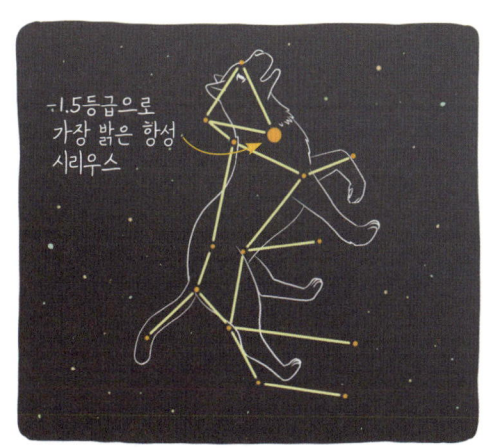

-1.5등급으로 가장 밝은 항성 시리우스

● 별의 겉보기 등급

| 천체 | 태양 | 달(보름달) | 금성 | 화성 | 목성 | 수성 | 시리우스(큰개자리) |
|---|---|---|---|---|---|---|---|
| 겉보기 등급 | -26.83 | -12.74 | -4.6 | -2.91 | -2.94 | -1.9 | -1.5 |

※ 자료 : 한국천문연구원

### 별의 색으로 온도를 알아내요  [잠깐 과학실]

별이 띠는 색은 별의 표면 온도에 따라 달라요. 온도가 높으면 푸른색, 낮으면 붉은색을 띠어요. 태양은 표면 온도 5,000~6,000℃로 노란색, 시리우스는 7,500~10,000℃로 흰색입니다.

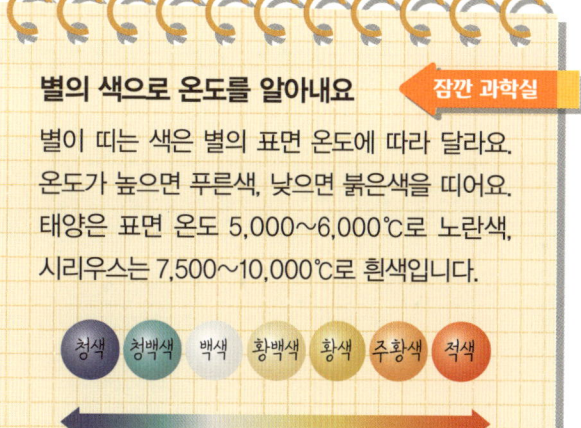

청색 청백색 백색 황백색 황색 주황색 적색

높다 ← 표면 온도 → 낮다

맨눈으로 볼 때 가장 밝은 항성은 태양이고, 그다음은 시리우스입니다. 이렇게 맨눈으로 본 등급을 **겉보기 등급**이라 해요. 별의 위치는 모두 다릅니다. 그래서 모든 별이 지구에서 같은 거리에 있다고 가정하고 측정한 밝기도 있어요. 바로 **절대 등급**이지요. 태양의 겉보기 등급은 -26.83이지만 절대 등급은 4.74예요.

# 화석을 만들 수 있는 암석은?

- **퇴적암** 자갈, 모래, 진흙 등의 퇴적물이 쌓여 만들어진 암석.
- **역암** 입자가 큰 자갈이 쌓여서 만들어진 암석.

교과서 4학년 1학기 2단원, 지층과 화석   핵심 용어 퇴적암, 역암, 이암, 사암, 층리

## 책을 쌓아 놓은 듯한 퇴적암

서해안의 변산반도에는 유명한 절벽이 있어요. 바다 쪽으로 나 있는 길을 따라 걷다 보면 마치 책을 수백 권 쌓아 놓은 듯한 절벽을 볼 수 있어요. 사람들은 이곳이 돌로 책을 쌓아 놓은 것 같다 해서 '채석강'이라 부른답니다.

1억 년 전 이곳은 바닷가가 아니라 호수였어요. 물에 떠내려온 흙, 모래, 자갈 등은 호수 밑바닥에 차곡차곡 쌓여 층을 형성하고, 단단한 퇴적암이 되었습니다. 호수 밑에 있던 퇴적암이 오래전 지각 변동으로 물 위로 솟아 우리가 볼 수 있는 거예요.

역암   사암
이암   석회암

※ 자료 : Shutterstock.com

## 퇴적물이 쌓여 만들어진 퇴적암

자갈, 모래, 진흙 등의 퇴적물이 쌓여 만들어진 암석이 **퇴적암**입니다. 퇴적암에는 입자가 큰 자갈이 쌓여서 만들어진 **역암**, 모래가 쌓여서 만들어진 **사암**, 진흙이 쌓여서 만들어진 **이암**, 조개껍데기나 석회 물질이 쌓여서 만들어진 **석회암**이 있어요.

퇴적암이 만들어질 때 크기나 색이 다른 알갱이가 쌓이고 굳어져 평행한 줄무늬가 나타나요. 이런 평행한 줄무늬를 '층리'라고 합니다.

### 모래를 굳히면?   잠깐 과학실

물풀과 종이컵, 모래, 막대만 있으면 퇴적암처럼 모래를 굳힐 수 있어요. 우선 모래를 종이컵에 $\frac{1}{3}$만큼 넣으세요. 물풀을 종이컵에 뿌리고 막대로 잘 섞습니다. 굳은 다음 종이컵을 떼어내면 모래가 암석처럼 굳어져요.

물풀
모래

퇴적암이 만들어질 때 모래, 진흙 등이 쌓이면서 생물의 유해가 들어가 함께 굳어질 수 있어요. 바로 '화석'이지요. 퇴적암 속의 화석을 이용하면 퇴적암이 언제 만들어졌고, 당시 어떤 환경이었는지 알 수 있습니다.

# 번지점프를 하면 왜 튕겨 오를까요?

- **탄성** 모양이 변형된 물체가 원래 모양으로 되돌아가려는 성질.
- **탄성력** 원래의 모습대로 되돌아가려는 힘.

교과서 4학년 1학기 4단원, 물체의 무게   **핵심 용어** 탄성, 탄성력

## 번지점프의 비밀은 줄에 있어요

높이 50m에서 줄 하나를 몸에 묶고 아래로 떨어지면 어떤 느낌일까요? 번지점프에 쓰는 줄은 고무줄처럼 탄성이 좋은 줄이에요. 줄을 묶고 떨어지는 사람의 무게 때문에 번지 줄도 아래로 늘어나요.

바닥 가까이 갔을 때 줄은 원래 모양대로 되돌아오려는 탄성력이 커져서 위로 튕겨 올라오지요. 위로 올라온 줄이 다시 중력 때문에 아래로 늘어나고, 늘어났던 줄의 탄성력이 커지면서 다시 위로 올라오기를 반복한답니다. 그러니 그 끝에 묶여 있는 사람은 정말 아찔하겠지요?

## 다시 돌아가는 힘

용수철을 잡아당겼다가 놓으면 띠옹 하고 원래 위치로 되돌아갑니다. 용수철뿐 아니라 고무줄도 마찬가지예요. 말랑말랑한 고무공도 눌렀다 떼면 모양이 찌그러졌다가 금방 돌아오곤 합니다. 이처럼 어떤 힘으로 모양이 변형되었을 때 원래대로 돌아가려는 성질이 **탄성**입니다. 그리고 그 힘을 **탄성력**이라고 해요.

### 고무줄 총 만들기  〈잠깐 과학실〉

탄성력은 변형이 크면 클수록 커집니다. 고무줄을 길게 잡아당길 때 더 큰 힘으로 되돌아가지요. 세상에서 제일 아픈 고무줄 총을 만들려면 고무줄을 최대한 길게 잡아당겨야 한답니다. 잠깐만요! 너무 욕심을 부리면 안 돼요. 물질마다 너무 변형이 심하면 탄성을 잃는 탄성 한계가 있답니다. 그러면 앞으로 나아가기는커녕 흐물흐물 늘어져 버려요.

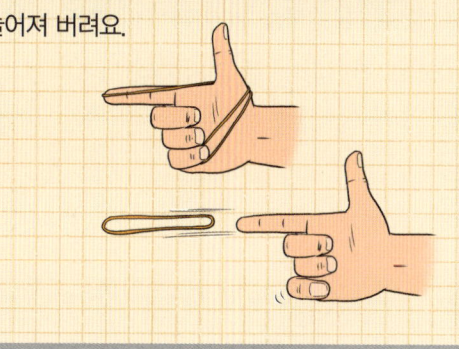

번지점프는 남태평양의 섬나라 바누아투에서 시작되었어요. 성인식 날 담력을 시험하는 목적이었지요.

# 추운 날에도 체온이 잘 변하지 않는 이유는?

- **표면장력** 물과 같은 액체의 분자끼리 액체 표면에서 강하게 결합하려는 힘.
- **음펨바 효과** 높은 온도의 물이 낮은 온도의 물보다 더 빨리 어는 현상.

교과서 4학년 2학기 2단원, 물의 상태 변화  핵심 용어 물, 표면장력, 음펨바 효과

## 물 온도가 쉽게 변하지 않아요

지구 초기에 물은 액체였어요. 물 분자 4개가 모이면 끊어 내기 힘들게 서로 꼭 붙는 성질이 있거든요. 그래서 액체 상태로 있기 쉽고, 온도가 잘 변하지 않아요. 이 때문에 물속에서 수많은 생명이 태어날 수 있었어요. 또 우리 몸은 이런 물 분자가 70%를 이루어서 체온이 쉽게 변하지 않아요.

그리고 물은 4℃에서 밀도가 가장 높아요. 추운 겨울날, 온도가 0℃보다 낮아지면 찬 공기가 닿는 물 위쪽이 먼저 얼지요. 언 부분이 물 아래쪽보다 밀도가 작기 때문에 물 윗부분만 얼 수 있답니다. 그래서 얼음 밑에 있는 물고기와 다른 생물들이 추운 겨울날에도 생명을 유지할 수 있어요. 몇 번씩 반복된 빙하기에 생물들은 얼음 아래 물속에서 꿋꿋이 살아남아 진화했지요. 모두 유별난 물 덕분이에요.

## 지구 표면의 70%를 이루는 물

물은 수소 둘과 산소 하나로 이루어진 물질입니다. 물 분자는 산소 원자 하나에 수소 원자 두 개가 105°로 연결되어 물 분자끼리 잘 끌리고, 서로 만나면 아주 강하게 결합합니다. 이 때문에 물방울은 동글동글한 모양을 유지할 수 있어요. 그리고 물 분자가 부분적으로 전기를 띠기 때문에 소금과 같은 물질이 물에 잘 녹을 수 있어요.

● 물 분자 모형

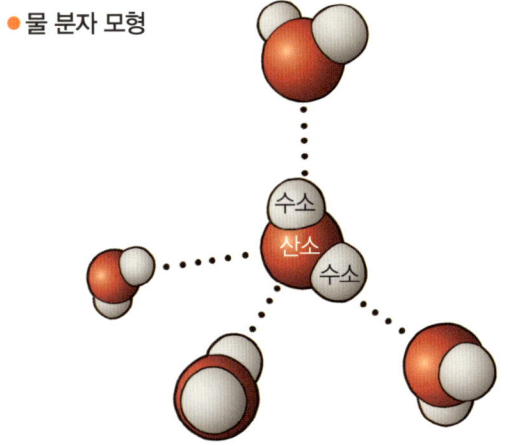

### 어떤 물이 더 빨리 얼까요? [잠깐 과학실]

냉동실에 35℃인 미지근한 물과 0℃인 차가운 물을 넣어 보세요. 어떤 물이 빨리 얼까요? 10분마다 물이 어는 과정을 확인해 보세요. 신기하게도 35℃인 물이 빨리 언답니다. 이 효과를 '음펨바 효과'라고 해요.

물은 표면장력이 강해요. **표면장력**은 물 표면에 있는 분자들이 서로 뭉치려는 힘을 말해요. 물 표면의 분자가 서로 끌어당겨서 공기와 닿는 면적을 줄이려고 하기 때문에 물 표면이 둥근 모양을 띠어요. 그래서 소금쟁이가 물 위에 떠 있을 수 있고, 바실리스크 도마뱀이 물 위를 뛰어다닐 수 있어요.

# 곤충에게도 귀가 있나요?

- **귀** 소리를 받아들여 뇌로 정보를 전달하는 청각 기관.
- 우리가 듣는 소리는 공기의 진동인 음파이다.

교과서 3학년 2학기 2단원, 동물의 생활  **핵심 용어** 귀, 고막, 귓속뼈

## 곤충이 소리를 듣는 방법

사람은 귀로 소리를 듣습니다. 사람처럼 귀를 가진 동물은 '포유류'뿐이에요. 그러면 곤충은 소리를 어떻게 들을까요? 우리가 듣는 소리는 공기의 진동인 '음파'입니다. 귀가 없는 곤충은 바퀴벌레처럼 털로 음파를 감지하거나, 파리처럼 더듬이로 음파를 감지해요. 귀뚜라미 같은 곤충은 음파를 감지하는 고막이 있지요. 그런데 그 고막이 앞다리에 붙어 있답니다. 음파가 고막 같은 청각 기관에 도달하면 소리를 느껴요. 귀뚜라미나 곤충은 몸집이 작기 때문에 귀가 발달하기 어려워요. 음의 높낮이를 구분하지는 못하지만 청각 세포가 아주 많기 때문에 소리에 예민하답니다.

## 사람은 소리를 어떻게 들을까요?

사람의 귀는 외이, 중이, 내이의 세 부분으로 나눌 수 있습니다. 음파는 외이도를 지나 고막을 진동시키고, 이 진동을 귓속뼈가 크게 만들어 달팽이관으로 전달합니다. 달팽이관으로 전달된 진동은 달팽이관 속 청각 신경을 지나 뇌로 전해져요.

귓속에는 청각과 관련된 반고리관, 전정 기관, 유스타키오관이 있습니다. '반고리관'은 서로 90°로 위치한 고리 3개로 이루어져 3차원의 회전 감각을 느낄 수 있고, '전정 기관'은 중력이 달라지는 것을 느낄 수 있습니다. '유스타키오관'에서는 압력을 조절해요.

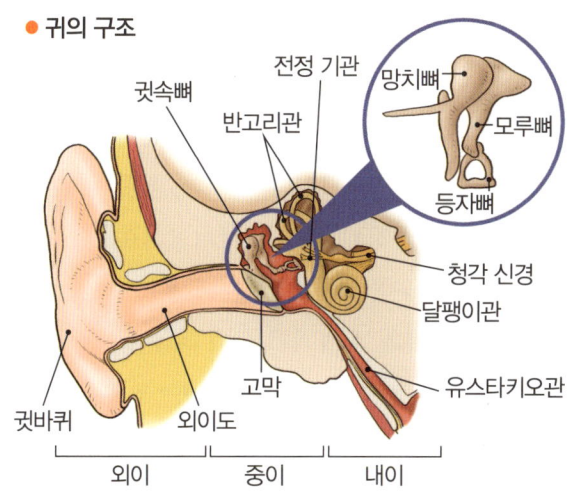

● 귀의 구조

### 무서운 영화 속 장면과 소리 중 무엇이 더 무서울까요? — 잠깐 과학실

소리를 듣고 무서움을 느끼는 데는 0.005초 정도 걸립니다. 반면에 어떤 장면을 보고 무서움을 느끼는 데는 그보다 6~8배 더 걸려요. 사람은 시각보다 청각으로 무서움을 먼저 느낀답니다.

 귓속뼈는 모루뼈, 등자뼈, 망치뼈 세 부분으로 이루어져 있습니다. 세 뼈에서 소리를 크게 키워 고막에 전달하지요. 등자뼈는 길이가 약 4mm로 몸속에서 가장 작은 뼈랍니다.

# 이산화탄소는 생물에게 이로울까요?

• **이산화탄소** 물질이 탈 때 나오는 색도 냄새도 없고 공기보다 무거운 기체. 초록색의 BTB용액을 노란색으로 바꾼다.

교과서 6학년 1학기 3단원. 여러 가지 기체  **핵심 용어** 이산화탄소, 광합성

## 이산화탄소는 별명이 많아요

시원한 사이다의 톡 쏘는 맛을 책임지는 기체가 바로 이산화탄소입니다. 이산화탄소는 성질이 다양해 여러 가지 별명으로 불렸답니다. 아주 오래전 이산화탄소가 발견된 곳은 동굴이었어요. 그곳에 가면 숨을 쉴 수 없었지요. 그래서 사람들은 여기서 나오는 기체를 '치명적인 공기'라 불렀어요. 산소 호흡을 방해하는 이산화탄소였거든요.

시간이 흘러 중세 시대로 접어들었을 때 네덜란드의 연금술사 반 헬몬트는 이산화탄소가 가득한 곳에 촛불을 넣으면 촛불이 꺼지고, 동물을 넣으면 죽어 버리는 사실을 알아냈어요. 그래서 이산화탄소에 생명을 꺼뜨리는 '거친 기운'이라고 이름 붙였지요. 하지만 얼마 뒤 이산화탄소가 가득한 곳에 박하 식물을 넣었더니 식물이 되살아나는 것을 발견했어요. 이 일 때문에 이산화탄소를 식물의 광합성에 꼭 필요한 기체라는 의미에서 '고정된 기체'라고 불렀답니다.

## 색도 냄새도 없는 이산화탄소

이산화탄소는 색과 냄새가 없고 공기보다 무겁습니다. 우리가 주변에서 흔히 보는 동식물은 호흡을 하면서 산소를 들이마시고 이산화탄소를 내뿜습니다. 그런데 식물은 이산화탄소를 이용해 영양분을 만들기도 해요. 한편 석유, 석탄과 같은 화석 연료를 태울 때는 이산화탄소가 나옵니다. 이산화탄소는 지구 온난화 현상을 일으켜요.

## 이산화탄소를 확인해 봐요

이산화탄소는 수산화포타슘과 반응해서 흰색 앙금을 만들어요. 그렇기 때문에 수산화포타슘을 물에 녹인 석회수에 이산화탄소를 통과시키면 뿌옇게 흐려진답니다. 그리고 이산화탄소는 초록색의 BTB용액을 노란색으로 변화시키지요.

● 이산화탄소가 든 병

$CO_2$ 이산화탄소

오늘날 이산화탄소는 어떤 이름으로 불릴까요? 안타깝게도 '온실 기체'라고 불린답니다. 자동차 배기가스나 화석연료를 태울 때 나오는 이산화탄소 때문에 지구가 더워지고 있거든요. 마치 온실처럼 말이죠. 더워진 지구의 해수면이 높아져서 북극곰이 살 곳을 잃고, 가라앉는 섬나라도 생기고 있어요. 그러니 이산화탄소를 '죽음의 기체'로 만들지 않기 위해 노력해야 해요.

 **실험 돋보기**

## 직접 만드는 이산화탄소 소화기

**준비물**
풍선
베이킹소다
작은 페트병
식초
양초
성냥개비

**이렇게 해 봐요**
1. 풍선에 베이킹소다를 한 숟가락만큼 넣습니다.
2. 작은 페트병에 식초를 반쯤 채웁니다.
3. 풍선 입구를 작은 페트병의 입구에 끼우고 풍선 속 가루를 페트병 속에 털어 넣습니다.
4. 풍선 모양이 어떻게 변하는지 관찰합니다. 지금까지 실험 방법을 잘 따랐다면 페트병 입구에 끼운 풍선이 부풀어 오를 거예요.
5. 풍선 속 공기가 빠지지 않도록 풍선을 잡아 병에서 조심스럽게 떼어 냅니다.
6. 풍선을 불붙은 양초에 가까이 가져가서 풍선 속 공기가 빠져나오게 합니다.

**어떻게 될까요?**
촛불 가까이에서 풍선 속 기체가 나오게 하면 촛불이 꺼집니다.

**왜 그럴까요?**
풍선을 부풀게 한 기체는 이산화탄소입니다. 베이킹소다와 식초가 만나면 이산화탄소가 발생합니다. 이산화탄소는 산소보다 무거워서 촛불을 가까이 하면 촛불이 꺼져요.

# 땅 위에서 우주까지 하늘의 구조는?

- **대기권** 지구를 둘러싼 공기의 층.
- **산란** 빛이 공기 분자에 부딪혀 여러 방향으로 튕겨나가는 것.

교과서 3학년 1학기 5단원, 지구의 모습 심화  **핵심 용어** 대기권, 대류권, 성층권, 산란

## 지구를 둘러싼 공기 보호막 대기권

우주를 다룬 영화를 보면 우주에 나갈 때 우주복을 입어요. 우주에는 산소가 없어 숨 쉴 수 없고, 우주 방사능과 자외선이 해롭기 때문이지요. 반면 지구에 있는 우리는 산소통 없이도 편안히 숨 쉴 수 있고, 우주복을 입지 않아도 돼요. 지구를 둘러싼 공기층인 대기권 덕분입니다. 대기권에 있는 산소로 호흡할 수 있고, 우주에서 들어오는 해로운 방사능과 태양에서 오는 자외선도 대기권에서 막거든요.

## 대기권을 나누면?

대기권은 지구의 중력에 사로잡힌 기체로 이루어져 있어요. 지구에서 가까울수록 중력이 크기 때문에 땅에서 멀어질수록 공기는 희박해져요. 대기권은 온도가 올라가는지, 내려가는지에 따라 대류권, 성층권, 중간권, 열권으로 나뉩니다.

땅 위에서 하늘로 곧게 올라가다 보면 약 10km까지는 기온이 점점 내려갑니다. 이 구간은 공기의 대류 현상이 일어나서 **대류권**이라 부릅니다. 구름이 생기고, 비가 내리거나 눈이 내리지요. 점점 온도가 올라가는 **성층권**에는 외부 자외선을 막는 '오존층'이 있어요. **중간권**부터는 기온이 다시 낮아져 가장 낮은 기온이 나타납니다. 그다음 **열권**부터는 점점 온도가 높아져요. 대기권 바깥쪽으로 갈수록 공기가 희박해집니다.

● 대기권 구조

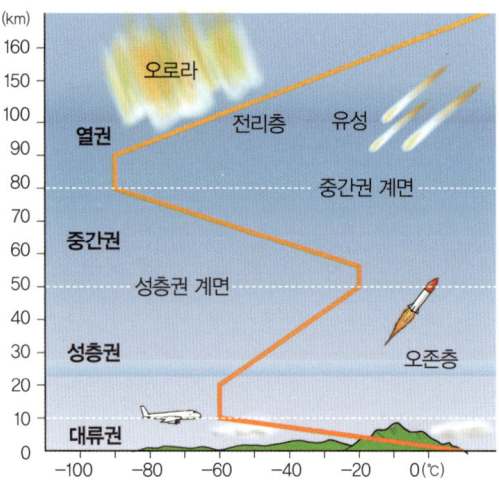

### 하늘은 왜 파란색일까요? *잠깐 과학실*

햇빛의 한 종류인 가시광선은 파장 길이에 따라 여러 가지 색깔로 보이는데, 파란빛처럼 파장이 짧은 빛은 지구 대기권에서 공기를 이루는 기체 분자와 부딪혀 여러 방향으로 튕겨 나가면서 눈에 잘 들어와 하늘이 파랗게 보여요.

대기권에서는 우주에서 떨어지는 운석이 산소와 반응해 타요. 그래서 대부분 우리에게 떨어지지 않아요. 또한 대기권은 지구가 차가워지지 않게 보호해요. 지구의 열이 밖으로 나가지 못하게 막고, 공기가 열을 품고 이동하는 대류 현상으로 지구 전체에 열을 골고루 나누어 줍니다.

# 세계 과학자들이 힘을 합쳐 측정한 것은?

• **천문단위** 태양계에서 천체 사이의 거리를 나타내는 단위.

교과서 5학년 1학기 3단원, 태양계와 별 심화  핵심 용어 천문단위, 광년, 파섹, 옹스트롬

## 금성이 태양면을 통과하는 시간

태양과 금성, 지구가 일직선으로 늘어설 때 금성이 태양을 통과하는 검은색 점으로 보입니다. 많은 과학자가 금성이 태양면을 통과할 때 걸리는 시간을 멀리 떨어진 지역 여러 곳에서 동시에 측정하려 했어요. 지구에서 태양까지 거리를 계산하기 위해서이지요.

금성의 태양면 통과는 1761년 6월 6일과 1769년 6월 3일에 예고되어 있었습니다. 거리 계산을 위해 세계 최초로 국제적인 과학 사업이 이루어졌어요. 프랑스 과학 아카데미와 영국 학사원이 협력하여 60여 곳에서 측정 계획을 세웠습니다. 관측자들은 생명의 위협을 받으며 먼 곳까지 항해한 끝에 거의 정확한 수치를 측정했어요. 이렇게 계산한 지구에서 태양까지 거리는 약 1억 5천만km로 현재 수치와 약 1%밖에 차이가 나지 않는답니다.

## 지구와 태양 사이 거리는?

지구와 태양 사이 거리는 약 1억 4,960만km입니다. 이 거리를 '1천문단위'(AU)라고 해요. 태양계 행성 사이 거리를 나타낼 때 써요. 하지만 태양과 같은 항성과 항성 사이는 더 멀기 때문에 더 큰 단위가 필요해요. 이럴 때는 빛이 1년 동안 가는 거리를 기준으로 한 '광년'(LY)이나 '파섹'(PC)을 쓰지요.

● 금성의 태양면 통과

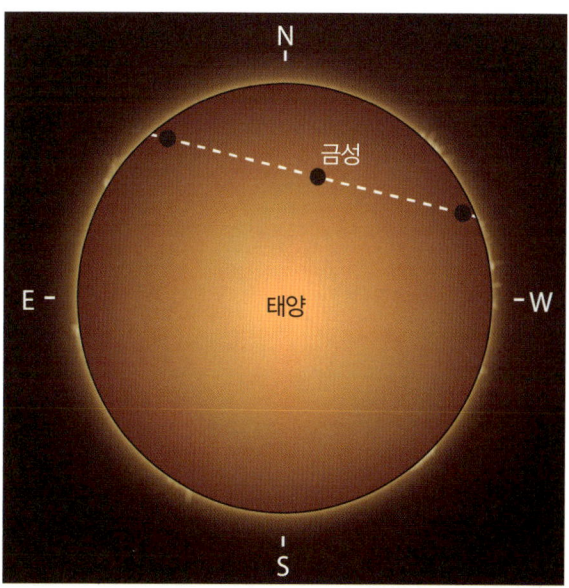

※ 관측 날짜: 2012년 6월 6일

### 가장 큰 길이 단위는?  잠깐 과학실

가장 큰 길이 단위는 파섹입니다. 1파섹은 '약 3.26광년'으로 '약 3,086조 미터'와 같습니다. 한편 가장 작은 길이 단위는 1옹스트롬(Å)으로 $1Å = \frac{1}{100억}$ 미터입니다.

1파섹 = 3.26광년 = 약 3,086조 미터

🔬 금성이 태양면을 통과하는 시간은 유럽뿐 아니라 러시아 상트페테르부르크, 영국 세인트헬레나섬, 스칸디나비아 북부 지역 라플란드, 인도, 시베리아 등지에서도 측정했어요. 이때는 위도와 경도 측정도 쉽지 않았던 때라 많은 노력이 필요했어요. 게다가 첫 번째 관측 당시 영국과 프랑스는 전쟁 중이기까지 했답니다.

# 줄기만 보고도 어떤 식물인지 맞혀요

- **증산 작용** 식물이 수분을 잎 뒷면 기공으로 내보내는 작용.
- **관다발** 물과 양분을 운반하는 이동 통로로, 물관과 체관이 있다.

교과서 4학년 2학기 1단원, 식물의 생활  **핵심 용어** 덩굴줄기, 땅속줄기, 증산 작용, 관다발

## 식물 줄기가 다양해요

식물은 줄기가 여러 가지예요. 나팔꽃과 칡은 다른 나무를 감으면서 올라갑니다. 담쟁이덩굴은 줄기가 빨판으로 변해 나무나 건물 벽 등에 붙어 올라가지요. 이들 식물의 줄기는 모두 '덩굴줄기'예요. 소나무, 진달래와 같이 '곧은줄기'는 흔히 볼 수 있어요. 그 밖에 토끼풀, 딸기와 같은 식물은 '기는줄기'로 옆으로 기어가며 자라요. 식물의 줄기가 땅속에 있으면 '땅속줄기'예요. 땅속줄기에도 여러 가지가 있는데, 연꽃과 붓꽃의 줄기는 뿌리처럼 보여 '뿌리줄기'라 하고, 감자는 줄기가 덩이 모양으로 생겨 '덩이줄기'라고 합니다. 줄기 안에 영양분을 저장하지요. 이렇게 줄기 모양이 다양한 것은 식물이 사는 환경에 맞게 적응한 결과랍니다.

● 여러 가지 식물 줄기

## 식물의 증산 작용

식물의 맨 아래에는 뿌리가 있고, 그 위에는 식물을 지탱하는 줄기가 있어요. 뿌리와 줄기 안쪽에는 물과 양분을 운반하는 이동 통로인 '관다발'이 있어 잎맥으로 연결되지요. 관다발 안쪽에는 물이 지나는 '물관'이, 바깥쪽에는 영양분이 지나는 '체관'이 있어요. 식물도 사람처럼 호흡하는데, 이때 수분을 잎 뒷면 기공으로 계속 내보내요. **증산 작용**이지요. 식물은 물을 잎까지 보내야 하는데, 증산 작용으로 수분이 날아가면서 뿌리에서 물을 계속 빨아들일 수 있어요.

### 백합꽃 색이 반반 달라져요  〈잠깐 과학실〉

관다발에서 물이 어느 곳으로 이동하는지 알아볼까요? 백합 한 송이의 줄기 끝부분을 그림처럼 반으로 잘라 보세요. 그다음 물이 담긴 두 컵에 각각 붉은 색소와 푸른 색소를 탑니다. 반을 가른 백합 줄기를 각각 붉은색 컵과 푸른색 컵에 담그고 관찰해 보세요. 꽃의 색이 변하면 줄기를 잘라 단면을 확인합니다. 어느 쪽 색이 변했을까요? 결과는 지식 현미경을 참조하세요.

 파란 색소 물에 담갔던 줄기 속 관다발 안쪽과 같은 쪽으로 난 꽃잎이 파랗게 변해요. 반면 빨간 색소 물에 담갔던 줄기 속 관다발 안쪽과 같은 쪽 꽃잎은 붉게 변한 것을 볼 수 있어요! 물이 관다발 안쪽으로 지나는 것을 알 수 있지요.

# 쌍둥이는 똑같이 늙을까요?

• **상대성 이론** 뉴턴 역학에서 전제하는 절대 시간과 절대 공간을 부정하는 아인슈타인의 물리 이론.

교과서 5학년 1학기 3단원, 태양계와 별 심화  **핵심 용어** 상대성 이론

## 시간은 누구에게나 똑같이 흐를까요?

사람들은 시간이 항상 누구에게나 똑같이 흐른다고 생각합니다. 뉴턴도 시간은 항상 과거에서 미래로 흐르고, 누구에게나 똑같이 흐른다고 생각했어요.

그런데 아인슈타인의 상대성 이론에서는 빛처럼 빨리 움직이면 시간이 느리게 흐릅니다. 한 날, 한 시에 태어난 쌍둥이 중 한 명이 우주선을 타고 빛처럼 빠른 속도로 우주여행을 하고, 다른 한 명은 그대로 지구에 있는 사고 실험을 해 볼까요? 빛처럼 빠른 속도로 움직인 사람은 시간이 느리게 가서 늙는 속도가 느려요. 지구에 남은 다른 한 명만 제 시간대로 늙습니다. 우주여행에서 돌아온 사람은 지구에 있던 다른 한 명보다 더 젊지요.

## 우리가 사는 시간과 공간

우리 세계는 몇 차원일까요? 수평선처럼 일직선으로 움직이는 것은 1차원이에요. 이번에는 도화지와 같은 평면을 생각해 봐요. 눈금이 있다고 생각하면 훨씬 쉬워요. 오른쪽으로 두 칸 움직인 후 왼쪽으로 두 칸 움직일 수 있나요? 이것이 2차원입니다. 그리고 입체 공간을 생각해 보세요. 우리가 살고 있는 3차원 공간 말이에요. 오른쪽, 왼쪽 말고도 위, 아래로 움직일 수 있는 공간이 있어요. 과학자들은 세상을 이런 3차원의 공간에 시간을 포함해서 4차원, 혹은 시공간이라고 표현합니다.

우주에 가기 전 쌍둥이    우주에 다녀온 후 쌍둥이

뉴턴은 시간과 공간이 변하지 않고 고정되어 있다고 했어요. 하지만 아인슈타인이 상대성 이론을 설명하면서 과학자들의 생각은 바뀌었어요. 시간과 공간은 관찰하는 사람에 따라 달라질 수 있어요. 이를 느끼려면 아주 특별한 상황에 놓여야 해요. 그리고 모든 물리 법칙은 누가 어디에 어떤 상태에 있건 똑같이 적용되지요.

# 생활 속에서 건강을 위협하는 위험한 기체

- **오존** 산소 원자 3개가 모여 분자 하나를 만든다. 푸른빛 기체.
- **염소** 염소 원자 2개가 모여 분자 하나를 이룬다. 독성이 강한 기체.

교과서 6학년 1학기 3단원, 여러 가지 기체  **핵심 용어** 오존, 염소, 메테인

## 지구를 위협하는 기체

무더운 여름, 일기 예보에서 외출을 자제하도록 오존주의보를 내릴 때가 있어요. '오존'에 노출되면 가슴 통증, 목 따가움, 눈 통증 등을 느낄 수 있고, 오래 노출되면 폐가 손상될 수 있어 조심해야 해요. 성층권에 있는 오존과 달리, 지표면에서 10km 안에 있는 오존은 불안정해서 다른 물질과 산화 작용을 일으키기 때문이에요.

욕실 청소할 때 사용하는 락스는 산성 세제와 함께 사용하면 위험해요. 독가스로 쓰이는 해로운 '염소'가 만들어지거든요.

방귀에 섞여 있고, 쓰레기를 태울 때도 나오는 '메테인'(메탄)은 불이 잘 붙는 기체입니다. 지구 온난화를 일으켜 지구를 위협하는 기체이기도 해요.

## 위험한 기체는 어떻게 생겼을까요?

위험한 기체들이 어떻게 이루어졌는지 알아볼까요? '오존'은 산소 원자 3개가 모여 분자 하나를 만듭니다. 상온에서는 약간 푸른색 기체예요. 소금의 주성분인 '염소'는 염소 원자 2개가 모여 분자 하나를 이룹니다. 자극적인 냄새가 나며 표백제로 쓰여요. 제1차 세계대전에서는 무기로 사용했을 만큼 독성이 강해요. '메테인'은 탄소 원자 1개와 수소 원자 4개가 분자 하나를 이룹니다. 산소와 연소 반응을 일으켜 이산화탄소와 물을 만들어요.

### 똥에서 나오는 메테인을 연료로 만들어요

**잠깐 과학실**

메테인은 우리 생활 속에서 쉽게 생겨요. 똥에서 생기는 기체이거든요. 가축의 똥이나 방귀, 쓰레기를 썩힐 때 나오는 메테인보다 사람의 똥에서 발생하는 메테인이 더 많대요. 그런데 지독한 냄새가 나는 메테인을 연료로 만들어 쓰기도 해요.

영국의 작은 도시 비르스틀에는 사람의 배설물과 음식물 쓰레기로 만든 메테인가스를 연료로 사용하는 바이오 버스가 있어요. 이 버스는 1년 동안 5명이 배출하는 배설물을 이용해 300km까지 이동할 수 있어요.

# 헤라클레스의 힘이 작용하면 어떻게 돼요?

- **힘** 물체의 모양이나 운동 상태를 변형시키는 원인.
- 과학에서 말하는 힘과 생활 속 힘은 다르다.

교과서 5학년 2학기 4단원, 물체의 운동 심화  **핵심 용어** 힘

### 그리스 신화의 헤라클레스 힘은?

그리스 신화에서 제우스의 아들 헤라클레스는 힘이 아주 센 영웅으로 나옵니다. 힘이 아주 세서 사자 한 마리를 맨손으로 잡을 수 있었지요. 이런 헤라클레스가 아내를 얻기 위해 강의 신과 싸움을 벌였습니다. 강의 신은 황소로 변신을 했어요. 헤라클레스는 황소로 변한 신의 목을 조르고 밀쳐 내기도 하며 싸웠어요. 결국 이겨서 아름다운 아내를 얻었지요.

### 생활 속 힘(power)?
### 과학 속 힘(force)!

강의 신과 싸운 헤라클레스는 힘을 많이 썼습니다. 하지만 과학의 눈으로 봐도 그렇게 말할 수 있을까요? 아무리 힘이 센 헤라클레스라도 아무것도 하지 않고 가만히 있다면 힘이 작용했다고 말할 수 없어요. 과학에서는 힘이 작용하면 물체 모양이 변하거나, 운동 상태가 변해야 하지요. 헤라클레스가 황소의 목을 조르는 순간 황소 목 모양이 변하거나, 밀쳐 낸 순간 황소가 다른 쪽으로 이동했다면 힘이 작용했다고 할 수 있답니다. 과학에서는 물체 모양이나 운동 상태를 달라지게 하는 원인을 **힘**(force)이라고 하거든요.

#### 눈으로 힘을 볼 수 있을까요?  　잠깐 과학실

힘을 느끼기는 쉬워도 직접 눈으로 보기는 어려워요. 대신 힘이 작용하는지 알 수 있는 방법은 있지요. 철가루와 자석만 준비하면 돼요. 막대자석 2개를 가까이에 놓고 주변에 철가루를 뿌려 보세요. 자석과 자석 사이에 철가루가 그린 선이 보일 거예요. 이것이 자석의 힘을 보여 줘요.

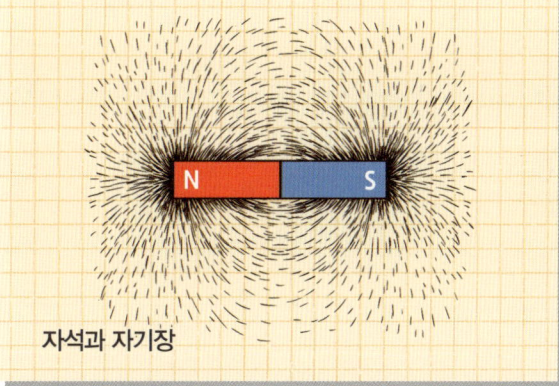

자석과 자기장

우리 주변에는 여러 가지 힘이 있어요. 물체끼리 잡아당기는 힘, 전기를 띤 물체끼리 작용하는 힘, 자석끼리 작용하는 힘 등이 있지요. 이런 자연의 힘 덕분에 우리는 지구에 서 있을 수 있고, TV를 볼 수 있고, 미끄러지지 않고 걸어 다닐 수 있답니다.

# 모든 것을 빨아들이는 검은 구멍 블랙홀

- **블랙홀** 중력이 아주 커서 어떤 물체이든지 모두 흡수해 버리는 별.

교과서 5학년 1학기 3단원. 태양계와 별 심화　**핵심 용어** 블랙홀, 화이트홀, 웜홀

## 블랙홀에 사람이 빠지면?

모든 것을 흡수하는 블랙홀에 사람이 빠지면 어떻게 될까요? 거리가 가까울수록 잡아당기는 힘이 더 세기 때문에 사람이 똑바로 선 채로 빨려 들어간다면 블랙홀이 발을 더 세게 잡아당겨서 발 쪽으로 더 늘어난 형태가 될 거예요. 빛도 블랙홀에서 빠져 나오지 못하기 때문에 자기 발도 보지 못할 거고요. 이렇게 신기한 모습으로 빨려 들어가면, 잡아당기는 힘이 더 세져서 결국 물질은 원자로 분해됩니다. 사람도 원자로 분해되어 블랙홀로 빠지고, 안에서 시간도 멈출 거예요.

## 어떤 별이 블랙홀이 될까요?

우주의 별들은 태어나서 활활 타오르다가 폭발하거나 꺼져 버리며 일생을 마감합니다. 마치 아기로 태어나서 활발히 활동하다가 늙어 가는 생물의 일생 같지요. 별은 젊었을 때 어떤 모습이었는지에 따라 늙었을 때 모습이 결정됩니다. 젊었을 때 질량이 태양 질량의 약 30배 이상인 별들은 블랙홀이 된답니다. 블랙홀은 중력이 너무 크다 보니 주변에 있는 모든 것을 빨아들입니다. 빛까지 말이지요.

### 블랙홀로 시간 여행이 가능할까요? **잠깐 과학실**

어떤 과학자들은 블랙홀이 흡수만 하는 존재라면, 반대로 방출만 하는 존재인 화이트홀이 있을 거라 생각했어요. 이 둘은 사과를 파먹은 벌레가 지나는 길처럼 웜홀로 연결되어 있다 했어요. 블랙홀로 들어가서 화이트홀로 나온다면 시간 여행을 할 수 있을 거라 했지요. 하지만 웜홀과 화이트홀을 아직 발견하지 못해서 실제 존재하는지는 아직 모른답니다.

모든 것을 흡수하는 블랙홀을 관측할 수 있을까요? 블랙홀은 중력이 강하기 때문에 지나가던 빛이 휘어집니다. 그렇기 때문에 블랙홀 주변은 그저 볼록한 모양으로 보인답니다. 세계적인 물리학자인 스티븐 호킹 박사는 "블랙홀을 찾는 것은 깜깜한 지하 석탄 창고에서 검은 고양이를 찾는 것과 같다."라고 했어요.

# 우주에서 가장 가볍고 위험한 기체는?

- **수소** 색과 냄새가 없으며 우주에서 가장 가볍고 불에 폭발하기 쉬운 기체.
- **주기율표** 원소를 성질에 따라 분류해 놓은 표.

교과서 6학년 1학기 3단원, 여러 가지 기체  **핵심 용어** 수소, 주기율표

## 수소로 비행선을 만들었어요

수소를 발견한 후 사람들은 공기보다 가벼운 수소의 성질을 이용해 기구를 만들었어요. 수소가 가득한 풍선으로 만든 기구에 사람이 탈 수 있었지요. 그다음에는 수소를 비행선에 활용했어요. 비행선은 커다란 기구 속에 수소처럼 가벼운 기체를 담아 증기 기관의 힘으로 이동하는 운송 수단이었습니다.

20세기 초 가장 큰 비행선은 힌덴부르크호였어요. 그런데 힌덴부르크호에서 엄청난 사고가 일어났어요. 비바람이 치던 날 착륙을 위해 내렸던 줄에 전류가 흘렀지요. 그 바람에 기구 속 수소 기체에 불이 붙어 기구가 폭발하면서, 많은 사람들이 목숨을 잃었습니다. 수소가 폭발성이 매우 크다는 점을 몰라서 생긴 사고였어요.

## 가장 가볍고 폭발성이 강한 수소

수소는 주기율표에서 1번 자리를 차지하는 원소입니다. 수소 원자 2개가 연결되어 수소가 되지요. 수소는 가장 가벼운 기체예요. 폭발성이 매우 강해서 작은 불꽃만 닿아도 펑 하고 터집니다. 하지만 수소는 연소한 다음에 물을 만들 뿐이라 환경을 오염시키지 않습니다. 석유보다 효율성이 3배 이상 높기 때문에 다음 세대를 위한 미래 에너지로 주목받고 있어요.

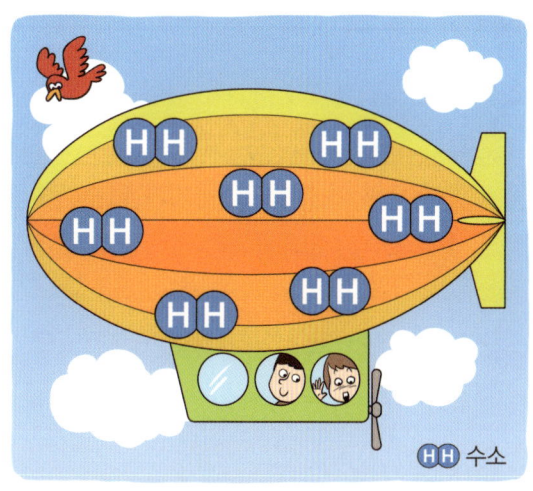

HH 수소

### 수소 폭탄은 얼마나 위험해요? 〔잠깐 과학실〕

수소 폭탄은 수소의 핵융합 반응을 이용해 만들었어요. 원자 폭탄이 1차 폭발을 일으키면 2차 수소 폭탄에 불을 붙이면서 핵융합 반응이 일어나 어마어마한 에너지가 나옵니다. 원자 폭탄의 수백 배가 되는 파괴력을 보여요.

수소 폭탄

 1766년 영국 과학자 헨리 캐번디시가 처음으로 수소를 발견했습니다.

# 로켓은 어떻게 우주에서 날까요?

• **작용과 반작용의 법칙** 세상의 모든 힘은 쌍으로 작용하고, 두 힘은 크기가 같으며 서로 반대 방향으로 작용한다는 법칙.

교과서 4학년 1학기 4단원. 물체의 무게 심화  **핵심 용어** 작용과 반작용의 법칙

## 로켓 발사를 연구한 고더드

비행기는 공기를 가르며 하늘을 날아요. 그렇다면 공기가 없는 우주에서 로켓이 날아갈 수 있을까요? 미국 과학자 로버트 고더드는 공기가 없는 우주에서도 로켓이 날 수 있다고 생각했어요. 로켓에서 내뿜는 가스의 힘이 로켓을 앞으로 날려 보낼 수 있다고 믿었습니다. 많은 사람들이 비웃었지만 고더드는 1919년 지구의 중력을 벗어날 수 있는 속도를 계산해서 발표했어요. 시행착오를 거쳐 액체 연료 로켓을 만들었습니다. 연구가 거듭될수록 고더드의 로켓은 점점 더 높이 날았어요. 하지만 고더드는 로켓이 우주로 발사되는 광경을 보지 못한 채 세상을 떠났어요.

고더드의 실험 장면  로켓 발사 장면

## 작용과 반작용의 법칙

뉴턴은 세상의 모든 힘이 쌍으로 존재한다고 했어요. 내가 벽을 미는 만큼 똑같이 벽도 나를 민다고 말이죠. 이것을 **작용**과 **반작용**이라고 합니다. 로켓도 작용과 반작용을 이용해 날아가요. 로켓에서 추진 연료를 내뿜는 것은 로켓이 땅 쪽으로 힘을 작용하는 것이지요. 그러면 그 힘과 크기가 같고 방향만 반대인 힘이 땅에서 로켓으로 작용합니다. 그 힘 덕분에 로켓은 떠오를 수 있는 거예요. 혹시라도 친구가 나를 밀쳐도 억울할 게 없답니다. 과학적으로는 분명 나도 똑같이 그 친구를 밀어낸 것이니까요.

### 풍선으로 로켓을 만들어요  잠깐 과학실

풍선으로 로켓이 나아가는 원리를 배울 수 있어요. 먼저 풍선을 불어 클립으로 입구를 막습니다. 그다음 실에 빨대를 끼우고 빨대에 풍선을 붙여요. 실의 양쪽 끝을 고정한 후 풍선 입구를 엽니다. 그러면 풍선에서 바람이 빠지면서 앞으로 나아갈 거예요.

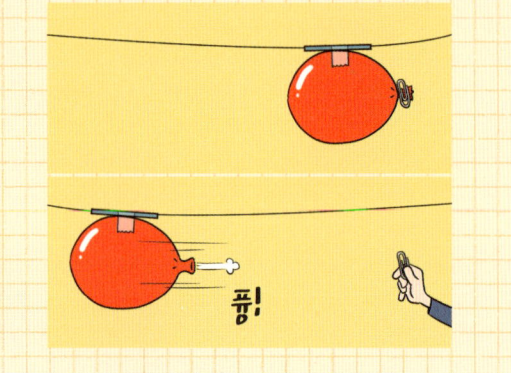

 고더드가 살아 있을 때 미국 정부는 고더드의 연구에 관심이 없었어요. 소련이 우주로 로켓을 먼저 쏘아올린 뒤 미국은 땅을 치며 후회했답니다. 고더드를 비웃었던 신문사 뉴욕타임스도 고더드가 죽은 후 사과 기사를 올렸답니다.

# 소의 방귀 때문에 지구가 뜨거워져요?

- **지구 온난화** 지구 평균 기온이 높아지는 현상.
- 온실 효과로 열에너지가 밖으로 나가지 못해 지구의 기온이 올라간다.

교과서 5학년 2학기 2단원, 생물과 환경  **핵심 용어** 지구 온난화

## 지구 기후가 변하는 원인

지구 기온이 점점 높아져서 북극의 빙하가 녹고 있어요. 빙하가 녹아서 바닷물이 높아지는 바람에 섬이 바닷물에 잠기기도 합니다. 이렇게 지구가 점점 뜨거워지는 데 소도 한몫한다는 연구가 있어요.

UN식량농업기구는 지구 기후가 변하는 원인 하나를 '축산업'이라 했어요. 소나 돼지의 방귀와 트림, 똥에서 나오는 메테인가스(메탄가스) 때문이라고요. 메테인가스는 이산화탄소보다 23배나 강한 온실가스예요. 하지만 동물에게 방귀를 뀌지 말라고 할 수도 없는 노릇입니다. 그래서 메테인가스가 방귀로 나오지 않도록 옥수수 대신 알팔파와 아마씨를 사료로 주었어요. 그러자 놀랍게도 메테인가스가 18%나 줄었답니다. 하지만 소보다 사람이 지구 온난화의 주범이라는 것을 잊어서는 안 돼요.

## 온실 효과로 지구 기온이 올라가요

'지구 온난화'가 일어나는 이유는 석탄과 석유 같은 화석연료에서 나오는 이산화탄소, 소의 방귀에서 나오는 메테인가스 같은 온실가스 때문입니다. 온실가스는 지구를 따뜻하게 만들어요. 원래 지구는 태양에서 들어오는 열에너지만큼 열에너지를 내보내서 해마다 비슷한 온도를 유지해요. 그런데 온실가스가 지구를 커다란 온실처럼 감싸 버리면 열에너지가 밖으로 나가지 못해 지구는 점점 뜨거워질 수밖에 없어요.

● 지구가 내보내는 태양열의 양

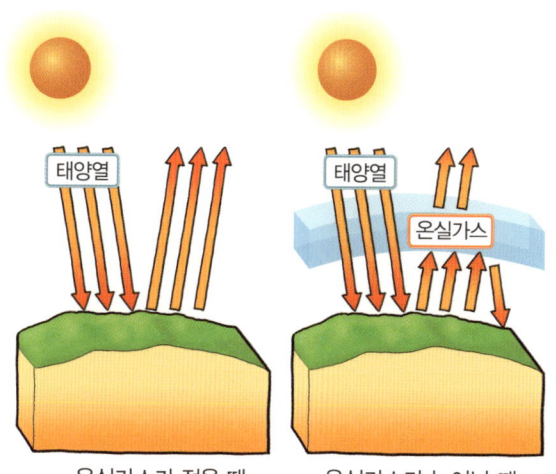

온실가스가 적을 때    온실가스가 늘어날 때

### 지구 온난화를 막으려면? [잠깐 과학실]

여러 가지 기상 이변을 일으키는 지구 온난화를 막기 위해 우리나라는 배출된 이산화탄소를 모아 바다 밑 창고에 저장하는 시설을 만들고 있어요. 우리가 지구 온난화를 막기 위해서는 어떻게 해야 할지 생각해 보세요.

온실가스 배출을 막기 위해 유제품을 만드는 한 프랑스 기업은 소가 소화를 잘할 수 있도록 오메가3지방산을 소 사료에 섞고 있어요. 덴마크는 소의 '방귀세'를 걷는 법안을 추진 중이랍니다.

# 식물도 동물처럼 호흡할까요?

• **광합성** 식물이 물과 이산화탄소를 흡수한 후 태양에너지를 이용하여 물과 산소와 영양분을 만들어 내는 과정.

교과서 6학년 1학기 4단원, 식물의 구조와 기능  **핵심 용어** 광합성

## 햇빛의 역할을 밝혀라

네덜란드 과학자 잉엔하우스는 식물을 암실과 햇볕에 각각 두고 변화를 관찰했어요. 암실에서 햇빛을 보지 못한 식물은 시들시들 죽어 갔어요. 암실에 초를 넣어 태우거나 쥐를 넣으면 숨쉬기 힘든 기체가 많아졌습니다. 식물만 놓았을 때도 마찬가지였지요. 그래서 잉엔하우스는 식물도 동물처럼 호흡한다고 결론 내렸어요.

다음으로 잉엔하우스는 식물 줄기와 잎을 물속에 넣어 보았어요. 작은 공기 방울이 잎과 줄기의 끝에 모였습니다. 이 현상은 햇빛이 있는 낮에만 일어났어요. 공기 방울을 모아 실험해 보았더니 나무 조각을 태울 수 있는 기체였어요. 훗날 과학자들은 이 기체가 산소라는 것을 알아냈습니다. 이 실험으로 잉엔하우스는 식물에게 햇빛이 필요하고 식물이 햇빛으로 산소를 만들어 낸다는 것도 알아냈어요.

## 식물의 광합성과 호흡

식물은 광합성을 합니다. 식물 잎의 엽록체에서 광합성이 일어나지요. 뿌리에서 빨아올린 물과 잎의 기공으로 들어온 이산화탄소가 엽록체에 모입니다. 태양에너지를 이용하여 물과 이산화탄소를 영양분과 물, 산소로 만들어 내요. 광합성의 양은 강한 빛을 받을수록 증가해요.

식물은 동물처럼 호흡도 합니다. 산소를 받아들여 영양분을 분해해 물과 이산화탄소를 만들어 내는 과정에서 에너지를 내요. 그 에너지로 식물은 생장, 번식 등 생명 활동을 할 수 있어요.

● 광합성 과정

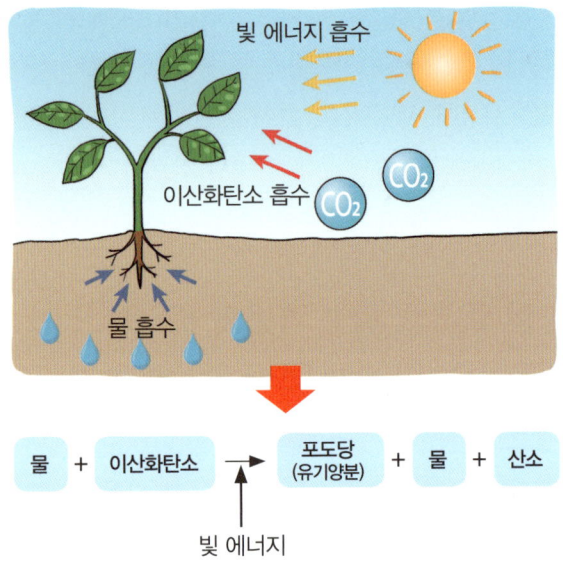

동물과 식물은 호흡을 해서 살아가는 데 필요한 에너지를 만들어 내요. 그런데 광합성은 식물만 할 수 있어요. 오직 식물만 물, 이산화탄소, 태양빛과 같이 자연환경에서 영양분을 만들어 낼 수 있지요. 동물은 스스로 영양분을 만들어 내지 못하고, 식물을 섭취해서 영양분을 얻어요.

### 🔍 실험 돋보기

## 광합성으로 영양분을 만들어요

**준비물**
화분에 심은 식물
은박 테이프
에탄올
묽은 아이오딘-아이오딘화 포타슘 용액
물 한 컵
비커(또는 냄비)
시험관(또는 내열 그릇)
알코올램프(또는 가스레인지)

**이렇게 해 봐요**

1. 식물 잎의 일부분을 은박 테이프로 가리고 햇볕 아래 2~3일 둡니다.
2. 시험관 속에 에탄올을 채우고 은박 테이프를 뗀 잎을 넣습니다.
3. 비커에 물을 채웁니다.
4. 물을 채운 비커에 시험관을 띄우고, 물을 중탕으로 가열합니다.
5. 에탄올에서 잎을 떼어 물에 담급니다.
6. 물에서 잎을 빼내 접시에 놓고, 묽은 아이오딘-아이오딘화 포타슘 용액(요오드-요오드화 칼륨 용액)을 잎 표면에 떨어뜨립니다. 색이 어떻게 변하나요?

**어떻게 될까요?**

은박 테이프를 붙이지 않은 곳만 청람색으로 변합니다.

**왜 그럴까요?**

묽은 아이오딘-아이오딘화 포타슘 용액은 포도당과 만나 청람색이 됩니다. 은박 테이프로 가린 부분에서만 포도당이 만들어지지 않은 것을 보아 광합성에는 햇빛이 필요한 것을 알 수 있어요.

은박 테이프

**주의!** 물을 끓일 때 어른과 함께하세요.

# 빛의 속도를 처음으로 측정한 과학자는?

- **자외선** 가시광선보다 파장이 짧은 전자기파.
- **가시광선** 사람이 눈으로 볼 수 있다.
- **적외선** 가시광선보다 파장이 길다.

교과서 6학년 1학기 5단원, 빛과 렌즈 심화  **핵심 용어** 자외선, 가시광선, 적외선

## 빛의 속도를 어떻게 측정할까요?

17세기 갈릴레이는 빛의 속도를 구하고자 했어요. 캄캄한 밤에 1.7km 떨어진 두 곳에서 램프를 이용해 불빛의 속도를 측정했습니다. 그러나 빛이 너무 빨랐어요. 빛의 속도를 측정할 수 없어 아쉬웠지만 이것은 후대에 했던 실험의 토대가 되었어요.

빛의 속도를 처음으로 측정한 사람은 덴마크 천문학자 뢰머예요. 목성의 위성 중 하나인 이오는 지구에서 보면 목성의 그림자에 가려질 때가 있어요. 그런데 지구가 목성에서 멀어질 때(A) 이오가 목성의 그림자에 가려지기 시작하는 시간보다, 지구가 목성에 가까워질 때(B) 이오가 목성의 그림자에 가려지기 시작하는 시간이 짧았습니다. 그 시간 차이가 지구 공전 궤도의 지름 길이만큼 빛이 이동하는 속도라고 생각해 빛의 속도를 구했지요.

## 빛의 속도를 측정한 과학자들

18세기 영국 천문학자 브래들리는 지구 공전 때문에 두 별의 위치가 6개월마다 변하는 것을 이용해 두 별빛 사이 각도를 측정했습니다. 이 시차는 관찰자가 움직이는 속도와 별에서 나오는 빛의 속도 차이로 생깁니다.

19세기 영국 물리학자 맥스웰은 진자파가 존재하며 빛의 속도로 진행한다고 했지요. 20세기 아인슈타인은 특수상대성 이론을 발표하며 빛의 속도는 항상 일정하다고 했어요.

● 뢰머의 광속측정법(빛의 속도 측정법)

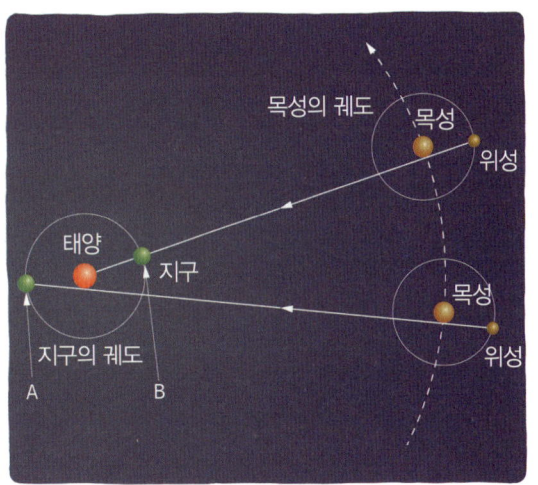

### 전자기파의 종류   *잠깐 과학실*

전자기파는 파장의 길이에 따라 나눌 수 있어요. 파장이 약 380~800nm(나노미터)로, 사람이 눈으로 볼 수 있는 '가시광선', 가시광선보다 파장이 짧은 '자외선', 자외선보다 파장이 짧고 물질 투과 능력 있는 'X선'과 가시광선보다 파장이 길고 투과력 있는 '적외선', 적외선보다 파장이 긴 '전파'가 있습니다. 그리고 '빛'도 전자기파의 한 종류랍니다.

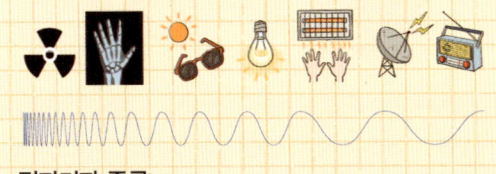

전자기파 종류

우주에서 가장 빠른 것은 빛입니다. 빛은 진공 상태에서 1초에 약 3억m를 갑니다.

# 암석은 물과 불 중 어디에서 생길까요?

- 암석은 광물로 이루어졌으며, 화성암, 퇴적암, 변성암으로 나눈다.
- **퇴적암** 자갈, 모래, 진흙 등의 퇴적물이 쌓여 만들어진 암석.

교과서 4학년 2학기 4단원, 화산과 지진  핵심 용어 퇴적암, 화성암, 변성암, 역암

## 물이 만든 돌, 불이 만든 돌

암석은 어떻게 만들어질까요? 18세기에는 이 문제로 논란이 많았어요. 먼저 독일 광물학자 베르너는 모든 암석이 물속에서 만들어진다고 주장했습니다. 물속 물질로 암석이 만들어진다고 말이지요. 성서에는 대홍수 때문에 지구가 물에 잠겼다는 기록이 있어요. 그래서 사람들은 베르너의 의견을 따랐어요.

허턴의 생각은 달랐습니다. 허턴은 직접 암석을 관찰하기 위해 이곳저곳을 다녔어요. 여러 곳에서 지질 조사를 마치고 현무암과 화강암은 물이 아닌 마그마로 만들어진 화성암이라고 했지요. 지구의 역사가 성서에서 기록한 것보다 훨씬 오래되었다는 사실도 밝혀냈어요. 허턴의 의견이 옳았지만 베르너의 주장에 밀려 널리 인정받지는 못했습니다.

## 암석의 종류

암석은 크게 퇴적물이 쌓이고 눌러지고 다져진 **퇴적암**과 마그마가 식어서 만들어진 **화성암**, 퇴적암과 화성암이 높은 열과 압력을 받아 만들어진 **변성암**으로 나뉘어요. 퇴적암에는 자갈이 쌓인 '역암', 모래가 쌓인 '사암', 진흙이 쌓인 '이암'이 있어요. 화성암에는 화산 근처에서 만들어진 '현무암'과 땅속 깊은 곳에서 만들어진 '화강암'이 있어요. 변성암에는 '대리암'과 '편마암' 등이 있습니다.

● 암석의 순환

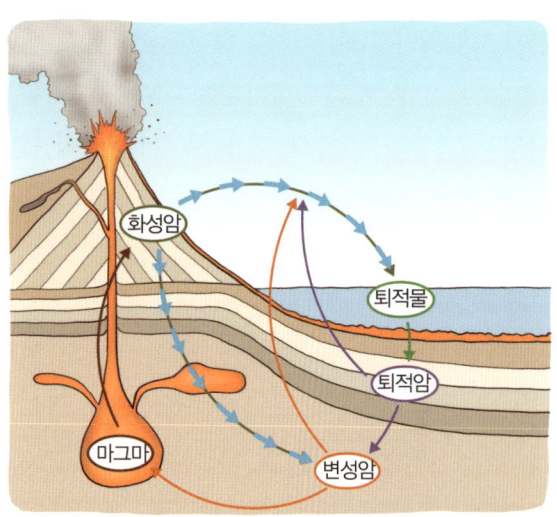

### 암석의 결정 크기를 비교해요 — 잠깐 과학실

스테아르산은 버터나 식물성 지방에 들어 있는 지방산의 한 종류예요. 녹인 스테아르산을 더운물과 얼음물 위에 놓은 접시 각각에 올리고, 식는 과정을 관찰하며 결정 크기를 비교해 보세요. 더운물 쪽 스테아르산은 천천히 식어 결정 크기가 크고, 얼음물 쪽 스테아르산은 급히 식어 결정 크기가 작아요. 암석 결정의 크기도 스테아르산 실험과 같은 원리로 정해져요.

**스테아르산 실험**

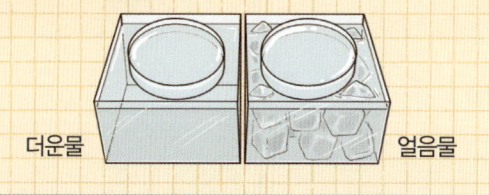

더운물 / 얼음물

현무암처럼 지표 부근에서 마그마가 빨리 식어 만들어진 암석(화산암)의 결정은 작고, 화강암처럼 지하 깊은 곳에서 마그마가 천천히 식어 만들어진 암석(심성암)의 결정은 커요.

177

# 지구에서 살 수 없다면 어디로 가야 할까요?

- **대기** 천체를 둘러싸는 기체.
- **위성** 행성의 인력에 끌려 행성 주위를 도는 천체.

교과서 5학년 1학기 3단원, 태양계와 별  **핵심 용어** 대기, 위성

## 화성으로 이주할 수 있을까요?

만약 사람들이 지구에 살 수 없다면 어디에서 살아야 할까요? 옛날부터 과학자들은 드넓은 우주에 사람이 가서 살 수 있는 또 다른 행성이 있는지 연구했습니다. 그 결과, 공통적으로 꼽는 장소가 있답니다. 바로 화성이지요.

화성은 지구에서 가까운 행성입니다. 금성이 가장 가깝지만 사람들이 화성을 제2의 지구로 여기는 이유는 지구와 가장 닮았기 때문입니다. 화성에서 하루는 대략 지구와 비슷한 24시간 40분이고, 자전축이 지구와 비슷하게 기울어져 있어요. 극지방에는 얼음이 있습니다. 물론 지구와 다른 점도 있어요. 크기가 지구의 반 정도이고 중력도 작습니다. 대기 밀도는 지구의 1%도 되지 않아 자연 상태 그대로 생물이 살 수 있는 환경은 아니지요.

## 사람들을 화성으로 이주시키는 계획

화성이 지구와 다른 점도 많지만, 사람들을 화성으로 이주시키겠다는 계획은 여러 곳에서 진행하고 있어요. 화성에 사람이 살 수 있는 공간을 만드는 거예요. 미국 항공 우주국(NASA)은 2039년에 인류를 화성에 보내려는 계획을 진행하고 있어요. 화성의 자연환경을 바꾸어 사람이 살게 하는 방법도 있습니다. 화성에 공기를 만들어 숨을 쉴 수 있게 하고, 따뜻하게 하고, 물을 확보하는 것이지요. 하지만 이 방법은 수백 년 이상 걸릴 수 있어요.

생명을 찾아서!

### 화성에도 위성이 있어요? 〈잠깐 과학실〉

화성에는 위성이 2개 있습니다. 포보스와 데이모스는 원래 화성 주변을 지나던 소행성이었어요. 어느 날 화성의 중력에 끌려와 위성이 되었어요.

포보스    데이모스

 화성은 태양과 4번째로 가까운 행성입니다. 화성은 대기가 매우 희박해요. 지표면의 대기압이 지구의 0.75%밖에 되지 않습니다. 대기가 적기 때문에 기온 차가 심해요. 화성의 표면 온도는 약 −140℃에서 20℃입니다.

# 꽃잎으로 산과 염기를 구별해요

- 산성과 염기성 물질을 구별하는 지시약은 리트머스 종이, BTB용액 등이 있다.

교과서 5학년 2학기 5단원, 산과 염기 **핵심 용어** 지시약, 리트머스 종이

## 천연 리트머스 종이인 수국

리트머스 종이는 산과 염기를 구별하는 대표적인 도구입니다. 그런데 리트머스 종이처럼 산과 염기를 구별하는 지시약이 자연에도 있어요. 바로 작은 꽃들이 모여 큰 송이를 이루는 수국입니다. 수국은 처음에 흰색으로 피어요. 그러다가 꽃을 심은 흙의 산도에 따라 색이 달라져요. 꽃 속의 안토시안이라는 색소가 흙에서 흡수한 성분과 반응해 각기 다른 색을 낸답니다.

수국이 뿌리내린 흙이 산성이면 흙 속 알루미늄 성분이 뿌리에 흡수되어 꽃의 안토시안 색소와 결합해 푸른색 꽃을 피웁니다. 반면에 흙이 염기성이면 알루미늄이 부족해 붉은색 꽃을 피웁니다. 때때로 한 가지 흙에서 여러 가지 다른 색 꽃을 피우는 모습을 볼 수도 있어요. 이것은 각각의 뿌리가 닿은 흙 성분이 서로 다르기 때문이랍니다.

## 산과 염기를 구별하는 지시약

물질이 산성인지 염기성인지 구별하는 지시약은 여러 가지입니다. 리트머스 종이, BTB용액, 페놀프탈레인 용액 등이지요. 이 밖에 양배추 끓인 물, 검은 콩 끓인 물로도 산과 염기를 구별할 수 있습니다.

### ● 지시약의 색 변화

| 지시약 | 산성 | 염기성 |
|---|---|---|
| 리트머스 종이 | 푸른색 → 붉은색 | 붉은색 → 푸른색 |
| BTB용액(초록) | 노란색 | 파란색 |
| 페놀프탈레인 용액 (무색) | 무색 | 붉은색 |
| 양배추 끓인 물 (보라색) | 붉은색 계열 | 노란색이나 푸른색 계열 |

### 내 마음대로 수국 꽃 피우기 — 잠깐 과학실

화분에 흰색 꽃이 핀 수국을 준비합니다. 꽃 주위에 백반을 묻히고 물을 주면 흰색 꽃이 차츰 푸른색으로 변해요. 그다음에는 달걀 껍데기나 석고 가루 등을 뿌리고 물을 주면 흰색 꽃이 차츰 분홍색으로 변합니다.

달걀껍데기를 묻히면 분홍색으로 변해요.

백반을 묻히면 파란색으로 변해요.

자주색 양배추로 지시약을 만들 수 있어요. 양배추를 잘게 자르고 양배추가 잠길 정도로 물을 부어 가열합니다. 양배추의 보라색이 물에 우러나면 식혀서 지시약으로 사용합니다. 양배추 지시약은 식초 같은 산성 물질에 닿으면 붉게, 소다 같이 염기성 물질에 닿으면 푸르게 변합니다. 더 강한 염기성 물질에 닿으면 노란색이 되지요.

# 등뼈가 없고 신기하게 생긴 동물

• **강장동물** 소화한 찌꺼기가 몸속에 머무를 곳이 없어 입으로 먹이를 먹고, 다시 입으로 내보내는 동물.

교과서 3학년 2학기 2단원, 동물의 생활  핵심 용어 무척추동물, 강장동물

## 입이 곧 항문인 강장동물

다리가 8개 달린 거미, 물컹한 몸통에 긴 촉수가 달린 말미잘, 자기 몸을 둘로 나누는 플라나리아처럼 세상에는 신기한 동물들이 많습니다. 특이하게도 입이 곧 항문이고, 항문이 곧 입인 동물도 있어요. 바로 **강장동물**입니다. 믿어지지 않지요? 강장동물에는 바로 히드라, 산호, 해파리 같은 동물이 있어요.

'강장'은 강장동물 몸 안쪽에 있는 빈 곳을 뜻합니다. 강장동물은 입으로 먹이를 먹지만, 먹이를 소화한 찌꺼기가 머무를 곳이 없어요. 그래서 강장에 머물던 찌꺼기들은 곧 다시 입으로 배출돼요.

## 등뼈가 없는 무척추동물

강장동물은 무척추동물에 속해요. 무척추동물은 등뼈가 없는 동물이에요. 지구상 동물의 75%를 차지할 정도로 많고, 종류도 다양해요. 강장동물 외에 무척추동물에는 극피동물, 절지동물, 환형동물, 연체동물, 편형동물 등이 있어요. **극피동물**은 불가사리처럼 몸이 방사 대칭형이고 딱딱한 껍데기로 싸여 있습니다. **절지동물**은 거미처럼 딱딱한 껍질로 싸여 있고 몸에 마디가 있어요. 지렁이 같은 **환형동물**은 몸이 긴 원통형이고 마디가 있습니다. **연체동물**은 몸이 유연하고, 아가미로 호흡하는 조개와 같은 동물을 말해요. **편형동물**은 몸이 납작하고, 항문이 없으며 재생 능력이 뛰어납니다.

히드라

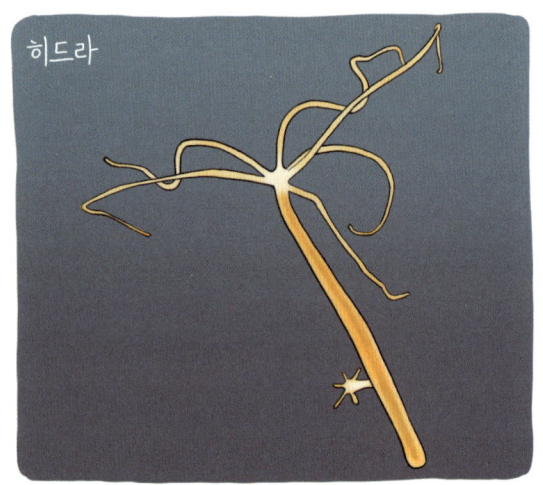

### 잠깐 과학실

**고생대 캄브리아기의 생물은?**

약 5억 4천만 년 전 고생대 캄브리아기에는 척추가 없는 아주 신기한 생물이 폭발적으로 많이 나타났어요. 하지만 대부분 갑자기 사라져서 지금은 화석만 남았어요. '진화의 실험실'이었던 이 시기를 지나 많은 생물들은 오늘날까지 서로 다른 모습으로 진화했지요.

**다양한 무척추동물**

- 플라나리아 – 편형동물
- 거미 – 절지동물
- 조개 – 연체동물
- 지렁이 – 환형동물
- 불가사리 – 극피동물
- 말미잘 – 강장동물

 환형동물의 신기한 특징은 암수가 한 몸에 있다는 사실입니다.

# 찾아보기

**A~Z**

BTB용액 179
DNA 85
X선 176

**ㄱ**

가루눈 88
가시광선 176
간빙기 37, 154
갈릴레이 위성 35
갑주어 51
강도 116
강장동물 180
개기 일식 45
개밥바라기 17
거중기 131
겉보기 등급 157
결정 88
고기압 106
고생대 51, 180
고정도르래 131
곡풍 47
곧은줄기 166
공기 저항 99, 144
공명 현상 20
공전 97
관다발 67, 132, 166
관성의 법칙 126
광합성 132, 162, 174
구름 25, 52, 53, 55
구조색 72

국제단위계 14
굴절 16, 90, 153
규모(리히터 규모) 111
극피동물 180
금환 일식 45
기공 132, 166, 174
기는줄기 166
기압 76, 87, 106, 134

**ㄴ**

나란히맥 50
난황 36
남세균(남조류) 70
내호흡 102
냉각 77
높새바람 47
눈 88

**ㄷ**

다뉴경 30
단위 14
닫힌 우주 118
대류권 164
대륙이동설 66
대리암 63, 177
대멸종 78
대적점 35
덩굴줄기 166
덩이줄기 166
도체 121

독샘 62
동공 90
동일본 대지진 111
된바람 47
등압선 106
땀샘 152

**ㄹ**

루미놀 용액 85
리트머스 종이 133, 179

**ㅁ**

마찰력 136
마파람 47
만유인력 29, 64
맛봉오리 114
먹이 사슬 18
메테인(메테인가스) 168, 173
멘델의 유전 법칙 105
모스 경도 116
목성 35, 97, 109
무조건 반사 57
무척추동물 36, 180
물관 67, 132, 155, 166
물질 93
미각 세포 114
미생물 122
밀물 62

**ㅂ**

바람 47
박테리아 70, 107
반고리관 161
반도체 121
반작용 172
발열 반응 22
방사능 82
배 27
배설 기관 152
배젖 27
번개 89
벼락 89
변성암 63, 177
별의 등급 157
복사 68
볼록렌즈 16, 110
볼록거울 30
볼타 전지 112
부도체 121
부력 119
부분 일식 45
분변토 67
분자 34, 43, 73, 79, 140
불완전탈바꿈 44
브라운 운동 34
블랙홀 170
빅뱅 65, 118
빙하기 37
빛의 반사 30
빛의 분산 110
빛의 산란 164
빛의 속도 176
뿌리골무 67

181

사고 실험 126
사암 158, 177
사화산 24
산 133
산소 107
산풍 47
산화 반응 22
삼투 현상 38
삼투압 38
상대성 이론 126, 167
샛별 17
생물 분류 체계 148
생물다양성 59
생산자 18
생체모방 기술 72
생태 피라미드 18
샤를의 법칙 100
서운관 45
석유 143
석탄 143
석회암 158
섭씨온도 42
성운 54
성충 44
성층권 164
세성 35
세포 92
셀 92
소리 60, 61, 138, 161
소행성 109
소화 86, 156
속력 149
송전 39

수뇨관 152
수성 21
수소 171
수염뿌리 50
순환 94
숨은열 73
스모그 19
스테아르산 177
스테타칸투스 51
스트로마톨라이트 70
신생대 154
신장 152
실러캔스 51
싸라기눈 88
쌀알무늬 40
썰물 62

안개 55
알끈 36
압각 77
에너지 28
에너지 전환 28
여러해살이 식물 48
역암 158, 177
연소 반응 22, 107
연체동물 180
열권 164
열린 우주 118
염기 128
염도 147
염소 168
예방 접종 84

오목렌즈 16
오목거울 30
오존 168
온각 77
온도 42
완전탈바꿈 44
외떡잎식물 50, 155
용해도 150
우주 팽창 118
우츠 강철 98
운석 109, 137
움직도르래 131
원소 93, 115
원유 143
원자 79, 80, 115
원자력 발전 96
원자핵 65, 96, 115, 140
월식 45
유두 114
유성우 109
유스타키오관 161
유전 105
유전공학 142
유전학 105
육풍 47
윤년 97
음파 139, 161
음펨바 효과 160
응결 55
이산화탄소 162, 163
이암 158, 177
인슐린 108
일기도 106
일식 45

ㅈ

자기장 124, 169
자석 32, 169
자외선 176
자유낙하운동 99
자화 33
작용과 반작용의 법칙 172
잠열 73
저기압 106
저온살균법 122
저항 121
적색목록 78
적외선 176
전기 39, 75, 103
전기력 75
전도 68
전류 80
전압 89
전자 80
전자기파 176
전정 기관 161
전파 176
절대온도 42
절지동물 180
점자 77
정전기 75
제임스웹 우주망원경 130
조건 반사 57
조산 작용 41
주기율표 120
중간권 164
중력 64
중생대 129
중화 반응 22

증발  25
증산 작용  166
지구 온난화  173
지렛대  131
지시약  179
지자기  58
지진파  111
지질 시대  143
지층  15
지표  41
진공  76
진눈깨비  88
진동  20
진동수  138
진화  95

책상 조직  132
척추동물  36
천문단위  165
천상열차분야지도  135
천왕성  104
철  98
체관  67, 132, 166
초신성 폭발  54, 170
초전도체  121
촉각  77
측정  14
침식 작용  41

코리올리효과  49
쿼크  140
크레이터  17, 21

타이탄 아룸  27
탄산칼슘  63, 133
탄성력  159
토성  29
통각  77
퇴적 작용  41
퇴적암  158, 177
투과력  82
틱타알릭  51

파동  60
판막  94
페놀프탈레인 용액  179
편마암  63, 177
편형동물  180
평면거울  30
평평한 우주  118
표면장력  160
표피 조직  132
풍화 작용  41
프루스트 현상  26

프리즘  110
플레어  40

한살이  27, 44, 48
한해살이 식물  48
함박눈  88
항성  40, 109
항온동물  74
해왕성  104
해풍  47
핵폭탄  117
허블 우주망원경  130
현무암  177
형성층  155
혜성  109
호르몬  108
호흡  102
홍염  40
화강암  177
화석  123
화성  178
화성암  177
화씨온도  42
환형동물  180
활화산  24
효소  156
후각 세포  26
휴화산  24
흑점  40
흡열 반응  22

### 도움받은 책

《1%를 위한 상식백과》, 베탄 패트릭 외, 써내스트, 2014
《Snowflakes in Photographs》, W.A.Bently, Dover Publications, 2000
《고교생이 알아야 할 지구과학 스페셜》, 이석형, 신원문화사, 2008
《공룡대탐험》, 이융남, 창비, 2000
《과학 선생님도 궁금한 101가지 과학질문사전》, 과학교사모임, 북멘토, 2010
《과학동아 2007년 03호》, 동아사이언스, 2007
《과학으로 생각한다》, 홍성욱·이상욱·장대익·이중원, 동아시아, 2007
《광물, 역사를 바꾸다》, 에릭 살린, 예경, 2013
《구름을 사랑한 과학자》, 리처드 험블린, 사이언스북스, 2004
《국어국문학자료사전》, 편집부, 한국사전연구사, 1994
《그림으로 보는 시간의 역사》, 스티븐 호킹, 까치글방, 1998
《꿈틀꿈틀 꼼지락 무척추동물》, 강현석, 토토북, 2008
《내 동생 눈송이 아저씨》, 메리 바, 봄나무, 2011
《다빈치에서 허블 망원경까지》, 데이비드 엘리아드, 고려대학교출판부, 2010
《대단한 바다 여행》, 윤경철, 푸른길, 2009
《대단한 지구 여행》, 윤경철, 푸른길, 2011
《대단한 하늘 여행》, 윤경철, 푸른길, 2011
《딴짓의 재발견》, 니콜라 비트코프스키, 애플북스, 2016
《묻고 답하는 과학 톡톡 카페 2》, 서울과학교사모임, 북멘토, 2009
《바티칸》, Edizioni Musei Vaticani, ATS Italia Editrice, 2006
《발명과 혁신으로 읽는 하루 10분 세계사》, 송성수, 생각의 힘, 2018
《사물의 민낯》, 김지룡 갈릴레오 SNC, 애플북스, 2012
《살아있는 과학 교과서 1》, 홍준의·최후남·고현덕·김태일, 휴머니스트, 2011
《살아있는 지리 교과서 1》, 전국지리교사연합회, 휴머니스트, 2011
《상위 5%로 가는 지구과학교실 1》, 신학수 외 공저, 스콜라, 2008
《상위 5%로 가는 물리교실 1》, 신학수 외 공저, 스콜라, 2009
《상위 5%로 가는 수학교실 2》, 신학수 외 공저, 스콜라, 2008
《생명과학 8판》, Campbell, 바이오사이언스, 2008
《세상을 바꾼 발명과 혁신》, 송성수, 생각의 힘, 2018
《세상을 바꾼 위대한 과학실험 100》, 존 그리빈, 예문아카이브, 2017
《세상을 살린 10명의 용기 있는 과학자들》, 레슬리 덴디·멜 보링, 다른, 2011
《소 방귀에 세금을?》, 임태훈, 탐, 2013
《시사논술 개념사전》, 김찬환 외 공저, 아울북, 2009
《신의 입자》, 리언 레더먼·딕 테레시, 휴머니스트, 2017
《역사를 바꾼 17가지 화학 이야기》, 베니 르 쿠터, 사이언스북스, 2007
《우리가 몰랐던 세계사 : 스모그 재난의 역사》, 장은교, 경향신문, 2016
《위베르씨, 내일의 지구를 말해 주세요》, 위베르 리브스, 서해문집, 2014
《유전자의 내밀한 역사》, 싯다르타 무케르지, 까치, 2017
《인간의 모든 감각》, 최현석, 서해문집, 2009
《인터스텔라의 과학》, 킵 손, 까치, 2015
《일반물리학》, Jearl Walker, David Haliday·Robert Resnick, 범한서적, 2015
《재미있는 과학수사 이야기》, 박기원, 가나출판사, 2012
《재미있는 날씨와 기후 변화 이야기》, 김병춘·박일환, 가나출판사, 2014
《재미있는 동물이야기》, 황보연, 가나출판사, 2014
《재미있는 별자리와 우주이야기》, 이충환·신광복, 가나출판사, 2014
《재미있는 식물 이야기》, 최주영, 가나출판사, 2014
《재미있는 환경 이야기》, 허정림, 가나출판사, 2013
《전통 속에 살아 숨 쉬는 첨단 과학 이야기》, 윤용현, 교학사, 2012
《좋은 문장을 쓰기 위한 우리말 풀이사전》, 박남일, 서해문집, 2004
《죽기 전에 꼭 알아야 할 세상을 바꾼 발명품 1001》, 잭 첼로너, 마로니에북스, 2010
《줌달의 일반화학 9판》, Zum dahl, 사이플러스, 2014
《중학과학1》, 임태훈, 비상교육, 2018
《지구과학사전》, 한국지구과학회, 북스힐, 2009
《처음 읽는 미래과학 교과서-우주공학》, 채연석, 김영사, 2007
《철의 시대》, 강창훈, 창비, 2015
《초등과학5-2》, 채동현, 비상교육, 2015
《측정의 역사》, 로버트 P. 크리스, 에이도스, 2012
《침묵의 봄》, 레이첼 카슨, 에코리브르, 2011
《통합과학》, 신영준, 천재교육, 2018
《한 권으로 끝내는 초등과학 자유탐구》, 양일호, 북이십일 아울북, 2011
《한국개미》, 동민수, 자연과생태, 2017
《한권으로 보는 인물과학사》, 송성수, 북스힐, 2015
《한반도 자연사 기행》, 조홍섭, 한겨레출판, 2011
《해리포터 사이언스》, 정창훈·이정모, 바다출판사, 2014
《호기심의 과학》, 유재준, 계단, 2016
《화석이 말을 한다면》, 김동희, 사이언스북스, 2011

### 도움받은 사이트

국립광주과학관 https://blog.naver.com/sciencenter
국립낙동강생물자원관 https://blog.naver.com/nnibr_re_kr
기상청 공식 블로그 https://kma_131.blog.me
네이버 지식백과 https://terms.naver.com
두산백과 http://www.doopedia.co.kr
문화재청 http://www.cha.go.kr
사이언스올 http://www.scienceall.com
수협중앙회 공식블로그 https://blog.naver.com/suhyup_nf
에듀넷 http://www.edunet.net
천재학습백과 http://koc.chunjae.co.kr
한국콘텐츠닷컴 http://www.culturecontent.com

### 도움받은 기사

"Water: the weirdest liquid on the planet", Alok Jha, 〈The Guardian〉, 2015년 05월 11일
"손바닥 1㎠ 당 1kg의 압력 받지만 四方 미는 힘에 상쇄돼 못 느낄 뿐", 김범준, 〈문화일보〉, 2017년 02월 17일
"심해잠수정 얼마나 깊이 들어가야 하나", 전승민, 〈과학동아〉, 2011년 09호
"우주 연구 새로운 눈 '제임스웹 우주망원경' 최종 조립 '스타트'", 김민수, 〈조선비즈〉, 2018년 02월 18일

그린이 김제도

어릴 때부터 주변 물건을 관찰해 그림으로 그리기 좋아했습니다. 어른이 되어 일러스트레이터로 활동하면서 십수 년간 초등학교 과학 교과서 및 학습 교재, 위인전 등 다양한 분야의 어린이 책에 그림을 그려 왔습니다. 일반 단행본과 사보, 포스터 등 여러 곳에 일러스트를 그리지만 어린이 책에 그림을 그릴 때가 가장 즐겁답니다.

## 초등학생을 위한 개념 과학 150
### 과학 과목이 좋아지는 탐구활동 교과서

1판 1쇄 펴낸 날 2018년 8월 30일
1판 6쇄 펴낸 날 2024년 6월 10일

지은이 | 정윤선
그  림 | 김제도
감  수 | 정주현

펴낸이 | 박윤태
펴낸곳 | 보누스
등  록 | 2001년 8월 17일 제313-2002-179호
주  소 | 서울시 마포구 동교로12안길 31 보누스 4층
전  화 | 02-333-3114
팩  스 | 02-3143-3254
이메일 | viking@bonusbook.co.kr
블로그 | http://blog.naver.com/vikingbook
인스타그램 | @viking_kidbooks

ISBN 978-89-6494-345-8  73400

ⓒ 정윤선, 2018

• 이 책은 저작권법에 의해 보호를 받는 저작물이므로 무단전재와 무단복제를 금합니다.
  이 책에 수록된 내용의 전부 또는 일부를 재사용하려면 반드시 지은이와 보누스출판사 양측의 서면동의를 받아야 합니다.

바이킹은 보누스출판사의 어린이책 브랜드입니다.

• 책값은 뒤표지에 있습니다.

신나는 롤러코스터는 어떻게 움직일까요?
➡ 28쪽

지구의 나이를 알아내는 방법
➡ 137쪽

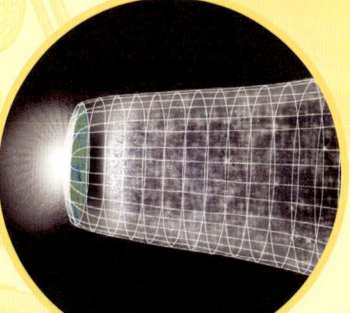
우주는 처음에 어떤 모습이었을까요?
➡ 65쪽

무엇이든 꿀꺽 삼켜 소화 과정을 알아낸 사람이 있대.

단단한 뼈를 통째로 삼켜 알아낸 것은?
➡ 86쪽

배추를 소금에 절이면 왜 부드러워질까요?
➡ 38쪽

원소 줄 세우기를 어떻게 했을까요?
➡ 120쪽

# 교과서 잡는 바이킹 시리즈

STEAM 초등 과학 실험 캠프
조건호 지음 | 민재회 그림

초등학생을 위한 과학실험 380
E. 리처드 처칠 외 지음 | 천성훈 감수

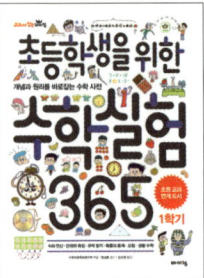
초등학생을 위한 수학실험 365 1학기
수학교육학회연구부 지음 | 천성훈 감수

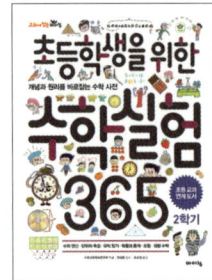
초등학생을 위한 수학실험 365 2학기
수학교육학회연구부 지음 | 천성훈 감수

초등학생을 위한 요리 과학실험 365
주부와 생활사 지음 | 천성훈 감수

초등학생을 위한 요리 과학실험실
정주현, 달달샘 김해진 감수

초등학생을 위한 개념 과학 150
정윤선 지음 | 정주현 감수

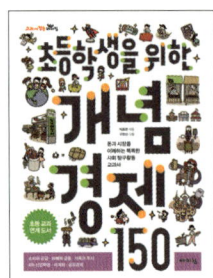
초등학생을 위한 개념 경제 150
박효연 지음 | 구연산 그림

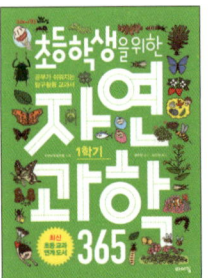
초등학생을 위한 자연과학 365 1학기
자연사학회연합 지음 | 정주현 감수

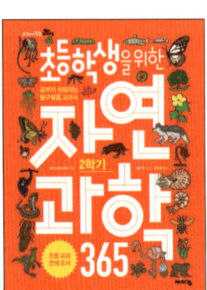
초등학생을 위한 자연과학 365 2학기
자연사학회연합 지음 | 정주현 감수

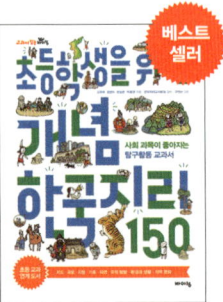
초등학생을 위한 개념 한국지리 150
고은애 외 지음 | 전국지리교사모임 감수

초등학생을 위한 개념 정치 150
박효연 지음 | 구연산 그림

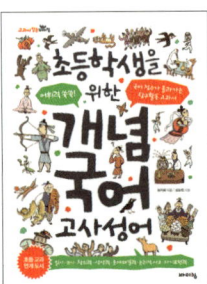
초등학생을 위한 개념 국어: 고사성어
최지희 지음 | 김도연 그림

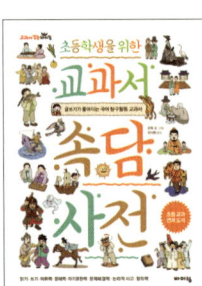
초등학생을 위한 교과서 속담 사전
은옥 글·그림 | 전기현 감수

초등학생을 위한 교과서 명작 읽기
최지희 글 | 윤상은 그림

생각이 자라는 어린이책 바이킹

블로그 blog.naver.com/vikingbook
인스타그램 @viking_kidbooks